DU MARIAGE

ROMAIN,

CHRÉTIEN ET FRANÇAIS.

PARIS. — IMPRIMÉ PAR E. THUNOT ET Cⁱ,
28, RUE RACINE, PRÈS DE L'ODÉON.

DU MARIAGE

ROMAIN,

CHRÉTIEN ET FRANÇAIS,

CONSIDÉRÉ SOUS LE RAPPORT

DE L'HISTOIRE, DE LA PHILOSOPHIE, DE LA RELIGION,

ET DES INSTITUTIONS ANCIENNES ET MODERNES

PAR J.-B.-C. PICOT,

Théologien, Docteur en droit.

PRIX : 5 FR. 50 CENT.

———

PARIS.

CHEZ L'AUTEUR,

7, RUE DES GRÉS,

ET CHEZ LES PRINCIPAUX LIBRAIRES.

—

1849.

PRÉFACE.

Résoudre le grand problème de la solidarité harmonique des hommes, des chrétiens, voilà ma tâche, voilà le but de mes ardents désirs.

Cette tâche est difficile, ce but est élevé. Mais j'ose espérer que l'œuvre ne sera point au-dessus de mes forces. Si mes forces trahissaient ma confiance, je suis convaincu du moins que mes efforts seront utiles à ceux qui s'avanceront ensuite dans la même voie; et cela seul serait pour moi une douce récompense!

D'ailleurs, n'est-ce pas au misérable prolétaire, à celui qui a sondé toutes les profondeurs de l'iniquité, qui est resté pur des intrigues du monde, qui a senti le poids des plus durs labeurs et les angoisses de la souffrance, qui a demandé au travail son pain de chaque jour, qui a mis sa confiance dans celui qui donne leur pâture aux petits des oiseaux, et qui ne s'inquiète point pour sa nourriture du lendemain, n'est-ce pas à lui qu'il est donné de saisir la vérité, d'allumer son flambeau, de révéler les moyens de régénération, et de montrer les voies de la justice au peuple qui les recherche avec inquiétude, et qui s'y avancera ensuite avec courage et avec allégresse?

Ces considérations ont excité mon courage et ont soutenu ma faiblesse.

Je descends dans les profondeurs du droit, dans le cahos de l'histoire et des lois, afin de dissiper les erreurs de tous genres, de faire luire la lumière, de saisir et jeter dans l'abîme les éléments impurs qui obstruent la route du progrès, et de faire briller dans toute leur beauté les principes éternels qui régissent les hommes et les dirigent dans les voies de la perfection.

Les tendances du peuple, tendances qui se caractérisent de plus en plus chaque jour, me révèlent que l'heure de la moisson est arrivée. Jetons l'ivraie au feu; unissons en faisceau les épis de froment!

Fils du Père qui est aux cieux et frères, nous sommes solidaires. Organisons cette solidarité, et que toutes les pierres de la voûte sociale se soutiennent. Marchons ensuite dans les voies de l'égalité et de la justice; marchons rapidement, sans regarder en arrière; voilà pour nous, pour la France, pour les peuples et pour l'humanité, le seul moyen de salut, de paix, de bonheur et de gloire.

Je suis plein de confiance dans les bonnes intentions des hommes de la science; car, s'ils n'ont point encore entière la véritable lumière, ils savent du moins la distinguer, et ils ont le courage de la proclamer quand elle se manifeste; comme ils savent aussi faire prompte justice des erreurs passionnées. C'est donc à eux, à eux seuls que s'adresse mon ouvrage. D'ailleurs, n'est-ce pas à eux qu'est confiée la sublime mission d'éclairer le peuple, de diriger sa marche et de signaler les écueils qui menacent de briser le vaisseau de la patrie? Ils ne failliront point dans leur mission.

La vraie science est fille du ciel; comme Dieu duquel elle émane, elle aime à se communiquer. Loin d'imiter la féodalité qui, pour conserver ses priviléges, s'est fait balayer par la tempête populaire, les savants donneront un bel exemple de générosité, en simplifiant la législation, en ouvrant à tous les frères les portes du temple de Thémis, et en commandant au peuple de réparer le préjudice qu'un si grand acte d'égalité aura causé à quelques-uns de ses membres. La science se révèlera alors à eux plus pure et plus belle. La lumière des savants brillera davantage en s'unissant à la lumière du peuple, et c'est alors qu'elle sera vraiment bienfaisante.

Puisse enfin s'accomplir ainsi, avec harmonie, sans injustice et sans douleur, l'œuvre de la régénération et de la solidarité !

DU MARIAGE

ROMAIN, CHRÉTIEN ET FRANÇAIS.

Le mariage est la base de la famille et de tout ordre social. Aussi l'on peut affirmer que la législation sur le mariage est le thermomètre de la force, de la prospérité et de la grandeur d'une nation; c'est plus encore, c'est la racine qui jette la sève dans toutes les branches de l'arbre social.

Mais si l'institution du mariage est celle qui est la plus importante de toutes, elle est aussi celle qui a été et qui reste maintenant encore la plus obscurcie par les erreurs et par les passions de tous genres.

Heureux si mes études et mes méditations parviennent à rendre à cette grande institution sa splendeur première, à en retrouver les lambeaux épars, à les rassembler et à les dégager de la rouille des siècles! Heureuse surtout la nation française qui saura mouler ces lambeaux précieux en une forme immortelle de simplicité, de beauté et de perfection!

CHAPITRE PREMIER.

DÉFINITION DU MARIAGE.

« Toute définition, dit Javolénus, est périlleuse en droit civil : il est rare, en effet, qu'elle ne puisse être complètement démolie (1). » Cette vérité, que Justinien proclame dans son Digeste, est surtout frappante dans la matière du mariage. Or pourtant cet empereur défi-nit ainsi les noces dans ses Instituts : « Les noces, ou mariage, sont la conjonction de l'homme et de la femme produisant une communauté indivisible d'existence (2). » Et, dans son Digeste, il sanctionne de son autorité cette définition de Modestin : « Les noces sont la conjonction de l'homme et de la femme, l'association de toute la vie, la communication du droit divin et humain (3). »

Cette définition de Modestin, que Justinien consacre dans son Digeste, n'est que l'explication de celle qu'il a insérée dans ses Instituts. Mais cet empereur ne serait-il point tombé lui-même dans le danger qu'il proclame exister dans toute définition? Le mariage est-il réelle-ment, au temps de Modestin et de Justinien, une com-munauté indivisible entre les époux, l'association de toute leur vie, la communication de leur droit divin et

(1) Digeste, liv. L, loi 202 : « Omnis definitio in jure civili pericu-losa est, parum est enim ut subverti non possit. »

(2) Justinien, *Instituts,* liv. I, tit. 9, § 1 : « Nuptiæ sive matrimo-nium, est viri et mulieris conjunctio individuam vitæ consuetudi-nem continens. »

(3) Digeste, liv. XXIII, tit. 2, l. 1 : Nuptiæ sunt conjunctio maris et feminæ, consortium omnis vitæ, divini et humani juris communi-catio. »

humain ? Les conjoints ont-ils tous deux même culte, même famille et mêmes biens ? S'il n'en est point ainsi, la définition des Instituts et celle du Digeste sont trop absolues et par conséquent elles sont fausses.

Toutes les parties du Digeste et des Instituts montrent entre le mari et la femme les différences les plus saillantes, soit sous le rapport des liens de famille, soit sous le rapport des biens ; et pourtant les auteurs français et étrangers n'agitent pas même la question de savoir si les définitions de Justinien sont bonnes et basées sur la vérité : ils les admettent donc comme incontestables. Mais à peine font-ils un pas dans la voie, qu'ils se trouvent en opposition. Ils disputent entre eux si le mariage est un contrat *réel*, c'est-à-dire se formant par la tradition de la femme au mari ; ou bien, au contraire, s'il est un contrat *consensuel*, c'est-à-dire se formant par le seul consentement des parties. Mais on pourrait leur adresser aux uns et aux autres cette question fondamentale : La tradition de la femme au mari ou le consentement seul des conjoints peut-il, d'après les idées et les principes du droit romain, opérer la conjonction des époux, l'association de toute leur vie et la communication du droit divin et humain ? On ne peut évidemment que répondre d'une manière négative à une pareille question.

Gardons-nous de prendre des définitions pour guides dans la recherche des vérités si importantes en cette matière obscure ; car, comme nos devanciers, nous tomberions dans l'erreur et dans des abîmes sans issue. Mais avançons-nous éclairés par le flambeau de l'histoire. C'est ainsi que nous découvrirons les éléments purs, et que nous pourrons les dégager de la rouille des siècles.

CHAPITRE II.

FORMES DU MARIAGE.

§ I. — *Formes du mariage romain.*

Les principes sur le mariage sont généralement attribués à Romulus. Lors de l'enlèvement des six cents quatre-vingt-trois filles Céniniennes, Crustuméniennes, Antemnates et Sabines, le fondateur de la ville des Quirites n'avait point encore établi de forme spéciale pour le mariage des citoyens. En effet, d'après Denys d'Halicarnasse, chacune des filles enlevées fut mariée suivant la coutume de son pays (1). Mais, comme nous l'apprennent les historiens, et entre autres Denys d'Halicarnasse (2), Romulus a dès l'origine établi entre le mari et son épouse une parfaite communauté du feu et de l'eau, la communication de toutes les choses divines et humaines. Il faut conclure de là que, lors de la division du peuple et du territoire romain, lors de l'organisation de la cité en tribus, en curies et en *gentes* (3), c'est Romulus lui-même qui a introduit la forme unique de ma-

(1) Denys d'Halic. *Antiquités rom.*, liv. II, 9.—(2) *Ibid.*

(3) Après l'institution du sénat composé d'abord de cent membres, Romulus a assigné à chacun d'eux des dieux particuliers, un culte et des sacrifices. Il a ensuite créé le patronage en établissant que chaque citoyen, chaque étranger qui voudrait naître à la vie des Quirites devrait choisir un protecteur parmi les membres du sénat. Le sénateur ainsi choisi devient un Père en générant l'adepte à son nom, à son culte et à son dieu; l'adepte ainsi généré est un néophyte qui prend le nom de client. Cette génération spirituelle est suivie d'une incorporation qui se fait par la participation du néophyte au banquet sacré du Père, de ses enfants et de ses clients. La *gens* est donc composée du Père, de ses fils et de ses clients. Les liens actifs et

riage que l'on voit bientôt apparaître, la *confarreatio*, qui est l'emblème de la communauté et de l'union mystique qui règnent entre les époux.

Comme le remarque avec justesse Montesquieu, « dans tous les pays et dans tous les temps, la religion s'est mêlée des mariages (1). » Aussi le mariage introduit par Romulus a-t-il principalement une forme religieuse. « Comme les mariages intéressent la société, ajoute l'auteur de l'*Esprit des lois*, il a fallu qu'ils fussent réglés par la loi civile (2). » Nous avons à remarquer à cet égard que, pendant les quatre premiers siècles de Rome, on ne faisait aucune distinction entre les lois religieuses, les lois politiques et les lois civiles. Les lois civiles, c'est-à-dire de la cité des Quirites, étaient toutes religieuses et politiques, de même que la vie du citoyen était à la fois religieuse et politique. La cité romaine était une et indivisible, comme le citoyen était un et indivisible. On ne connaissait point les distinctions qui, en s'introduisant plus tard, ont affaibli également les lois civiles, les lois politiques et les lois religieuses.

Dans la *confarreatio*, le fiancé et la fiancée, couverte d'un voile, s'avancent vers le temple : ils sont précédés par un homme qui porte un gâteau de farine de froment et de riz, et ils sont accompagnés de leurs parents et de dix témoins. Ces dix témoins seraient-ils pris dans chacune des dix curies dont se compose la tribu du mari? Ou bien, au contraire, y aurait-il cinq témoins de la *gens* de la femme et cinq témoins de la *gens* du mari? Cette question n'est point agitée par les auteurs, par la

passifs du patronage se transmettent aux descendants. Niébuhr et M. Ortolan commettent à cet égard les plus étranges erreurs.

(1) Montesquieu, *Esprit des lois*, liv. XXVI, 13. — (2) *Ibid.*

raison que, dès le commencement du sixième siècle de
Rome, il n'y a plus de *gentes.*

Une raison qui est d'un grand poids doit faire croire
que cinq témoins appartenaient à la *gens* de la femme,
et que les cinq autres appartenaient à la *gens* du mari.
Cette raison est que l'acte religieux du mariage aura
pour résultat de produire en même temps une dégénération et une génération ; en effet, la femme qui se marie
cesse par là de faire partie de sa famille et de sa *gens*, et
elle passe dans la famille et dans la *gens* de son mari ; et,
comme conséquence de cette métamorphose, elle perd le
culte du dieu Lare, du dieu de la famille et du dieu de
la *gens*, pour prendre le culte des dieux de son mari.

« Par le *farreum*, dit Ulpien, l'épouse passe *in manum* au moyen de certaines paroles, de la présence de
dix témoins et de la célébration d'un sacrifice solennel,
dans lequel on emploie un pain de farine (1). » Les paroles solennelles, dont la formule n'est point révélée par
les auteurs, sont prononcées sans aucun doute par la
fiancée, par le fiancé et par le prêtre. Celui-ci offre ensuite le sacrifice, fait des libations et consulte les auspices. « Les anciens, dit Valère-Maxime, n'entrepre-
naient aucune chose publique ou même privée sans avoir
d'abord pris les auspices. C'est d'après cet usage que,
maintenant encore, des augures interviennent dans la
célébration des mariages ; quoiqu'ils ne consultent plus
les auspices, leur intervention reste du moins un vestige
de la coutume antique (1). » Comme l'exprime Cicéron,

(1) Ulpien, *Règles* : « Farreo convenit uxor certis verbis et testibus
decem præsentibus et solemni sacrificio facto, in quo panis farreus
adhibetur. »

(1) Valère-Maxime, liv. II, 1 : «Apud antiquos non solum publice,

« Les hommes sont unis à des dieux par les liens de l'agnation et de la gentilité (2). » Puis il ajoute : « De là,
tandis que les autres liens qui attachent les hommes
émanent d'une génération mortelle, et sont par là fragiles et caducs, l'âme est engendrée par un dieu; aussi les
liens de l'agnation et de la gentilité nous unissent vraiment
aux Célestes (3). » Il faut nécessairement conclure de là que
la consultation des auspices, qui est usitée dans le mariage,
a pour but de faire connaître si les dieux de la famille et
de la *gens* de la femme consentent à se retirer d'elle, et
si les dieux de la famille et de la *gens* du mari consentent
à la générer spirituellement et à la prendre sous leur
protection. Du temps de Valère-Maxime, les augures interviennent encore dans les mariages, mais ils ne consultent plus les auspices, et leur intervention n'est plus
qu'un vestige de la coutume antique (4). Nous pourrions
déjà nous demander la raison de ce changement, qui est
une grande atteinte à la dignité du mariage. Est-ce parce
qu'il n'y aurait plus alors de sentiments religieux? Mais
les sentiments religieux ne s'effacent jamais dans le cœur
des hommes; ils ne peuvent que s'affaiblir, et cet affai-

sed etiam privatim nihil gerebatur nisi auspicio prius sumpto : quo
ex more nuptiis etiam nunc auspices interponuntur; qui, quamvis
auspicia petere desierint, ipso tamen nomine veteris consuetudinis
vestigia usurpantur. »

(2) Cicéron, *Des lois*, liv. I : « Ut homines deorum agnatione et
gente teneantur. »

(5) Cicéron, *Des Lois*, liv. I : « Cumque alia quibus cohærent homines è mortali genere sumpserunt, quæ fragilia essent et caduca,
animum esse ingeneratum a deo, ex quo vere vel agnatio nobis cum
Cœlestibus vel genus appellari potest. »

(4) Valère-Maxime, liv. II, 1. — Denys d'Halicarnasse (*Ant. r.*, II),
et Cicéron (*De la nat. des Dieux*, II, 5) s'expriment sur ce point comme
Valère-Maxime.

blissement suffit seul pour faire présager la ruine d'une nation ; ce n'est donc point là une raison pleinement satisfaisante. La véritable explication de ce changement est que, vers la fin de la république romaine, et surtout sous l'empire, la femme qui s'unit à un homme par les liens du mariage ne perd plus ni ses biens, ni sa famille, ni ses dieux, et par conséquent elle n'entre plus dans la communauté des biens, de la famille et des dieux de son mari ; il n'y a plus, par le mariage, ni dégénération, ni ingénération ; les époux ne sont plus un, mais ils restent deux personnes complètement distinctes. Il suit de tout cela, que la consultation des dieux de la femme et des dieux du mari n'est plus nécessaire et serait même un acte entièrement illusoire, puisque le mariage ne va plus produire les antiques effets qui avaient fait introduire cet usage.

Après le sacrifice et la consultation des auspices, le prêtre consacre le pain et l'eau ; et ensuite les époux célèbrent le banquet divin, qui est l'emblème de l'union mystique de l'âme et du corps de la femme avec son mari et avec ses dieux. Par là les époux deviennent un en toutes choses divines et humaines ; le mari est spirituellement le père de son épouse.

D'après Gibbon, les époux qui communient en mangeant et en buvant du gâteau et de l'eau consacrés, sont tous deux assis sur la même peau de mouton (1). L'exactitude de ce détail, que je n'ai d'ailleurs rencontré nulle part, et à l'appui duquel Gibbon ne cite aucun auteur, me paraît devoir être contestée. Aussi j'embrasse plus volontiers à cet égard l'explication de Valère-Maxime, d'ailleurs bien plus conforme aux antiques usages et à la

____

(1) Gibbon, *Hist. de la décadence de l'empire romain*, chap. 44.

nature du mariage qui est, de la part du mari, une génération de l'épouse dont il devient le Père : « La femme qui faisait la cène du mariage, dit-il, était assise et le mari couché : cette habitude, qui était pratiquée dans les festins sacrés, a pénétré dans la famille. Jupiter sur un lit invite Junon et Minerve à s'asseoir pour prendre part à son festin. Dans notre époque, on conserve plus exactement cette coutume dans le Capitole que dans sa maison, car les déesses tiennent bien plus à l'observation des règles que les épouses (1). »

Cette manière solennelle de s'unir par les liens du mariage a beaucoup d'analogie avec les coutumes de tous les peuples primitifs. Elle a subsisté à Rome dans tous les mariages des citoyens jusqu'au règne de Servius Tullius : elle était donc la forme unique, soit pour les conjonctions des patriciens, soit pour celles des plébéiens.

Mais Servius Tullius a établi une forme nouvelle pour l'union des plébéiens, et cette forme s'appelle *coemptio* : la confarréation est devenue ainsi une forme de mariage exclusivement propre aux patriciens.

En introduisant une forme nouvelle de mariage pour l'union des plébéiens, Servius Tullius a porté quelque atteinte à la *confarreatio*, comme en introduisant la division du peuple par centuries il a porté atteinte à la division quiritaire du territoire et du peuple en tribus, en curies et en *gentes*. Quelle est la cause pour laquelle la

(1) Valère-Maxime, liv. II, 1 : « Feminæ cum viris cubantibus sedentes cœnitabant : quæ consuetudo ex hominum convictu ad divina penetravit; nam Jovis epulo ipse in lectulum, Juno et Minerva in sellas ad cœnam invitantur. Quod genus severitatis ætas nostra diligentius in Capitolio quam in suis domibus servat; videlicet quia magis ad rem pertinet dearum quam mulierum disciplina contineri. »

coemptio a été introduite? On ne peut la préciser d'une manière bien certaine. Toutefois on peut affirmer qu'il ne faut point rechercher uniquement cette cause dans l'intention que Servius Tullius aurait eue d'harmoniser le mariage plébéien avec sa division du peuple romain en six classes, ce qui lui a fait exiger six témoins pour la *coemptio*, pour les *mancipium*, pour le *nexum*, et pour la *testamenti factio*.

Cette innovation de Servius Tullius a sans aucun doute pour but de paralyser la trop grande influence du patron sur les actes importants de ses clients, et, en outre, de satisfaire à un besoin social et commercial.

D'après l'institution du patronage, ainsi que l'expriment Denys d'Halicarnasse et Plutarque, le patron, qui était tenu de protéger les intérêts et l'honneur de ses clients, devait intervenir dans les contrats qu'ils formaient (1). On peut conclure bien certainement de là que, d'après l'institution de Romulus, les plébéiens ne pouvaient point s'unir sans l'intervention de leur patron, qui par là perd ou acquiert un client. Aussi, comme le dit Denys d'Halicarnasse, Servius Tullius, qui a introduit la solennité par l'airain et la balance, *per æs et libram*, a fait des lois qui établissaient une parfaite indépendance des petits, qui rendaient leur condition entièrement égale à celle des sénateurs et qui retranchaient certains priviléges dont les patriciens s'étaient servis pour vexer la plèbe dans les contrats (2). Ces lois de Servius Tullius, abrogées par Tarquin-le-Superbe, ont été remises en vigueur par les consuls, ainsi que l'exprime encore De-

---

(1) Denys d'Halicarnasse, *Antiquités rom.*, liv. II, 4. Plutarque, *Vie de Romulus.*

(2) Denys d'Halicarnasse, *Antiquités rom.* liv. IV, 10.

nys d'Halicarnasse (1). Ainsi donc, en introduisant la *coemptio* comme forme du mariage des plébéiens, Servius Tullius a voulu affranchir le client de l'autorisation de son patron, d'autant plus que celui-ci n'aurait sans doute point voulu unir, par les formes essentiellement religieuses de la *confarreatio*, les affranchis que le roi venait d'élever à la dignité de citoyens romains, malgré la plus vive opposition de la part des sénateurs (2).

Enfin, par l'institution des formes solennelles *per æs et libram*, Servius Tullius a voulu répondre à un besoin social et favoriser les transactions et le commerce, en ramenant au poids du cuivre la valeur de toutes les autres choses.

La forme du mariage *per æs et libram* est évidemment solennelle et religieuse. En effet, comme dans la *confarreatio*, il y a une consultation des auspices; aussi Valère-Maxime, qui nous fait connaître que les anciens ne faisaient aucune chose publique, ou même privée, sans prendre les auspices, nous dit, en termes généraux, que les augures interviennent dans les mariages (3). Il n'y a donc point à faire, à cet égard, de distinctions entre la *confarreatio* et la *coemptio,* d'autant plus que l'on consulte les auspices non-seulement sur les lois *curiatæ* et sur les élections faites dans les comices par curies, mais encore sur les lois *centuriatæ* et sur les élections faites dans les comices par centuries. D'ailleurs, de même que la *confarreatio*, la *coemptio* fait perdre à la femme sa maison, sa famille, sa *gens* et ses dieux, et lui fait acquérir la maison, la famille, la *gens* et les

(1) Denys d'Halicarnasse, *Antiq. rom.*, liv. IV, 10.
(2) *Ibid.*
(3) Valère-Maxime, liv. II, 1.

dieux de son mari ; de là il est nécessaire qu'il y ait, dans la *coemptio*, une double consultation des auspices.

Ainsi que dans la *confarreatio*, il doit y avoir dans la *coemptio*, qui produit entre plébéiens les mêmes effets que la *confarreatio* entre patriciens, un banquet sacré des époux ; puisqu'il y a même génération et même union mystique des époux, il doit aussi exister les mêmes emblèmes. Aussi, Valère-Maxime, qui nous révèle qu'en général tous les mariages étaient précédés par la consultation des auspices, nous révèle également qu'ils étaient consommés par un repas où l'épouse était assise et le mari couché (1).

Enfin, de même que dans la *confarreatio*, les parties et les personnes sous la puissance desquelles elles se trouvent, prononcent, dans la *coemptio*, des formules sacramentelles qui précisent le caractère et les effets importants de l'acte qui s'accomplit. Mais aucun historien ne nous les révèle.

Quelques auteurs, et entre autres Gibbon (2), prétendent qu'une double formalité *per æs et libram* est essentielle pour la *coemptio*. Mais il n'y a rien dans les anciens ouvrages qui puisse donner quelque fondement à cette allégation. On conçoit que dans les fiançailles, *sponsalia*, où deux parties se lient réciproquement, et conservent encore, sous les autres rapports, la plénitude de leur indépendance, il soit nécessaire de remplir deux fois la solennité *per æs et libram*, puisqu'un seul acte ne peut produire qu'un seul *nexum* actif et passif. Mais on ne conçoit nullement que, dans la *coemptio*, qui se fait après la consultation des auspices et qui opère la trans-

(1) Valère-Maxime, liv. II, 1.
(2) Gibbon, *Histoire de la décadence de l'empire romain*, chap. 44.

lation au mari de la *manus* que le père ou le tuteur a sur la femme, il soit essentiel qu'il y ait deux solennités *per æs et libram* : il n'y en a qu'une seule, à mon avis du moins, et c'est le mari ou son père qui joue le rôle d'*emptor*, et qui paye le prix fictif de la vente. Il arrive néanmoins très-fréquemment qu'il y ait plusieurs solennités *per æs et libram* qui accèdent pour ainsi dire à la *coemptio*, et dans lesquelles le mari joue le rôle de vendeur fictif ; or, c'est ce qui a lieu autant de fois qu'il y a de personnes qui s'obligent à constituer une dot, et qui, par là, deviennent des acheteurs fictifs.

L'expression *coemptio* ne signifie donc point, selon moi, qu'il y ait dans le mariage plébéien plusieurs *emptiones* essentielles ; mais elle signifie seulement que le mari prend une femme qui devient sa compagne et qui est commune avec lui en toutes choses divines et humaines.

Ainsi donc le mariage qui opère une translation de la *manus*, qui ne produit aucun lien de droit proprement dit entre le mari et la femme, mais seulement un rapport religieux et politique de paternité et de filiation, n'établit d'ailleurs en réalité aucun lien de droit entre le père ou tuteur de la femme et le mari ; de là il est essentiel seulement qu'il y ait un seul acte *per æs et libram*.

Il est utile que nous comparions ici la *coemptio* avec le *mancipium*, avec le *nexum* et avec la *testamenti factio*, qui se célèbrent également *per æs et libram*, et sur lesquels les auteurs modernes ont les idées les plus confuses et les plus fausses.

L'objet de la *coemptio* est nécessairement une femme. Cette femme est nécessairement citoyenne, de même que le vendeur, puisque celui-ci est son père de famille ou

son tuteur, et que d'ailleurs les citoyens romains peuvent
seuls être parties dans les actes solennels des Quirites.
Dans la *coemptio*, le père de famille de la femme ou son
tuteur transfère au mari la *manus* qu'il a sur elle. La
coemptio ne fait point subir à la femme, qui en est l'objet, de dégradation, de *capitis deminutio ;* en effet, loin
de la dégrader, c'est-à-dire de la faire mourir à la vie
de la cité, la métamorphose qu'elle éprouve, et qui n'est
réellement que partielle, l'élève plutôt en honneur et en
dignité, en la rendant l'épouse et presque l'égale de son
mari. Elle cesse de faire partie de sa famille, mais elle en
acquiert immédiatement une autre. Elle ne meurt pas à
la vie des Quirites; car beaucoup de liens qui l'attachaient à cette vie, n'ont, dans cette métamorphose in-
complète, subi aucune altération (1).

(1) De même que la vierge qui devient épouse par les solennités
de la *confarreatio* ou de la *coemptio*, celle qui devient vestale ne
subit aucune dégradation. Voici, en effet, comment s'exprime à cet
égard Aulu-Gelle.

« La vierge, dit-il, est prise vestale dès qu'elle a été introduite
dans le sanctuaire de Vesta et livrée aux pontifes : aussitôt, sans
émancipation et sans diminution d'état, elle sort de la puissance de
son père et acquiert le droit de tester... On trouve dans le *Commen-
taire* écrit par Labéon sur les Douze-Tables : « La vierge vestale n'est
« héritière légitime de personne, et personne ne devient son héritier
« légitime ; si elle décède intestat, ses biens sont dévolus à l'Etat.»

Aulu-Gelle nous rapporte les paroles solennelles de la consécration
d'une vestale : « Dans le livre de Fabius Pictor, dit-il, on trouve la
formule que le souverain pontife prononce quand il prend une vierge.
La voici : « Aimée, je te prends pour être prêtresse de Vesta, pour
« faire les choses sacrées et pour faire en ta qualité de prêtresse de
« Vesta, en faveur du peuple romain des Quirites, tout ce que la plus
« sainte loi te donne de pouvoirs : c'est ainsi que je te prends.» *Virgo
autem vestalis simul est capta atque in atrium Vestæ deducta est et
pontificibus tradita; eo statim tempore sine emancipatione ac sine
capitis minutione e patris potestate exit, et jus testamenti faciundi*

L'objet du *mancipium* peut être une personne *alieni juris*, c'est-à-dire non-seulement une fille de famille, mais encore un fils de famille et un esclave. Le *mancipium* peut avoir aussi pour objet les bêtes de somme ou de trait, c'est-à-dire les chevaux, les bœufs, les ânes et les mulets; et enfin les fonds de terre, les servitudes rurales et les maisons. Toutes les autres choses, appelées *nec mancipi*, ne peuvent être l'objet du *mancipium*.

D'après Servius Tullius, les pères de famille, et eux seuls, peuvent être parties dans l'acte solennel du *mancipium*, et la loi des Douze-Tables consacre cette jurisprudence.

Mais un père de famille peut-il être l'objet du *manci-*

---

adipiscitur... In commentariis Labeonis quæ ad duodecim Tabulas composuit, ita scriptum est : « Virgo vestalis neque heres est cuiquam « intestato, neque intestæ quisquam ; sed bona ejus in-publicum redigi « aiunt.»

« In libro Fabii Pictoris, quæ verba Pontificem maximum dicere oportet cum virginem capit, scriptum est. Ea verba hæc sunt :

SACERDOTEM. VESTALEM. QUÆ. SACRA. FACIAT. QUÆ. IOUS. SIET. SACERDOTEM. VESTALEM. FACERE. PRO. POPOLO. ROMANO. QUIRITIUM. UTEI. QUÆ. OPTUMA. LEGE. FAVIT. ITA. TE. AMATA. CAPIO.» (Aulu-Gelle, *Nuits attiq.*, liv. I, 12.)

Comme on le voit dans ces passages d'Aulu-Gelle, la vestale qui sort de sa maison, de sa famille et de sa *gens*, et qui par là perd le culte du dieu Lare, du dieu de la famille, *sacra familiæ*, et du dieu de la race, *sacra gentis*, ne peut plus devenir héritière, ni sienne, ni légitime, ni gentille, et personne ne peut lui succéder comme agnat ou gentil. Et pourtant elle n'est point morte à la cité, elle n'a pas subi de dégradation, de *capitis deminutio*, par la raison qu'elle retient le culte des dieux du peuple romain et par là la qualité de citoyenne. Il en est absolument de même à l'égard de l'épouse, qui souvent même conserve sa tribu et sa curie avec leurs dieux.

La formule de la consécration de la vestale, qui devient *sui juris*, diffère de celle du mariage qui ne fait qu'opérer la translation au mari de la *manus* du père ou du tuteur.

pium? Non. En effet, un père de famille ne peut point se manciper, et personne ne peut le manciper.

1° Personne ne peut manciper un père de famille; car celui-ci n'est dans le domaine d'aucun citoyen : il est *sui juris*. Or, puisque personne n'a de droit sur un père de famille, il est évident que personne ne peut le manciper, car le *mancipium* suppose nécessairement une abdication et une acquisition du droit sur une chose.

2° Un père de famille ne peut point se manciper. En effet, d'une part, le père de famille serait à la fois partie et objet dans le contrat, ce qui est impossible. D'autre part, comme le *mancipium* opère immédiatement, le prix que l'acheteur paierait au mancipé, qui est son esclave, il le paierait à lui-même, et l'obligation qu'il contracterait envers le mancipé, il la contracterait envers lui-même; ce qui est également impossible et absurde. Donc le père de famille ne peut point se manciper. D'autre part, il ne peut pas être mancipé par un autre citoyen. Donc le père de famille ne peut point être l'objet du *mancipium* (1).

Les fils et les filles de famille qui ne peuvent, pas plus que les esclaves, être partie dans le *mancipium*, peuvent en être l'objet : par là, il s'opère en eux une dégradation, une *capitis deminutio*; ils cessent en même temps d'être fils de famille ou filles de famille, et de faire partie de la cité romaine; ils meurent à la vie des Quirites, et sont assimilés à des esclaves; ils perdent tous leurs droits, leur *caput* (2). Toutefois, comme le fils de famille

(1) M. Ortolan, qui confond le *mancipium* et le *nexum*, suppose qu'un père de famille peut vendre civilement sa personne (*Explicat. histor. des Inst.*, tome I, page 24).

(2) Dans l'origine, l'enfant qui était mancipé mourait non-seulement à sa famille, mais encore à la cité, et par là il perdait tous ses

fait ordinairement partie de trois corporations principales, qui sont la *gens*, la curie et la tribu, il faut trois *mancipia* pour le faire mourir complètement à la vie quiritaire : telle est la disposition générale des Douze-Tables.

Le *nexum* n'est rien autre chose qu'un lien d'obligation publique qui s'accroche activement sur un père de famille, et passivement sur un autre père de famille. Ce lien rigoureux se forme en la présence réelle ou fictive du peuple souverain, *coram populo*. Or, comme tous les pouvoirs résident dans le peuple, c'est lui-même qui donne au *nexum* la force exécutoire et permet au créancier de saisir directement son débiteur.

Dans l'acte *per æs et libram*, le peuple est fictive-

droits, son *caput*. Il n'y avait alors bien évidemment aucun degré dans la *capitis deminutio*.

Mais, depuis que les *peregrini*, qui habitent Rome ou la province, ne peuvent plus naître à la cité des Quirites, le peuple romain leur reconnaît des droits, et leur donne des préteurs spéciaux ou des propréteurs qui rendent la justice entre *peregrini* ou entre Romains et *peregrini*. Or, dès cette époque, le citoyen romain, auquel on interdit l'eau et le feu ou que l'on déporte, ne perd plus tous ses droits : comme il devient *peregrinus*, il a, aux yeux mêmes du peuple romain, les mêmes droits que les *peregrini*.

En outre, depuis que les *gentes* et les liens actifs et passifs du patronage n'existent plus ; depuis que le père de famille ne consulte plus les auspices quand il mancipe ses enfants ; depuis que les formes du *mancipium* ont perdu leur caractère religieux et même presque toute leur antique publicité, les jurisconsultes et les préteurs décident que l'enfant mancipé ne devient plus esclave, et qu'il conserve tous les droits de l'ingénuité romaine (Paul, *Sent.*, liv. v, 1.).

D'après ces principes nouveaux, on distingue trois espèces de diminutions d'état. Si un citoyen romain devient esclave, il subit une *maxima capitis deminutio*; s'il devient *peregrinus*, il subit une *media capitis deminutio*; s'il perd ses liens de famille par le *mancipium*, ou par l'adrogation qui rend un père de famille *alieni juris*, il y a *minima capitis deminutio*.

ment représenté. De là, si je mancipe ma chose *mancipi*, ou si je transfère la propriété de ma chose *nec mancipi* en présence des cinq témoins et du *libripens*, ma stipulation solennelle et la réponse également solennelle de l'acquéreur qui ne paye qu'un prix fictif, feront naître entre nous le lien public, le *nexum*. L'obligation que l'héritier, acheteur de la famille dans la *testamenti factio*, contracte *per œs et libram* envers les légataires, est également un *nexum*. Ainsi donc, que la cause de l'obligation publique de l'acheteur soit l'acquisition d'une *res mancipi*, d'une *res nec mancipi* ou de la *familia*, il y aura, dans tous les cas, *nexi datio*. Mais si une partie se lie publiquement envers une autre dont elle ne reçoit qu'un équivalent purement fictif, par exemple, une pièce de monnaie, il y aura alors *nexi obligatio*.

L'obligation est publique et réellement contractée devant le peuple, lorsque le testateur grève son héritier en testant *calatis comitiis* ou même *in procinctu;* il y a donc *nexum* de l'héritier envers les légataires.

Maintenant si je transfère la propriété de ma chose *nec mancipi* sans remplir les formes solennelles, et si l'acquéreur s'oblige à me payer un certain prix, il y aura une obligation privée. Si quelqu'un vole ma chose, il contracte par là envers moi une obligation publique s'il est pris en flagrant délit; dans le cas contraire, son obligation est privée. Or les obligations privées sont novées et se métamorphosent en *nexum* par la sentence du juge, car cette sentence est prononcée au Forum et en présence du peuple.

Ainsi, toutes les fois qu'une obligation est contractée *coram populo*, quelle qu'en soit d'ailleurs la cause, il y a *nexum.* — Toutes les fois qu'il y a *nexum*, l'obligation, qui est publique, ne peut être éteinte que publiquement, *coram populo;* et cette extinction s'appelle *nexi liberatio.* — Toutes les fois qu'il y a *nexum ,* le créancier a des voies d'exécution directe sur la personne de son débiteur, et il peut aussi recourir au magistrat pour en obtenir l'*addictio.* Au reste, d'après la loi des Douze-Tables, qui déroge sans doute à l'ancien droit, le débiteur dont l'obligation privée dégénère en *nexum* par la sentence, jouit d'un délai de trente jours pendant lesquels il ne peut être ni saisi par son créancier, ni *addictus.* Mais, malgré l'autorité de certains auteurs, je suis convaincu que cette disposition ne concerne point celui qui s'est volontairement nexé; après le délai conventionnel librement fixé, le débiteur ne jouit point d'un nouveau délai légal. C'est d'ailleurs ce qu'exprime très-énergiquement la loi des Douze-Tables en ces termes : « *Cum nexum faciet, mancipiumve , uti lingua nuncupassit, ita jus esto.* »

De graves raisons ont fait introduire la distinction des choses *mancipi* et *nec mancipi,* la publicité des aliénations de choses *mancipi* (1) et celle de la naissance et de l'extinction des obligations. Pour en être bien convaincu, il suffit de remarquer que Servius Tullius rend les plébéiens plus indépendants des patrons, sans pourtant enlever les garanties utiles aux contractants, aux tiers intéressés et à la République. Le recensement révélait tous les cinq ans la fortune de chaque citoyen, et les principales modifications de cette fortune inscrite sur les tables

---

(1) « On n'aperçoit pas nettement, dit M. Ducaurroy, dans quel but les Romains ont distingué des choses *mancipi.* Justinien supprime une distinction plus embarrassante qu'utile » (*Inst. expliq.,* liv. II, tit. 5, § 6). Une pareille réflexion, de la part d'un professeur de droit romain, est pénible à entendre.

des cens, étaient, à cause de la publicité des formes, portées à la connaissance des citoyens.

Les institutions de Servius Tullius portent la plus vive
atteinte à la force des liens du patronage et des *gentes*.
Lorsque le Père devait intervenir dans les principaux
actes consentis par ses clients, cette intervention lui en
faisait prendre en main les conséquences ; aussi, loin de
laisser dans l'embarras le client qu'il avait autorisé, dans
beaucoup de cas il l'aidait de sa propre fortune ou il faisait
un appel à la fraternité des hommes de sa *gens*, à ses fils
spirituels. Mais dès que le Père n'a plus été le Verbe
nécessaire des liens formés par les hommes de sa *gens*, les
patriciens s'en sont rudement vengés, surtout sous la république, époque où ils se sont constitués en caste : ils ont
exercé sur leurs débiteurs tous les droits que leur conférait le *nexum*, en les chargeant de chaînes (1).

Dès que le *nexum* est abrogé et que le cens tombe en
désuétude, les grandes garanties qui se trouvaient énergiquement contenues dans ces deux antiques institutions
disparaissent. Il devient dès lors nécessaire de multiplier
presque à l'infini les dispositions législatives, soit dans
l'intérêt des parties, soit même dans l'intérêt des tiers.
A cette époque, la république, si amie de la simplicité
des lois, ne peut plus exister parmi les Romains.

Depuis Servius Tullius, la *confarreatio* n'a lieu qu'entre patriciens, et la *coemptio* n'a lieu qu'entre plébéiens.
Ces deux formes de mariage ne sont donc possibles que
lorsque le fiancé et la fiancée font tous deux partie de la

---

(1) Il y a tant d'erreurs dans les auteurs modernes sur le *mancipium*, sur le *nexum*, sur le *testamenti factio*, et sur la *coemptio*, qu'il
était nécessaire d'exposer brièvement les véritables principes, qui ne
sont clairs nulle part.

cité des Quirites. Mais les Romains, qui laissent l'asyle ouvert aux guerriers, ont besoin d'une troisième forme de mariage : c'est l'*usus*, qui paraît, d'après Gaïus, une conséquence immédiate de l'asyle (1). Un Romain peut épouser une pérégrine ou une captive : mais la *coemptio* est impossible, car la pérégrine n'a point de père de famille ni de tuteur ayant le *jus commercii* et pouvant prononcer les paroles sacramentelles de l'acte public *per æs et libram*. Le Romain qui veut épouser une pérégrine prend des témoins, un augure consulte les aupices, et ensuite le Romain et la pérégrine font un banquet, emblème de leur union. Le mariage ainsi contracté ne produit point immédiatement une génération spirituelle de la femme à la vie des Quirites et de son mari ; il faut, en effet, pour cela que celui-ci la possède pendant une année non interrompue ; c'est par là qu'aura lieu l'usucapion, *usus*. Dès que le délai de l'*usus* sera accompli, la pérégrine deviendra citoyenne, *uxor*, commune en biens, en famille et en dieux avec son mari qui sera alors considéré comme son Père. Telle est sur l'*usus* la disposition ancienne qui se trouve consacrée dans la loi des Douze-Tables, et que Gaïus révèle dans ses Instituts (2).

Parcourons maintenant l'histoire de ces trois formes de mariage.

La loi des Douze-Tables sanctionne la prohibition de mariage entre les patriciens et les plébéiens. Mais l'an 310 de Rome, la loi Canuléia abroge cette disposition inique, et, peu de temps après, quelques patriciens commencent à s'unir aux plébéiens par les liens du mariage. La *confarréatio* devient alors insensiblement plus rare.

(1) Gaïus, *Comm. Inst.*, liv. 1, § III. — (2) *Ibid.*

En effet, cette forme, qui est essentiellement religieuse, demeure encore exclusivement propre aux conjoints tous deux patriciens ; les prêtres et les patriciens ne veulent point que la *confarreatio* soit comme profanée dans des mariages qu'ils considèrent de l'œil le plus défavorable. Pour en demeurer convaincu, il suffit de connaître que Virginie, fille d'Aulus, a été chassée par les matrones des sacrifices de la Pudeur patricienne, à cause qu'elle s'était unie à un plébéien, au consul Volumnius. Virginie irritée, rassemble les matrones plébéiennes dans un lieu où elle vient de placer un autel. Après avoir exposé l'injure que lui ont faite les patriciennes : « Moi, ajoute-t-elle, je consacre cet autel à la Pudeur plébéienne ; que la même émulation qui existe dans cette cité entre les hommes pour la valeur, existe aussi entre les matrones pour la pudeur. Faites donc tous vos efforts afin que l'on dise que cet autel est, s'il est possible, plus révéré que l'autre et par des plus chastes (1). »

Ainsi donc les unions qui se forment entre patriciens et plébéiens ne se célèbrent point avec les solennités de la *confarreatio*, mais avec celles de la *coemptio*, et les enfants qui en naissent subissent une espèce de déchéance, une dégradation originelle. Lors même que leur père est patricien, ils sont assimilés sous quelques rapports à des plébéiens : ils ne peuvent s'unir ni entre eux, ni même avec des patriciens par les solennités religieuses de la *confarreatio*. Cette opinion est d'autant plus certaine que les personnes unies par les formes plébéiennes de la *coemptio* ne sont point aptes à remplir des fonctions sacerdotales, jusqu'à ce que l'égalité la plus complète vienne

____

(1) Tite-Live, liv. x, 23.

entièrement confondre les deux ordres de l'État. A cette
époque, qui a lieu vers la fin du cinquième siècle de
Rome, la *confarreatio* est entièrement dépouillée de ses
anciens effets, et finit par disparaître sous les premiers
empereurs.

A mesure que la *confarreatio* perd de son importance
religieuse, les plébéiens perdent aussi, à l'égard de la
coemptio, le respect antique qu'ils avaient pour les formes sacramentelles de l'institution *per æs et libram*. Pour
convaincre de cette vérité, il suffit de rappeler ce qui a
fait abroger le *nexum*. Cette abrogation, qui eut lieu en
l'an 428 de Rome, a exercé une funeste influence sur le
mancipium, sur la *testamenti factio* et sur la *coemptio*.
Denys d'Halicarnasse rapporte ainsi la cause de l'abrogation du *nexum* : « Publilius, dit-il, fils d'un tribun
militaire qui s'était livré aux Samnites et qui avait passé
sous le joug, se trouva dans la nécessité d'emprunter,
afin d'avoir l'argent dont il avait besoin pour faire les
funérailles de son père. Il espérait trouver bientôt dans
la bourse de ses parents de quoi acquitter la dette. Mais
son attente fut trompée. Au terme fixé pour le paiement,
Papirius, son créancier, le fit saisir. Le jeune homme,
sollicité de s'abandonner à la brutale passion de son
maître, eut horreur d'un crime aussi abominable, et dé-
clara fièrement qu'il ne s'en souillerait jamais. Papirius
le fit déchirer de coups. Publilius s'échappe de la maison
de son créancier et se rend sur la place publique. Là, il
se plaint hautement du libertinage et de la cruauté de
son maître, et il montre à toute la foule qui l'environne
les marques sanglantes des coups de fouet qu'il a reçus.
Les tribuns de la plèbe accusent Papirius, et les comices
par tribus le condamnent à mort. A l'occasion de ce

crime, on rend la liberté à tous ceux qui sont détenus pour dettes (1). »

Varron, Cicéron et Tite-Live rapportent le même fait : « A cause de la passion brutale d'un seul créancier, dit Cicéron, tous les citoyens nexés ont été mis en liberté, et l'on ne put plus nexer à l'avenir (2). »

Tite-Live fait à cet égard une réflexion dont les jurisconsultes ne pénètrent pas assez toute la vérité : « Cette année, dit-il, fut pour la plèbe romaine comme l'aurore d'une nouvelle liberté, en ce que l'on a cessé de nexer, *Eo anno plebi romanœ velut initium aliud libertatis factum est, quod necti desierunt* (3). » Puis il ajoute : « Mais le droit fut changé, *mutatum autem jus*, à cause de la passion et de l'abominable cruauté d'un seul créancier (4). » Après avoir montré la cruauté de Papirius, Tite-Live termine ainsi : « A cause de la luxure impuissante d'un seul, le fort lien de la foi a été vaincu. On ordonna aux consuls de porter au peuple cette proposition : « Que personne ne soit retenu dans les fers, à « l'exception toutefois des criminels jusqu'à ce qu'ils « subissent leur peine ; que les biens du débiteur et non « sa personne soient le gage des créanciers (5). »

Comme le remarque Montesquieu, « le crime de Sextus Tarquin donna la liberté politique ; celui de Papirius, la liberté civile. L'attentat d'Appius sur Virginie remit le peuple dans l'horreur des tyrans ; trente-sept ans après le crime de Papirius, un crime pareil commis par Plautius contre Véturius fit que le peuple se retira sur le Janicule et que la loi sur les débiteurs reprit sa force (6). »

(1) Denys d'Halicarnasse, *Antiquités romaines.* Extraits.
(2) Cicéron, *De la République*, liv. II, 34.
(3) Tite-Live, liv. VIII, 28. — (4) *Ibid.* — (5) *Ibid.*
(6) Montesquieu, *Esprit des lois.*

Depuis l'abrogation du *nexum*, de ce lien rigoureux qui résultait du contrat *per æs et libram*, et qui a été pendant plusieurs siècles la cause des désordres dans la cité, les Romains commencent par abandonner l'accomplissement de ces antiques solennités qui rappellent la cruauté des créanciers et les crimes de Papirius et de Plautius. On voit naître alors une nouvelle législation. Ce qui reste de la législation de Romulus tombe bientôt en desuétude : dans aucun de ses actes juridiques, le client ne se fait plus autoriser par son Père ou patron, et il ne consulte plus les auspices ; de là le patronage disparaît et la religion tombe en oubli. La législation de Servius Tullius s'affaiblit et tombe aussi : dans ses contrats, le père de famille ne fait plus intervenir le peuple ; le cens, qui révélait tous les cinq ans la fortune des citoyens, ne se fait plus, et la publicité ne fait plus connaître les mutations de propriété ni les naissances ou extinctions des liens de droit. Le fils de famille, le pupille et même l'esclave figurent bientôt dans les actes sans l'*auctoritas* du père de famille, du tuteur ou du maître. Les contrats se forment par une simple tradition, par des paroles solennelles, par un écrit ou même par le simple consentement des parties. Les contrats, qui se multiplient, engendrent des obligations qui sont dénuées de publicité et de force. On voit s'introduire bientôt tout un système de garanties personnelles, réglant les divers rapports des personnes qui s'obligent pour garantir l'exécution du paiement de la dette contractée par un ami. On voit naître aussi tout un système de garanties réelles, le gage, le gage prétorien, l'antichrèse, l'hypothèque spéciale et générale, expresse et tacite. On voit enfin s'introduire tout un système de nullités et de rescisions, soit en faveur des parties contractantes, soit en faveur des tiers. « Tout le droit est changé, comme le dit Tite-Live, *mutatum autem jus.* »

Dès que le *nexum* est ainsi abrogé et devient odieux à la plèbe, les formes sacramentelles *per æs et libram* perdent beaucoup de leur importance et de leur respect. Dès lors la *coemptio* perd aussi son antique vénération. Bientôt les Romains commencent à former entre eux des unions naturelles, c'est-à-dire de ces unions qui se transforment en justes noces, en mariages conformes aux lois, par une année de possession non interrompue.

Par une foule de causes, que nous développerons plus tard, et qui proviennent principalement de la mysticité de la vie privée, de la chute de toutes les assemblées quiritaires et de l'oubli presque général des pratiques religieuses, le mariage devient insensiblement un contrat qui est purement réel, qui n'est plus susceptible de produire la génération de la femme à la famille de son mari, et qui se brise quand il plaît à l'une des parties. Le mariage est alors dénué de toute solennité et même de publicité : la religion et la société n'interviennent plus pour imprimer à cet acte si important dans la vie des hommes, des familles et des peuples, leur caractère auguste, sacré et indélébile. Il y a mariage lorsqu'un homme et une femme habitent ensemble, ne fût-ce qu'un instant, pourvu cependant qu'il n'y ait point d'empêchement et qu'ils aient l'intention de rester perpétuellement ensemble. La cohabitation jointe à l'intention et à la bonne foi de l'un d'eux, suffit même pour faire produire au mariage tous les effets dont il est susceptible. La seule cohabitation fait supposer l'intention et la bonne foi, et cette supposition ne cesse que devant une preuve contraire.

Le mariage qui n'est plus une institution religieuse et

politique, ne rend plus les époux communs ni en dieux, ni en famille, ni en biens; il ne produit plus de la part du mari une génération de son épouse. Dès lors il n'est plus une véritable union, une solide conjonction : ce n'est plus guère qu'une association fragile et passagère qui se forme entre un homme et une femme, et qui laisse subsister parmi eux mille germes de discordes, mille barrières qui les séparent. Pour demeurer bien convaincu que les époux ne sont plus un, mais deux personnes opposées et souvent ennemies, il suffit d'ouvrir le Digeste et de voir toute cette foule innombrable de dispositions législatives, sans vigueur et sans énergie, comme sans dignité, qui sont destinées à régler les rapports innombrables des époux, soit quant à leur personne, soit quant à leurs biens, soit quant à leurs actes, soit quant à leurs enfants. Il suffit de connaître la fréquence du concubinat, de ce mariage dégradé produisant des enfants civilement et religieusement étrangers à leur père, à leur mère et entre eux. Qu'elles sont vraies ces paroles de Tite-Live : « Mais tout le droit est changé, *mutatum autem jus!* »

Dès que les époux ne sont plus un en toutes choses, la famille cesse bientôt d'être une, et les citoyens cessent d'être un. Alors naissent entre les époux mille discordes; les discordes des époux règnent dans toute la famille, et les discordes des familles règnent dans toute la cité et enfantent ces horribles guerres civiles qui ont fait perdre à Rome sa liberté. Dès que le *nexum* est abrogé et que l'institution du mariage s'affaiblit, le peuple n'a plus aucune unité, même sous le rapport législatif; en effet, non-seulement le peuple, mais encore la plèbe, le sénat, chacun des préteurs, chacun des édiles, chacun des jurisconsultes, chacune des coutumes multiplient à l'infini des lois générales, Les édits, les rescrits et les décrets innombrables du prince font bientôt de toute cette législation sans dignité et sans force un horrible cahos. C'est ainsi que tout le droit est changé, *mutatum autem jus*.

En voyant ainsi tout le flux et reflux des lois qui épaississent les ténèbres et favorisent le dol et la chicane, on ne peut s'empêcher de s'écrier avec Cicéron : « Que tous en soient révoltés, moi je dirai ce que je pense. Certainement, pour qui remonte à la source et au principe des lois, le tout petit livre des Douze-Tables surpasse les bibliothèques de tous les philosophes par le poids de son autorité, et par la grandeur de son utilité (1). » Tacite s'exprime dans le même sens : « Les décemvirs, dit-il, ont rassemblé tout ce qu'il y avait de meilleur, et en ont composé les Douze-Tables, qui sont la fin du droit équitable (2). »

Les expressions de Cicéron nous démontrent que les usurpateurs irréligieux des pouvoirs du peuple, les préteurs urbains, les préteurs pérégrins, les édiles, les gouverneurs de province et la foule innombrables des jurisconsultes, prodiguaient de grands éloges aux dispositions législatives qu'ils avaient subtilement introduites. Mais les esprits élevés, Tacite et Cicéron, savaient remonter à la source et au principe des lois, et osaient apprécier à leur juste valeur cette masse de liens sans vigueur et sans di-

---

(1) Cicéron, *des Orat.*, liv. i, 45 : « Fremant omnes licet, dicam quid sentio. Bibliothecas, me Hercule ! omnium philosophorum unus mihi videtur xii Tabularum libellus, si quis legum fontes et capita viderit, et auctoritatis pondere et utilitatis ubertate superare. »

(2) Tacite, *Annales*, liv. iii, 26 : « Creatique decemviri, et accitis quæ usquam egregia, compositæ Duodecim Tabulæ, finis æqui juris.»

gnité qui emmaillottaient le peuple, le plongeaient dans les ténèbres et le plaçaient dans une dépendance ruineuse et dégradante.

CHAPITRE III.

FORMES DU MARIAGE. — *Suite.*

§ II. — *Formes du mariage chrétien.*

Tandis que la religion et la société n'interviennent plus dans les actes les plus importants de la vie humaine; tandis qu'elles se contentent de régler le mariage par des dispositions générales, abstraites, et marquées au coin de la faiblesse et de l'impuissance, voilà que partout règne une affreuse dissolution de mœurs. On voit alors remonter aux cieux les dieux Lares, les dieux de la famille, les dieux des *gentes*, les dieux des curies, les dieux des corps d'état, les dieux des tribus et les dieux du peuple romain. Toute cette belle harmonie de fêtes, de sacrifices et de banquets sacrés, qui mettaient en lumière les actes de chacun, qui faisaient de l'individu une personne, un Quirite, qui unissaient autrefois les citoyens et qui en faisaient des membres solidaires d'un seul corps, disparaît; et le monde n'en peut plus.

Mais voilà que, pour le salut de l'univers, le christianisme apparaît, rayonne dans le monde et rétablit les liens de la famille et de la société en rendant au mariage sa dignité première. Comme, sous Romulus, les fiancés s'unissent en assistant à un banquet sacré, qui est l'emblème de l'union mystique de leur esprit et de leur corps : ils mangent un pain, qui est le corps de Jésus, et boivent un vin, qui est le sang de Jésus, et par là ils obtiennent la vie éternelle. Par leur union, les époux ne sont plus deux, mais une seule chair, *jam non sunt duo, sed una caro.* Le mariage est donc, comme dans les premiers siècles de Rome, une chose sainte et sacrée, qui rend les époux communs entre eux et avec le Christ, et qui les fait un.

Le christianisme, qui s'empare ainsi du mariage des fils de Dieu, et qui en fait une institution forte, un sacrement, donne à ce sacrement la forme exclusivement propre aux patriciens, c'est-à-dire la *confarreatio*; car tous les chrétiens sont patriciens, ils sont tous des fils du Père qui est aux cieux; ils sont tous, comme le dit saint Paul, cohéritiers de Dieu, *coheredes Dei.* Mais il y a une différence remarquable à signaler entre le mariage chrétien et le mariage romain. Les justes noces des Quirites produisaient une métamorphose immédiate de l'épouse qui mourait par là à sa famille, à sa *gens* et à leurs dieux, et était générée par son mari : celui-ci la faisait naître à sa famille, à sa *gens* et à ses dieux, et devenait ainsi son Père spirituel. Chaque incorporation ou incarnation était toujours précédée à Rome d'une génération faite par un Dieu par le moyen d'un Verbe appelé Père. Dans le christianisme, au contraire, comme il n'y a qu'un seul Dieu, qu'un seul Père qui est aux cieux, il n'y a qu'un seul Verbe, qui est le Christ, et c'est par lui que se forme tout lien de paternité dans le ciel et sur la terre. De là il n'y a, chez les chrétiens, qu'une seule métamorphose, et elle se réalise par l'eau et l'Esprit-Saint; elle fait mourir au vieil homme et naître à une vie nouvelle. Les autres événements qui produisaient à Rome des générations et donnaient à une personne beaucoup de dieux et de Pères selon les Quirites, produisent seulement, chez les chrétiens, des incorporations ou incarnations par le moyen unique du Verbe incarné. Le mariage chrétien n'est donc point une génération par le mari de son épouse : c'est une incorporation spirituelle des époux qui maintenant ne forment plus qu'une seule chair. Aussi, loin de perdre ses liens de famille, chacun d'eux les conserve et les communique à son conjoint.

Le christianisme vient en outre saisir tout l'homme qu'il moralise et élève ; il intervient dans chacun de ses actes : il le bénit à son berceau, à son adolescence, à sa mort et après sa mort. Il donne un patron céleste à chaque homme, à chaque corps d'état, à chaque église, à chaque diocèse, à chaque peuple et à toute l'Église. Tous les hommes et les divers corps s'unissent et se solidifient par de nombreuses communions qui les rendent un entre eux par le Christ, et un avec le ciel et le Père qui est aux cieux.

Les belles institutions des Quirites, qui avaient fait la force de la cité romaine et qui l'avaient conduite à la conquête du monde, sont ainsi remises en vigueur et perfectionnées par le christianisme, qui par là devait conquérir à son tour et a conquis le monde. Mais, dès que la doctrine chrétienne a triomphé des dieux du paganisme et de la philosophie, ses ministres deviennent insensiblement des puissances : alors l'iniquité naît, l'égalité des fils de Dieu disparaît soit des temples, soit de la société ; les sentiments de la fraternité se refroidissent, la foi n'est plus vivifiée par les œuvres d'amour, les liens qui unissaient les membres divers des corporations harmoniques se relâchent et se brisent, et les institutions elles-mêmes s'altèrent : c'est que la communion, cette institution divine, ce banquet sacré qui donne la vie éternelle et qui corporise les hommes et les rend un par le Christ avec les habitants du ciel et avec le Père qui est aux cieux, est devenue un simple mithe, une faible et pâle image. Qu'on ne s'y trompe pas, cette image n'a point la puissance de faire produire aux hommes et aux sociétés des fruits de la vie éternelle. Toute l'histoire du moyen-âge, de ce temps de barbarie, proclame assez haut cette vérité.

Tandis que ces événements déplorables s'accomplissent, on voit se multiplier les hérésies, les schismes, les excommunications, et, ce qui est une contradiction dans les termes, les guerres religieuses. Alors les époux ne sont plus un : chacun d'eux a une personne distincte, des biens distincts, un passif distinct et un actif distinct ; en outre, l'un est noble et jouit de priviléges, et l'autre est roturier et reste soumis à des exclusions. La famille n'est plus une : des différences légales séparent les aînés des cadets, les frères des sœurs. Dans le peuple et dans l'église, les fidèles ne sont plus un : d'un côté sont les seigneurs et les maîtres, et de l'autre les vassaux et les serfs. Il n'y a plus d'unité ni de solidarité dans les divers corps, ou plutôt il n'y a plus de corps, il n'y a plus de membres, mais seulement des lambeaux dispersés du corps et des membres du Christ et de la maison de Dieu.

Les prétendues puissances religieuses, maintenant indépendantes des fidèles (1), placent des impôts sur les sa-

---

(1) Le clergé a commencé à devenir une puissance au quatrième siècle de Jésus-Christ. Ce phénomène s'est entièrement consommé au neuvième siècle.

A cette époque, le mutisme devait nécessairement être imposé aux fidèles : il leur a été effectivement imposé. Aussi, depuis lors, les assemblées des chrétiens ne sont plus à vrai dire leurs assemblées, mais celles des puissances ecclésiastiques. Les fidèles ne sont plus

crements et surtout sur le mariage. Les principales sources de revenus sont les prohibitions de mariage, et celle de coucher avec son épouse les trois premiers jours de l'union : ce qui nécessite des dispenses pour de l'argent. « On ne pouvait pas, dit à cette occasion Montesquieu, coucher ensemble la première nuit des noces, ni même les deux suivantes, sans en avoir acheté la permission : c'était bien là les trois nuits qu'il fallait choisir ; car pour

libres d'y parler, d'y exprimer leurs opinions et leurs vœux : ils ne peuvent plus que répéter et bégayer des paroles incomprises que le clergé met dans leur bouche. Aux ecclésiastiques seuls appartient la parole libre.

A cette même époque toutes les institutions sublimes du christianisme changent et s'altèrent. L'emblème de l'unité et de la puissance des fidèles, la communion ou participation des chrétiens à la nourriture sacrée du corps et du sang de Jésus, qui seule donne la vie éternelle, dégénère en mithe.

A la même époque, la confession publique disparaît ; et bientôt une confession mystique, qui change d'objet et de but, se fait à l'oreille du prêtre.

A la même époque, comme conséquence de la confession mystique, les pénitences cessent également d'être publiques et deviennent secrètes.

A la même époque, enfin, comme les pénitences privées, imposées par le *confesseur* (expression détournée de sa signification primitive), ne sont guère régénératrices et purgatives, la puissance religieuse relègue une partie des pénitences et des purgations dans une localité inférieure du ciel ; elle crée en un mot le purgatoire céleste.

Plus tard la puissance ecclésiastique, qui a créé le purgatoire, créera aussi le vaste système des indulgences plénières et autres.

Dans les *Institutions de Romulus et de Jésus*, j'exposerai plus au long cette histoire si curieuse. Toutefois gardons-nous, en découvrant des abus, de concevoir des pensées irréligieuses : en montrant au peuple ses pouvoirs usurpés, je désire qu'il s'en empare en bénissant la religion du Christ qui est si belle et si divine, et qui saura l'élever et le rendre heureux. Qu'il apprenne que ce n'est point la doctrine chrétienne, mais son affaiblissement et son altération qui ont causé la plupart des maux qui affligent l'humanité.

les autres on n'aurait pas donné beaucoup d'argent (1). »

Cependant la dégénération du mariage, qui est l'image et la cause de la dégénération de toutes les corporations et de la société entière, se révèle visiblement par la corruption de la *confarreatio* chrétienne, de ce banquet sacré qui est la principale institution de Jésus. En effet, depuis bien longtemps, le festin sacré du corps et du sang de Jésus n'existe plus pour les époux ni pour les chrétiens en général, si ce n'est en faible image : deux hosties distinctes, qui, selon des idées nouvelles, contiennent chacune le corps et le sang de Jésus, sont mises par le prêtre, l'une dans la bouche du mari, et l'autre dans la bouche de l'épouse. C'est là le plus visible symbole de la puissance du clergé, d'une part, et, de l'autre, de la dégradation et de l'enfance du peuple.

Ainsi l'institution sacrée du mariage perd de sa dignité et de sa force, et les abus du clergé se multiplient. Alors la puissance civile vient aussi s'emparer du mariage et de tous les autres actes de la vie civile, auxquels elle imprime son cachet. De là deux puissances rivales, la puissance civile et la puissance religieuse, lancent chacune des foudres contre les citoyens ou les fidèles qui ne se soumettent point à ses lois.

On arrive par là à des conséquences qui sont inouïes dans la vie des hommes et des peuples : un antagonisme continuel des lois civiles et religieuses les élide, les détruit et les fait également mépriser par les hommes. Aussi les unions illicites, qui ne diffèrent guère des unions civiles, également illicites aux yeux de la saine philosophie et de la religion, se multiplient et finissent par se généraliser.

(1) Montesquieu, *Esprit des Lois*, liv. XXVIII, 41.

Les unions religieuses, elles aussi, se dégradent, s'affaiblissent et tombent : en réalité déjà maintenant elles ne diffèrent presque plus en rien des unions civiles et des unions illicites. Depuis longtemps, comme nous l'avons dit, l'incarnation des époux par le corps et le sang du Verbe est devenue un mithe dégradé. En outre, depuis l'introduction du mariage civil, ce mithe qui consiste dans le sacrifice de la messe et dans le banquet fictif des époux, devient une chose de luxe. Dans les villes surtout d'une part, le mariage religieux est devenu trop cher pour les pauvres, qui commencent à le négliger ; et, d'autre part, le mithe de l'incarnation est devenu pour les riches une simple formalité, et ils se contentent d'un simple billet de confession, souvent acheté, et d'une simple bénédiction. Aussi, maintenant, il n'y a plus de véritable purification des époux qui leur permette de s'incarner ; il n'y a plus d'incarnation véritable ; il n'y a plus de sacrement ; il n'y a plus même de mariage, mais des associations d'argent qui mettent la famille et la société dans la plus déplorable des situations. Il ne manque plus, pour mettre le comble à la dégradation et à la corruption, que la licence du divorce, vers laquelle tendent beaucoup de passions : qu'elle passe dans les lois, et bientôt elle passera dans les habitudes. Le mal sera alors sans remède.

CHAPITRE IV.

DE L'INDISSOLUBILITÉ DU MARIAGE ROMAIN.

Le mariage était-il dissoluble au gré des parties dans les premiers siècles de Rome ? Cette question, qui est d'une si haute importance, est très-obscure et très-controversée. Pour nous, nous sommes convaincu que, dans les cinq premiers siècles de Rome, le mariage était indissoluble. Notre opinion semble reposer sur des preuves évidentes, que nous exposerons dans une première partie; nous verrons ensuite comment et à quelle époque le mariage est devenu dissoluble; puis les effets de la dissolubilité du lien conjugal; et enfin nous montrerons que l'opinion des auteurs qui pensent que le mariage a toujours été dissoluble à Rome, est dénuée de fondement et de vérité.

Preuves de l'indissolubilité du mariage dans les premiers siècles de Rome.

1° Dans une époque où Rome ouvrait un asyle aux guerriers, et où les femmes étaient rares dans la cité, les droits inviolables de l'épouse pouvaient seuls faciliter des mariages avec les filles des peuples voisins. Mais n'eût-il pas été aussi impolitique qu'injuste de permettre à un homme, qui a eu les agréments et les charmes de la jeune femme, de la chasser de sa maison lorsqu'elle est dans un âge avancé et qu'elle a perdu les attraits de sa beauté? La bonne foi, l'équité et la justice n'exigent-elles pas que le mari ait alors de la bienveillance pour son épouse, soit par le souvenir de ses plaisirs, soit par la présence des enfants qu'elle lui a donnés et qui perpétueront son nom et le culte de ses dieux? Lors même que les textes nous manqueraient, toutes ces raisons et la prospérité de la cité des Quirites seraient pour nous une preuve irréfragable de l'indissolubilité du mariage dans les premiers siècles de Rome. Mais les textes sont loin de nous manquer.

« En accordant, dit Plutarque, des honneurs, de l'affection et de l'égalité à leurs épouses, les Romains s'attirèrent l'amitié des peuples (1). » Puis il ajoute : « La preuve de l'honneur, de l'affection et de la constance par lesquels Romulus enchaîna les époux, se trouve dans la longue durée de l'inviolabilité du mariage (2). »

2° Chez les Quirites, les lois présentaient à la fois un caractère politique et un caractère religieux. Elles étaient, en effet, l'œuvre du magistrat, du sénat, du peuple et des dieux qui avaient fait apparaître d'heureux auspices : elles étaient ainsi saintes et éternelles (3). Or, de même

(1) Plutarque, *Vie de Romulus.*

(2) *Ibid.*

(3) Un exemple suffira pour prouver la perpétuité des lois sacrées : nous le choisissons entre mille autres, par la raison qu'il explique un passage des Instituts, dont la disposition est un mystère pour tous les auteurs de droit romain.

« Il y a, dit Denys d'Halicarnasse, une loi qui a été faite à l'occasion du combat des Horaces, trois frères jumeaux, et dans le but d'immortaliser leur gloire : elle porte que toutes les fois qu'il naîtra trois enfants jumeaux du sexe masculin, ils seront nourris et élevés aux frais de l'Etat, jusqu'à la puberté » (Denys d'Halic. *Antiq. rom.*, liv. III, 7). Puis il ajoute : « Cette loi est encore en vigueur » (*Ibid*).

Au commencement de l'empire, dans l'époque où s'affaiblissent les antiques solennités, il est devenu nécessaire de veiller au sort des jumeaux que des citoyens auraient adoptés. De là un sénatusconsulte, appelé Sabinien, décide que le citoyen qui, par sentiment patriotique, adoptera l'un des trois frères jumeaux, dont l'éducation est à la charge de l'Etat, et qui viendrait ensuite à l'émanciper, sera tenu de lui donner la quarte légitime des biens qu'il laissera à son décès. Justinien abroge l'antique loi et le sénatusconsulte Sabinien : « Aucune obligation, dit-il, n'est imposée au père adoptif d'instituer ou d'exhéréder l'adopté qui ne tient plus à lui par un lien de famille ; cette disposition comprend celui des trois enfants mâles, *ex tribus maribus*, qui aurait été adopté conformément au sénatusconsulte Sabinien ; il n'aura plus droit ni à la quarte ni à aucune action pour la réclamer » (Just., *Instit.*, liv. III, tit. 1, § 14). Ces trois enfants mâles n'ont aucun rapport au droit des enfants, *jus liberorum*, introduit par la loi Papia Poppéa, puisque les enfants du sexe féminin comptent. Il s'agit donc évidemment, dans le texte de Justinien, de frères jumeaux.

que les lois générales, les lois particulières et entre autres celle du mariage, étaient saintes et éternelles. En effet, il y avait aussi, pour la confection des lois spéciales opérant quelque modification dans le culte et la protection des dieux, le vote du peuple fictivement représenté et la consultation des auspices; dès que le peuple et les dieux avaient été favorables au mariage, l'épouse mourait à son père, à sa mère, à ses frères et sœurs, à toute sa famille, à sa *gens* et à ses dieux; au moyen de l'intervention du peuple et de la divinité, elle était politiquement et spirituellement générée par son mari, dont elle était considérée comme la fille, et participait ainsi à ses biens, à sa famille, à son culte et à ses dieux. Or, quiconque se pénètre bien de l'esprit romain, est convaincu que le mari ne pouvait point répudier à son gré l'épouse dont tous les liens de famille avaient été brisés par le mariage, et à laquelle il s'était uni en présence du peuple et des dieux. Une pareille répudiation eût été une barbarie inique, un outrage au peuple et un sacrilége !

3° Il était, dans les premiers siècles de Rome, de principe général et absolu que, pour dénouer un lien, il fallait nécessairement la réunion de toutes les choses qui avaient formé ce lien. Or le mariage est l'œuvre du consentement des parties, des personnes à la puissance desquelles elles sont soumises, des patrons respectifs, du peuple et des dieux. De là, pour la dissolution du mariage, il eût fallu le mutuel dissentiment des parties, celui des personnes à la puissance desquelles elles étaient soumises, celui des patrons, celui du peuple et enfin celui des dieux. Ne suffit-il pas d'exprimer cette vérité pour conclure de là que le mariage n'était point susceptible d'être dissous?

4° Si l'on se pénètre bien du dévouement des matrones et des honneurs dont elles jouissaient, surtout quand elles n'avaient eu qu'un seul mari, on comprendra que la loi n'abandonnait point leur sort à la merci d'un mari capricieux.

Dans la guerre entre les Romains et les Sabins, les matrones sauvent la cité romaine. « Les Sabines, dit Tite-Live, changent en paix cette triste guerre, et deviennent ainsi plus chères à leurs maris et à leurs parents, et principalement à Romulus (1). » Les deux rois, suivant Plutarque, instituent des sacrifices publics en faveur des dames romaines, et ces sacrifices s'appellent *matronalia* (2); et ces deux mêmes rois, d'après Cicéron, donnent aux trente curies romaines, le nom de trente des Sabines qui ont sauvé la cité (3).

L'expulsion des Tarquins à cause de la violation de Lucrèce, et celle des décemvirs, à cause de Virginie, montrent mieux que tous les textes le respect des Romains pour les femmes.

Lors du siége de Rome par Porsenna, le courage de Clélie et de ses compagnes est immortalisé par une statue élevée sur la voie sacrée : une vierge est représentée à cheval (4).

Lorsque Véturie s'avance avec les matrones pour sauver Rome de la vengeance de son fils, celui-ci ordonne à ses licteurs de baisser les faisceaux devant sa mère, et lui-même il se dépouille devant elle des marques de sa dignité, comme devant une personne d'une dignité su-

____

(1) Tite-Live, liv. i, 13 : « Ex bello tam tristi læta repente pax, cariores Sabinas viris ac parentibus, et ante omnes Romulo, fecit.

(2) Plutarque, *Vie de Romulus.*

(3) Cicéron, *De la République.*

(4) Tite-Live, liv. ii, 5. Plutarque, *Vertus des femmes.*

périeure. « Il fait voir par là, dit Denys d'Halicarnasse, que sa qualité de fils l'oblige à se mettre au-dessous de sa mère (1). » Coriolan est fléchi : Rome est sauvée. Un sénatusconsulte converti en loi par les votes du peuple et la consultation des auspices, décide qu'un monument éternisera la belle conduite des matrones. Un temple est élevé à la Fortune féminine, et des sacrifices s'y font aux frais de l'État (2).

Camille a promis de consacrer à Apollon de Delphes la dixième partie du butin de Véies : le sénat décrète que cette promesse sera exécutée. Mais le trésor public ne contenant pas assez d'or, les dames se concertent et, par un vote unanime, chacune d'elles doit porter, et porte en effet au trésor public tout ce qu'elle a d'or et d'ornements. « Cette chose, dit Tite-Live, fut plus agréable au sénat qu'aucune autre (3). » A cette occasion, le sénat décrète que les matrones pourront se rendre sur un char aux sacrifices et aux jeux (4), et que l'on pourra faire l'éloge funèbre d'une femme, comme cela se pratique pour les hommes (5). Est-il utile, dans une république, que l'on célèbre publiquement les vertus des femmes ? Voici comment s'exprime Plutarque : « Thucidide attribue la principale gloire aux femmes dont on ne parle point au dehors, ni en bien, ni en mal, pensant que la réputation d'une femme doit être renfermée comme son corps, et qu'elle ne doit point être célébrée en public.

(1) Denys d'Halic. *Antiq. rom.*, liv. VIII, 6.

(2) Denys d'Halicarnasse, liv. VIII, 6. Tite-Live, liv. II, 40. Plutarque, *Vie de Coriolan*, et, *De la fortune des Romains*.

(3) Tite-Live, liv. V, 25 : « Grata ea res, ut quæ maxime senatui unquam fuit. »

(4) *Ibid.*

(5) Plutarque, *Vie de Camille*.

Mais je trouve préférable l'opinion de Gorgias qui veut que la femme soit connue de tous, non point par ses formes, mais par ses vertus. Et j'approuve beaucoup la loi romaine qui veut que l'on fasse publiquement les éloges funèbres des femmes, aussi bien que des hommes (1). » La coutume romaine a été adoptée dans le christianisme primitif, et cette coutume contribuait puissamment à inspirer aux femmes la vertu et le dévouement.

Les dames romaines ont donc des fêtes et des sacrifices particuliers, qui sont tirés les uns de leur sexe, comme ceux de la Pudeur féminine, et les autres de leur dévouement à la patrie, comme ceux qui, après la paix, ont été institués par Romulus et Tatius, ou qui, après l'heureuse ambassade auprès de Coriolan, ont été institués par le sénat et par le peuple. Elles ont encore d'autres fonctions sacrées. Ainsi, d'après Numa, elles prennent soin de l'entretien du feu sacré dans le temple de Vesta, et, d'après Romulus, les épouses des prêtres des curies, remplissent elles-mêmes des fonctions saintes (2). Il résulte de là que les matrones jouissaient, chez les Quirites, d'une grande vénération. C'est d'ailleurs ce que prouve bien évidemment ce passage de Valère-Maxime : « Afin, dit-il, que l'honneur des dames fût entouré de plus d'inviolabilité, nos ancêtres n'ont point permis, à celui qui appellerait en justice une matrone, de poser la main sur elle, afin que sa robe ne fût pas même souillée par le toucher d'une main étrangère (3). »

(1) Plutarque, *Des Vertus des femmes.*
(2) Denys d'Halic. *Antiq. rom.*, liv. II, 6.
(3) Valère-Maxime, liv. II, 1 : « Sed quo matronale decus munimento tutius esset, in jus vocanti matronam corpus ejus attingere non permiserunt, ut inviolata manus alienæ tactu stola relinqueretur. »

Nous avons cru devoir entrer dans ces détails, parce que les auteurs qui pensent que le mari peut répudier son épouse, font une fausse image de celle-ci et la peignent comme une esclave du mari, tandis qu'elle est son égale en toutes choses divines et humaines. Aussi la religion et les lois qui protègent, en général, les dames et veillent à leur honneur, protègent spécialement l'épouse et veillent aussi à son honneur.

« Toutes les fois, dit Valère-Maxime, que quelque sujet de brouille s'était élevé entre le mari et l'épouse, les conjoints se rendaient dans le petit temple de la déesse *Viriplaca*, qui est situé sur le mont Palatin ; et là, après avoir déposé l'irritation des esprits, ils s'expliquaient ce qu'ils avaient voulu, et ils s'en retournaient d'accord. La déesse, comme on le rapporte, est ainsi appelée parce qu'elle appaise les maris : elle doit certainement être vénérée, et je ne sais si elle doit être honorée par les plus grands sacrifices, mais elle doit l'être du moins par les plus assidus. Elle est, en effet, la gardienne de la paix quotidienne et domestique, et, comme l'indique son nom, elle rend ce qui est dû à la dignité des maris, et aux épouses leur honneur, et elle remet ainsi les conjoints sous le joug égal de la charité (1). »

Qu'on ne s'y trompe donc point, tous les anciens principes font repousser l'idée que le mariage eût été disso-

(1) Valère-Maxime, liv. II, ch. 1 : « Quoties vero inter virum et uxorem aliquid jurgii intercesserat, in sacellum deæ Viriplacæ, quod est in Palatio, veniebant : et ibi invicem locuti quæ voluerant, contentione animorum deposita, concordes revertebantur. Dea nomen hoc a placandis viris fertur assecuta : veneranda quidem et nescio an præcipuis, sed exquisitis sacrificiis colenda, utpote quotidianæ ac domesticæ pacis custos, in pari jugo charitatis ipsa sui appellatione virorum majestati debitum, et feminis reddens honorem. »

luble dans l'origine de Rome. Si le mari eût pu repousser sa compagne, évidemment les Romains n'auraient point eu sur le mariage ces beaux principes qui faisaient leur bonheur domestique et la prospérité de Rome. « Les matrones qui n'avaient contracté qu'un seul mariage, dit Valère-Maxime, étaient les seules qui fussent honorées de la couronne de la pudeur. Les anciens pensaient que le cœur, et surtout celui d'une matrone, doit rester fidèle et sincère à la première promesse, et qu'après avoir perdu sa virginité, il ne convient point de contracter un nouveau mariage ; ils croyaient donc que le convol à de nouvelles noces est la preuve d'une intempérance illégitime (1). »

Ces principes que Valère-Maxime rapporte sur la sainteté de la foi conjugale, se trouvent également dans les autres historiens. D'après Denys d'Halicarnasse, les matrones qui n'ont contracté qu'un mariage, peuvent seules offrir des sacrifices dans le temple de la Fortune féminine (2). Dans Tite-Live, Virginie, fille d'Aulus et patricienne, étant chassée par les matrones des sacrifices de la Pudeur patricienne, par la raison qu'elle s'est unie à un plébéien, au consul Volumnius, dit : « Qu'elle est patricienne, qu'elle est entrée pudique dans le temple de la Pudeur patricienne, et qu'elle n'a été unie par le mariage qu'à un seul homme qui l'a reçue vierge (3). »

(1) Valère-Maxime, liv. II, 1 : « Quæ uno contentæ matrimonio fuerant, corona pudicitiæ honorabantur. Existimabant enim cum præcipuæ matronæ sincera fide incorruptum esse animum, qui depositæ virginitatis cubicule pudicum egredi nesciret : multorum matrimoniorum experientiam, quasi illegitimæ cujusdam intemperantiæ signum esse credentes. »

(2) Denys d'Halic. *Antiq. rom.*, liv. VIII.

(3) Tite -Live, liv. X, 24 : « Uni nuptam, ad quem virgo deducta sit. »

Ainsi donc, indépendamment des autres preuves, le patriotisme des dames romaines, leur sainteté, la vénération profonde que les lois inspiraient pour elles, les institutions destinées à faire régner la concorde entre les époux, la gloire des hommes et surtout des matrones à n'avoir formé qu'un seul mariage, tout démontre de la manière la plus évidente que, dans les premiers siècles de Rome, les liens de l'union conjugale ne pouvaient point se briser au gré des époux.

5° En bien sondant la nature et l'essence des associations quiritaires qui s'établissaient au moyen de générations spirituelles, on reconnaît bien vite que toutes ces associations étaient nécessairement éternelles. Aussi les historiens, et entre autres Plutarque et Denys d'Halicarnasse, nous révèlent à cet égard un fait important. D'après les auteurs, lorsque le sénateur ou Père génère un étranger à sa *gens* et que par là il lui communique son nom, son culte et son dieu et le fait naître à la vie des Quirites, il s'établit alors des rapports de paternité et de filiation qui sont éternels, non-seulement entre le générateur et le généré, mais encore entre leurs descendants; en effet, les liens actifs et passifs du patronage, c'est-à-dire les rapports de paternité et de filiation se transmettent aux descendants (1). Or ces rapports religieux produisent des obligations sacrées, et les violateurs sont punis par les peines les plus rigoureuses (2).

Si un patron manque aux obligations qui découlent, en faveur du client, de la génération quiritaire, il est sacré, c'est-à-dire dévoué à une divinité infernale, et dès lors il

____

(1) Plutarque, *Vie de Romulus*; Denys d'Halic., *Antiq. rom.* liv. II.
(2) *Ibid.*

est permis de le faire mourir (1). La loi des Douze-Tables reproduit formellement cette disposition qui remonte au fondateur de Rome. « Si un patron, dit la loi décemvirale, a fraudé son client, qu'il soit sacré, *Si patronus clienti fraudem fecerit, sacer esto.* » La même sanction existe à l'égard du client : s'il a violé l'une des obligations qui lui sont imposées comme conséquence de sa filiation religieuse, il est aussi dévoué à une divinité infernale et chacun peut le tuer impunément (2).

Cette jurisprudence laisse des traces bien sensibles jusque dans les derniers temps de la décadence de l'empire romain. En effet, dans les temps de dégradation et de corruption, alors que l'on proclame que toutes les associations sont dissolubles, parce qu'elles ne sont plus confirmées par les pratiques religieuses et par la consultation des auspices, alors, par conséquent, que les associations ne sont plus des générations spirituelles par un dieu au moyen d'un Verbe prenant le nom de Père; dans ces temps, disons-nous, on proclame néanmoins que le tuteur qui fraude son pupille, le curateur qui fraude l'adolescent, l'associé qui fraude son coassocié, le mandataire qui fraude le mandant, sont couverts d'infamie. Or la note d'infamie, qui produit la dégradation civique, est l'image et le vestige de la mort quiritaire qui résultait de la consécration aux dieux infernaux du citoyen qui avait violé l'une des obligations découlant essentiellement de la génération quiritaire.

Mais, dans l'ancien droit romain, l'association des époux était de toutes la plus intime et la plus forte : « La première société, dit Cicéron, est celle du mariage : elle est le principe de la cité et pour ainsi dire le séminaire de la république (1). »

De même que le sénateur qui génère un étranger, le mari qui génère une étrangère la fait vivre par là de la vie de la cité, de la tribu, de la curie et de la *gens*, dont par conséquent il lui communique les noms et les dieux. Sous ce rapport il est donc complétement assimilé au Père d'une *gens*, au patron. Mais le mari opère une génération beaucoup plus intime; en effet, en communiquant à la pérégrine son droit divin et humain, il la génère à sa famille et à ses dieux paternels; et, en outre, il la génère à sa maison et à son dieu Lare. Or, si les générations qui produisent des rapports moins énergiques, engendrent des obligations dont la violation dévoue le criminel aux dieux infernaux; il en est à plus forte raison de même des générations qui sont plus complètes, plus intimes et plus sacrées. De là il est bien évident que si le mari, qui est devenu, dans toute la force de l'expression, le père quiritaire de son épouse, viole ses obligations dans ce qu'elles ont de plus essentiel, et commet une fraude aussi capitale que celle qui résulte de la répudiation, il doit être sacré; de même si l'épouse fraude son mari d'une manière capitale, par exemple en abandonnant le domicile conjugal, elle doit aussi être sacrée. S'il en eût été autrement, la république romaine aurait, dans son organisation, blessé toutes les règles les plus simples de la logique, de la raison et du bon sens.

Mais il n'en est point ainsi; il y a, en effet, à cet égard des

______

(1) Cicéron, *des Devoirs*, liv. I, 17 : « Prima societas in conjugio est : id autem est principium urbis et quasi seminarium reipublicæ. »

preuves incontestables. Comme nous allons le démontrer,
Denys d'Halycarnasse proclame que le mariage était indissoluble pendant les cinq premiers siècles de Rome.
Plutarque exprime le même principe, en disant que si le
mari répudie son épouse qui n'a point violé d'une manière essentielle la sainteté du lien conjugal, alors la
moitié de la communauté est consacrée à Cérès. Dans ce
cas, l'épouse conserve sa part des biens de la communauté ; elle conserve aussi ses rapports de famille, de *gens*
et de dieux ; tandis que le mari, dont la part dans la communauté conjugale est consacrée à Cérès, perd lui-même
ses liens de puissance, de famille, de *gens*, de curie et de
tribu ; car il est, comme le dit Plutarque, « consacré aux
dieux infernaux (1). » De même aussi, s'il y a de la part de
l'épouse abandon du domicile conjugal, κλειδῶν ὑποβολή,
le même historien nous révèle que le mari peut la faire
mourir à sa famille (2).

Au reste, la décision appliquée au mari qui a généré
une pérégrine, est évidemment plus applicable encore à
celui qui a généré une romaine à ses choses humaines et
divines, puisque celle-ci a, par suite de cette génération,
perdu ses liens de maison, de famille et de *gens*. De là,
suivant Plutarque, celui des époux qui viole essentiellement ses obligations est sacré.

6° D'après Denys d'Halicarnasse, les liens du mariage
ne peuvent être dissous ni par le mari, ni par le père de
famille à la puissance duquel il est soumis.

« Le mari, dit Denys d'Halicarnasse, ne peut point
faire mourir à sa famille sa fille aînée (3). » Ainsi que

____

(1) Plutarque, *Vie de Romulus.* — (2) *Ibid.*
(3) Denys d'Halic. *Antiq. rom.* liv. II, 15 : « Εἰς ἀνάγκην κατέστησε
ἐκτρέφειν θυγατερῶν τὰς πρωτογόνους. »

nous l'avons déjà expliqué, la femme qui se marie meurt à sa maison, à sa famille, à sa *gens* et à ses dieux, et elle devient en même temps, par une génération spirituelle, la fille de son mari qui la fait naître à ses choses humaines et divines, à ses biens, à sa famille, à sa *gens* et à ses dieux. Il est évident par là que l'épouse est la fille aînée que, d'après Denys d'Halicarnasse, le père ne peut point faire mourir à sa famille et qu'il doit conserver dans sa maison. Ainsi donc, d'après ce texte, le mari ne peut point enlever à son épouse la vie nouvelle qu'il lui a conférée en présence des parents, des patrons, du peuple et des dieux ; en d'autres termes le mari ne peut point dissoudre le lien du mariage.

Le père de famille du mari, qui est également le père de famille de son épouse, celle-ci étant devenue sa petite-fille par une génération spirituelle, ne peut pas non plus dissoudre le mariage. En effet, Denys d'Halicarnasse s'exprime à cet égard en ces termes : « Dans une loi de Numa Pompilius, on trouve cette disposition : *Si un père permet à son fils d'épouser une femme pour la recevoir avec lui en communauté des choses divines et humaines selon les lois, que ce père n'ait plus le pouvoir de vendre son fils* (1). » Ainsi, d'après les principes déjà établis par Romulus, ni le mari ni son père de famille ne pouvaient dissoudre le mariage en renvoyant l'épouse de la famille ; mais voilà que Numa va plus loin, en portant une légitime atteinte à la puissance paternelle : d'après ce sage législateur, le père de famille perd le droit

(1) Denys d'Halicarnasse, *Antiq. rom.*, liv. II, 27 : « Ἐκ τῶν Νομᾶ Πομπιλίου τοῦ μετὰ Ρωμύλον ἄρξαντος νόμων, ἐν οἷς καὶ οὕτω γέγραπται , « Ἐὰ πατὴρ υἱῷ συγχωρήσῃ γυναῖκα ἀγαγέσθαι, κοινωνὸν ἐσομένην ἱερῶντε καὶ χρημάτων κατὰ τοὺς νόμους, μηκέτι τὴν ἐξουσιαν εἶναι τῷ πατρὶ πολεῖν τὸν υἱόν. »

de vendre son fils marié, par la raison que cette vente,
qui entraînerait la mort spirituelle du fils à la vie politique et religieuse de la famille et même à la vie des Quirites, puisque l'enfant vendu devient esclave, *servi loco*,
aurait ainsi pour effet de dissoudre les liens du mariage.
L'esprit de la loi de Numa apparaît d'une manière bien
évidente. lorsqu'un père de famille consent au mariage
de son fils, alors son consentement donné en présence du
peuple et des dieux, le met dans l'impérieuse nécessité
de ne porter aucune atteinte, même indirecte, à la sainteté
des liens du mariage.

7° Nous arrivons enfin à des textes qui prouvent de la
manière la plus évidente que le mariage était indissoluble
dans les premiers siècles de Rome. « Dès le temps de
Romulus, dit Denys d'Halicarnasse, on appelait les noces
sacrées, parce qu'elles étaient célébrées avec le gateau de
froment, qui est le plus précieux et le plus ancien des pro-
duits de la terre. Aussi, les Romains jetaient du froment
dans le feu avant que de commencer à faire cuire la chair
des victimes immolées pour les sacrifices. Or, par la raison que les femmes passaient dans la famille du mari en
participant à la nourriture sacrée, emblème de la communauté qui s'établissait entre les époux, leur union a été
appelée *confarreatio* (1) ». Denys d'Halicarnasse ajoute ces
remarquables paroles : « Romulus rendit indissoluble le
lien qui unit les époux dans une même famille ; il n'y avait
rien qui fût capable de rompre le mariage (2). » Peut-on
rien trouver de plus clair et de plus probant que ce passage, qui est d'ailleurs si conforme à tous les anciens
principes des Romains sur le mariage ? Mais Denys d'Ha-

(1) Denys d'Halicarnasse , *Antiq. rom.* , liv. ii , 25.

(2) *Ibid.* : « Εἰς σύνδεσμον δ'ἀναγκαῖον οἰκειότητος ἔφερεν ἀδιαλύτου,
καὶ τὸ διαρῆσον τούτους γάμους οὐδὲν ἦν. »

licarnasse développe encore l'explication de notre principe : « La loi de Romulus, dit-il, mit la femme mariée
dans la nécessité d'accommoder son genre de vie aux habitudes de son mari, puisqu'il ne lui restait aucun autre
parti à prendre. Mais, d'un autre côté, le mari était aussi
forcé, d'après la même loi, de traiter son épouse avec
bienveillance, puisqu'elle était pour lui une compagne nécessaire, et dont il ne pouvait point se séparer (1) ». Ce
passage prouve bien évidemment que le mariage était de
toute manière indissoluble, aussi bien de la part du mari
que de la part de la femme.

8° D'après Denys d'Halicarnasse (2) et Plutarque (3),
quoique le mariage soit indissoluble, quoique, par conséquent, les époux ne puissent point en briser les liens, le
mari peut néanmoins, dans trois cas, répudier son épouse ;
dans ces trois cas, il peut même, selon Denys d'Halicarnasse, la faire mourir ; ce qui doit s'entendre évidemment, non pas de la mort naturelle, mais bien de la mort
quiritaire, c'est-à-dire de l'excommunication solennelle.
Mais jamais, sous aucun prétexte, pour aucune cause, la
femme, suivant ces auteurs, ne peut répudier son mari.

Plutarque et Denys d'Halicarnasse diffèrent un peu dans
l'énumération de ces trois cas. D'après Denys d'Halicarnasse, le mari peut chasser son épouse ou même la faire
solennellement mourir à sa maison, à sa famille, à sa
gens, à ses dieux, et par là à la cité romaine, si elle a été
accusée et convaincue, en présence de ses cinq plus pro-

---

(1) Denys d'Halicarnasse, *Antiq. rom.*, liv. II, 25 : « Οὗτος
ὁ νόμος τάς τε γυναῖκας ἠνάγκασε τὰς γαμετάς, οἷα μηδεμίαν ἐχού-
σας ἑτέραν ἀποστροφὴν, πρὸς ἕνα τον τοῦ γεγαμηκότος ζῆν τρόπον·
καὶ τοὺς ἄνδρας, ὡς ἀναγκαίου τὲ καὶ ἀναφαιρέτου χρέματος, τῆς γυναικὸς κρατεῖν. »

(2) *Ibid.*

(3) Plutarque, *Vie de Romulus.*

ches parents, d'avoir ou employé le poison, ou bu du vin,
ou commis un adultère (1). D'après Plutarque, ces trois
cas sont : si l'épouse a fait mourir ses enfants par le poison,
si elle a quitté le domicile conjugal, si elle a commis un
adultère. « Romulus, dit-il, a établi plusieurs lois, dont
la principale est celle qui refuse à la femme le droit de jamais quitter son mari, et qui permet au mari de rejeter
son épouse, si elle a empoisonné ses enfants, ou abandonné les clés, ou enfin si elle a commis un adultère (2). »

Nous traduisons les expressions de Plutarque, κλειδῶν
ὑποβολῇ par « abandon des clés. » Montesquieu traduit
ces mêmes expressions par « falsification des clés ; » et
cette traduction a acquis pleine créance parmi les jurisconsultes et les historiens modernes ; de sorte qu'elle fait
maintenant autorité. « Romulus, dit l'auteur de l'*Esprit
des Lois*, permit au mari de répudier sa femme, si elle
avait commis un adultère, préparé du poison ou falsifié
les clés (3). » La dernière partie de cette traduction est
évidemment contraire à l'expression de Plutarque, et constitue un véritable contre-sens. Bien plus, elle est contraire non-seulement aux termes et à l'esprit des paroles
de Plutarque, mais elle l'est encore à l'esprit de l'antiquité et elle forme, sous tous les rapports, un non-

(1) Denys d'Halicarnasse, *Antiq. rom.*, liv. ii.

(2) Plutarque, *Vie de Romulus* : « Ἔθηκε δὲ καὶ νόμους τινὰς,
ὧν σφοδρὸς μέν ἐστιν ὁ γυναικὶ μὴ διδοὺς ἀπολείπειν ἄνδρα, γυναῖκα δὲ
διδοὺς ἐκβάλλειν ἐπὶ φαρμακείᾳ τεκνῶν, ἤ κλειδῶν ὑποβολῇ, καὶ μοιχευ-
θεῖσαν. »

(3) Montesquieu, *Esprit des lois*, liv. xvi, 16. — Ce passage
est également mal traduit par Amyot : « Laquelle loi ne permet
point à la femme de laisser son mary, et donne licence au mary
de laisser sa femme, si d'adventure elle avait empoisonné ses enfants, *ou falsifié les clés*, ou commis un adultère. »

sens. Pour être convaincu que notre assertion est fondée,
il faut savoir d'abord que, lors de son entrée dans le domicile de son mari, l'épouse recevait les clés de la maison
conjugale. « La coutume, dit Festus, existait de donner
la clé aux épouses (1). » Quel était cet emblème? « C'était,
dit Festus, pour signifier la facilité d'avoir et nourrir des
enfants (2). » La remise des clés que le mari fait à son
épouse est donc un emblème de la confiance qu'il a en
elle, de l'administration perpétuelle qu'il lui accorde et
enfin de la facilité qu'il lui donne de faire prospérer, par
une sage administration, les affaires de la communauté,
et par là de pouvoir élever et nourrir les enfants. Or,
puisqu'il en était ainsi, n'est-il pas impossible que la
femme eût seulement la pensée de falsifier les clés, dont
elle était la gardienne perpétuelle et dans son propre intérêt? N'est-il pas bien évident qu'il n'y avait point à
craindre et par conséquent à prévoir législativement
une telle falsification? Qu'on ne s'y trompe point, un tel
danger n'existait point, parce que l'épouse, loin d'avoir
quelque intérêt à falsifier les clés, avait un intérêt diamétralement opposé. Ne sait-on pas, en effet, qu'elle vivait
avec son mari, dans une parfaite communauté du feu et
de l'eau? qu'elle était commune avec lui pour toutes les
choses divines et humaines? qu'elle était considérée
comme la fille de son époux, par suite d'une génération
quiritaire? qu'elle était intimement unie à lui pour toute
sa vie, *consortium omnis vitæ*? qu'elle demeurait perpétuellement sous sa main, *in manu*? Ne sait-on pas par
conséquent qu'elle ne pouvait rien avoir en propre? Or,
dans un pareil état de choses, établi dès l'origine par Ro-

______

(1) Festus, au mot *Clavis* : « Clavim consuetudo erat mulieribus donare. »

(2) *Ibid.* : « Ob significandam partus facilitatem. »

mulus lui-même et qui a subsisté intact pendant plusieurs
siècles, il est absolument et évidemment impossib e que
le fondateur de la cité des Quirites eût prévu le fait, de la
part de l'épouse, de la falsification des clés. Comment,
d'ailleurs, une femme, une épouse, aurait-elle pu falsifier les clés? Est-il possible que le législateur des Romains,
chez lesquels la pauvreté était générale et même en honneur, eût pu considérer la falsification des clés de la part
de l'épouse, comme un crime grave, capital et suffisant
pour autoriser le mari à la repousser, à briser ainsi le plus
tendre, le plus sacré et en même temps le plus fort des
liens, et à dissoudre par là la plus étroite et la plus énergique des associations quiritaires? Voit-on un seul mot dans
la législation criminelle de Rome primitive, qui soit relatif
à la falsification des clés, ou qui ait avec un tel fait la
moindre analogie? Enfin, chez les Romains du temps du
fondateur de la cité des Quirites, et même dans les deux
siècles suivants, quelles pouvaient être les valeurs si précieuses que la falsification des clés aurait permis à la
femme de prendre, de cacher et de mettre en portefeuille?

En bien examinant la traduction de Montesquieu, on
s'étonne que les auteurs l'aient admise sans contrôle;
en effet, elle est contraire à l'esprit du passage de Plutarque; elle est également contraire à l'histoire, à la raison,
et même au plus simple bon sens.

Mais quand y a-t-il, selon les termes de Plutarque,
κλειδῶν ὑποβολῇ? D'abord, comme nous le révèle Festus, il
existait à Rome la coutume de remettre à l'épouse les clés
de la maison commune (1), ce qui est un emblème de l'administration qui lui est confiée par son mari et qu'elle ac-
cepte. Cela posé, il y a κλειδῶν ὑποβολῇ si l'épouse, ainsi
qu'on le dit vulgairement des locataires qui se soustraient

____

(1) Festus, au mot *Clavis*.

à leurs obligations, « met les clés sous la porte ; » en d'autres termes, si elle quitte le domicile conjugal, abandonnant ainsi les soins de l'administration perpétuelle qui lui a été confiée par son mari, et violant toutes les obligations qui émanent de sa génération quiritaire, ayant produit entre les conjoints une association de toute la vie, et la communication du droit divin et humain. Or, comme l'épouse qui abandonne le domicile conjugal se soustrait par là à l'ensemble des conséquences et des obligations qui découlent de sa génération quiritaire ; comme elle viole essentiellement le principe de la plus intime, de la plus forte et de la plus sacrée des unions ; comme elle outrage à la fois le mari, le peuple qui a sanctionné le mariage et les dieux qui ont fait apparaître d'heureux auspices, le mari peut la répudier, et par cette répudiation solennelle il l'a fait mourir à la vie de sa maison, de sa famille, de sa *gens* et à la vie de ses dieux, et par là il la fait même complètement mourir à la cité des Quirites. Cette explication est entièrement conforme à la vérité. Cela apparaît surtout si l'on examine bien la loi de Romulus en ce qui concerne le mari.

En effet, d'après cette loi, comme nous allons bientôt le prouver, le mari qui repousse de la maison conjugale sa femme, lorsque celle-ci n'a point violé essentiellement les obligations qui résultent de sa génération quiritaire, commet alors un crime, par suite duquel il perd tous ses biens, et, en outre, il est dévoué aux dieux infernaux.

Denys d'Halicarnasse et Plutarque mentionnent également comme exceptions à l'indissolubilité du mariage, et comme causes de répudiation, l'adultère de la femme et l'administration du poison. Mais Denys d'Halicarnasse, qui ne fait point mention de l'abandon du domicile conjugal, considère la femme qui boit du vin comme pouvant être répudiée. Mais si l'on examine attentivement le passage de Valère-Maxime, que nous allons citer bientôt, on sera convaincu que, si la femme ne peut pas boire de vin, ce n'est pourtant point là une cause de répudiation, quand, d'ailleurs, aucun adultère ne s'en est suivi.

Au reste, les trois causes de répudiation qui sont mentionnées par Denys d'Halicarnasse et par Plutarque, et surtout les expressions si claires et si formelles de ces deux historiens, prouvent que le mariage était indissoluble en principe. Ainsi les trois exceptions ne font, à cet égard, que confirmer la règle générale.

9° Les expressions de Plutarque sur l'indissolubilité du lien conjugal, ne sont pas moins explicites et absolues que celles de Denys d'Halicarnasse, qui enseigne que rien ne pouvait briser le mariage. Plutarque exprime même cette vérité en donnant des détails plus circonstanciés : « Hors ces trois cas, dit-il, si un mari renvoie son épouse, la loi dispose : —Que la moitié de la communauté reste à la femme, que l'autre moitié soit consacrée à Cérès; et que le mari qui a répudié son épouse soit sacrifié aux dieux infernaux (1). »

Voilà pour le mari qui rejette son épouse qu'il a associée pour toute la vie à ses choses divines et humaines, la contre-partie de l'abandon, par l'épouse, du domicile conjugal, de la κλειδῶν ὑποβολῆ. C'est, dans les deux cas, la même peine. Ce qui prouve que nous sommes dans le véritable sens de Plutarque et de la loi de Romulus.

Le traducteur latin du passage de Plutarque n'a point compris toute la sainteté et la force du lien conjugal chez les Romains des premiers siècles. De là, il rend ainsi le passage grec : « *Sin alia de causa domo exegerit eam, partem*

______

(1) Plutarque, *Vie de Romulus* : « Εἰ δ' ἄλλως τις ἀπόπέμψαιτο, τῆς οὐσίας αὐτοῦ τὸ μὲν τῆς γυναίκος εἶναι, τὸ δὲ τῆς Δήμετρος ἱερὸν κελεύων· τὸν δ'ἀποδόμενον γυναῖκα θύεσθαι χθονίοις θεοῖς. »

mariti bonorum attribuit mulieri, partem Cereri consecrari jussit; qui repudiasset uxorem, deos manes placaret. (1) » Plutarque dit expressément, et dans les termes les plus clairs, que le mari doit être alors sacrifié aux dieux infernaux, τὸν δὲ ἀποδόμενον γυναῖκα θύεσθαι χθονίοις θεοῖς, et non pas, comme le dit le traducteur, que le mari doit faire un sacrifice aux dieux mânes, qu'il doit les appaiser, *deos manes placaret*, ce qui est un contre-sens évident.

Les passages de Denys d'Halicarnasse qui nous révèle que, sauf quelques exceptions, le mariage était indissoluble, et que rien ne pouvait le briser, sont donc pleinement conformes aux détails donnés par Plutarque. En effet, aucun des conjoints, ni le mari, ni la femme, ne peut jamais dissoudre le lien du mariage sans commettre par là un crime qui fait mourir le coupable à la cité des Quirites. Ces deux auteurs, qui sont parfaitement d'accord sur ce point, sont aussi parfaitement d'accord sur le principe de l'indissolubilité du mariage.

Or, pourtant on voit l'auteur de l'*Esprit des Lois* invoquer l'autorité de Plutarque pour appuyer sa théorie, si spécieuse et si fausse, de la dissolubilité du mariage chez les Romains des premiers siècles.

« La loi royale, dit-il, permettait de répudier dans les trois cas dont nous avons parlé. « Et elle voulait que ce-
« lui qui répudierait dans d'autres cas fût obligé de donner
« la moitié de ses biens à sa femme, et que l'autre moitié

______

(1) La traduction française d'Amyot pèche, sur ce point, comme la traduction latine : « Et si autrement il la repudioit, la moitié de ses biens estoit adjugée à sa femme, et l'autre à la déesse Cérès : et commandoit que celuy qui repudioit ainsi sa femme, sacrifiast aux dieux de la terre. » Si tel était le sens de Plutarque, au lieu de τὸν θύεσθαι, il y aurait τὸν θύειν, avec désignation de la victime du sacrifice.

« fût consacrée à Cérès. » On pouvait donc répudier dans tous les cas, en se soumettant à la peine (1). » Voilà, il faut bien le reconnaître, une conséquence spécieuse, paradoxale et de la plus évidente fausseté. Peut-on rien trouver de plus contraire à la bonne foi que la permission accordée à un époux de repousser de sa maison l'épouse qu'il a associée, pour toute la vie, à ses choses divines et humaines, en présence du peuple et des dieux? Montesquieu ignore complètement l'esprit de l'antiquité romaine, lorsqu'il considère la répudiation de l'épouse comme une chose toujours permise au mari, qui, par là, seulement encourt une peine pécuniaire, comme celui qui, par exemple, dans le droit de Justinien ou dans notre droit civil, aurait reçu des arrhes et qui refuserait d'exécuter la convention. De là, tandis que Plutarque ajoute : « La loi ordonne que le mari qui a répudié son épouse soit sacrifié aux dieux infernaux, τὸν δὲ ἀποδόμενον γυναῖκα θύεσθαι χθονίοις θεοῖς, » Montesquieu qui omet, volontairement sans doute, cette disposition qui ne pouvait point s'arranger avec son système, tire cette conséquence : « On pouvait donc répudier dans tous les cas, en se soumettant à la peine. » Comme on le voit, la conclusion de la loi de Romulus diffère essentiellement de celle que tire Montesquieu, qui n'est absolument rien que spécieuse et paradoxale. En voyant cet auteur qui tronque et défigure les textes les plus clairs, pour faire admettre une erreur aux conséquences les plus funestes et les plus déplorables, un sentiment de douleur amère pénètre au fond de l'âme.

Enfin, entrait-il dans l'esprit de la législation de Romulus qu'un citoyen qui avait violé la plus étroite et la plus sacrée des unions, pût encore habiter la cité romaine? Entrait-il dans l'esprit de l'égalité des biens qu'un Romain

____

(1) Montesquieu, *Esprit des Lois*, liv. XVI, 16.

fût dépouillé par un crime de tout ce qu'il avait , et continuât encore à rester dans les murs de la cité? Non , mille fois non. La conclusion de la loi de Romulus, qui déclare que le coupable dépouillé, à cause de son crime, de toute sa fortune, est dévoué aux dieux infernaux ; cette conclusion, disons-nous, est mille fois plus logique et plus en harmonie avec l'esprit d'égalité et avec les mœurs antiques que celle de Montesquieu, qui se trouve d'ailleurs complètement fausse, ainsi que nous espérons pleinement l'avoir démontré (1). Ainsi, d'après Plutarque, comme

(1) Montesquieu (*Esprit des lois*, liv. xvi, 16) fait une réflexion qui est complètement dénuée de vérité : « Plutarque, dit-il, appelle cette loi (de Romulus relative au lien du mariage), une loi très-dure. » L'expression grecque σφοδρὸς, ne signifie point *trèsdure;* elle signifie durable, ferme. Plutarque veut montrer, en employant cette expression , que le lien du mariage est demeuré fort et intact pendant plusieurs siècles ; en cela, il révèle que cette loi était bonne et agréable, et non pas dure, puisqu'elle s'est maintenue pendant si longtemps chez un peuple législateur. Cette pensée de Plutarque ressort bien évidemment de l'ensemble du passage de cet auteur. Denys d'Halicarnasse rend exactement la même pensée, en ces termes : « La preuve de la bonté et de la beauté de la loi relative au mariage se trouve dans sa longue durée, Μάρτυς δὲ τοῦ καλῶς ἔχειν τὸν περὶ τῶν γυναικῶν νόμον ὁ πόλυς χρόνος » (*Ant. rom.*, liv. ii , 25). Ajoutons que cette preuve se trouve également dans la bonté des mœurs antiques, dans la prospérité de Rome et dans l'établissement par Jésus de l'indissolubilité du lien conjugal. Cette loi est bonne, parce qu'elle est fondée sur l'amour, qui est la base de la société et de la justice. De là ces paroles de Cicéron : « Toutes les vertus naissent de ce que nous sommes portés par la nature à l'amour des hommes, ce qui est le fondement du droit : *Hœc nascuntur ex eo quod natura propensi sumus ad diligendos homines, quod fundamentum juris est* » (*République,* liv. ii, 15). Or, puisque cette loi est fondée sur

d'après Denys d'Halicarnasse, le mariage est indissoluble, et rien ne peut le briser.

Toutefois, si l'épouse viole essentiellement les obligations qui émanent de sa génération quiritaire aux choses divines et humaines de son mari, celui-ci, après avoir fait la preuve du crime en présence des cinq plus proches parents de la femme, peut la faire mourir à la cité des Quirites, où elle est en horreur aux hommes et aux dieux.

De même, si le mari viole essentiellement l'obligation que lui impose la génération quiritaire de son épouse à ses choses divines et humaines, il meurt à la vie quiritaire : la moitié de la communauté reste à la femme ; l'autre moitié, c'est-à-dire la part du mari est consacrée à Cérès ; quant au mari, il est dévoué aux dieux infernaux et devient en horreur aux hommes et aux dieux de la cité des Quirites. Le mari alors n'est donc pas, comme le suppose Montesquieu, « obligé de donner la moitié de ses biens à sa femme (1). » En effet, aucune obligation ne reposait, chez les Romains, sur celui qui avait cessé d'être citoyen et qui était dévoué aux dieux infernaux.

Les auteurs anciens qui expriment que la femme ne peut point quitter son mari, nous révèlent par là que jamais elle n'a le droit de porter contre lui, c'est-à-dire contre son père quiritaire, une accusation capitale. Cette accusation contre le mari qui a eu l'impiété de repousser iniquement son épouse, est donc intentée par le magistrat,

l'amour, on ne peut point l'appeler *très-dure*. C'est le divorce avec toutes ses conséquences qui est une chose *très-dure*, inique et anti-sociale. Aussi le divorse est proscrit de toutes les bonnes législations, de celles qui sont fondées sur l'amour, c'est-à-dire sur la nature humaine.

(1) Montesquieu, *Esprit des lois*, liv. xvi, 16.

par l'un des parents mâles et pubères de la femme, ou même par un citoyen quelconque.

10° De même que Denys d'Halicarnasse et Plutarque, Valère-Maxime exprime d'une manière évidente que le mariage était indissoluble dans l'antiquité romaine.

« L'usage du vin, dit Valère-Maxime, était autrefois inconnu aux dames romaines, de crainte qu'elles ne fussent par là entraînées à quelque crime. C'est en effet chez Bacchus, père de l'intempérance, que l'on a coutume de faire le premier pas vers les amours criminelles. Toutefois, afin que la pudicité des matrones ne fût ni triste ni repoussante, mais tempérée par des manières agréables et distinguées, elles portaient, avec l'indulgence de leurs maris, de nombreux ornements d'or et des robes de pourpre. Pour se rendre plus gracieuses encore, elles savaient répandre avec art de la poudre d'or dans leurs cheveux. Aucun œil jaloux n'avait alors à craindre de rivaux qui le supplantassent pour s'unir par le mariage à son conjoint. Les dames regardaient saintement et étaient pareillement regardées; leur vertu était ainsi protégée par une mutuelle pudeur (1). »

Ces expressions de Valère-Maxime : « L'usage du vin était autrefois inconnu aux dames romaines, de crainte

______

(1) Valère-Maxime, liv. II, 3 : « Vini usus olim romanis feminis ignotus fuit, ne scilicet in aliquod scelus prolaberentur : quia proximus a Libero patre intemperantiæ gradus ad inconcessum venerem esse consuevit. Cæterum ut non tristis eorum et horrida pudicitia, sed honesto comitatis genere temperata esset, indulgentibus maritis, et auro abundanti et multa purpura usæ sunt. Et quo formam suam concinniorem efficerent, summa cum diligentia capillos cinere rutilarunt. Nulli enim tunc subsessores alienorum matrimoniorum oculi metuebantur ; sed pariter et videre sancte, et aspici mutuo pudore custodiebantur. »

qu'elles ne fussent entraînées à quelque crime , *vini usus olim romanis feminis ignotus fuit, ne scilicet in aliquod scelus prolaberentur*, » signifient évidemment qu'il était défendu aux dames romaines de boire du vin ; mais pourtant on peut croire, contrairement à Denys d'Halicarnasse, que la violation de cette prohibition n'aurait point entraîné pour l'épouse la peine de mort à la vie quiritaire, si cette violation n'avait point été suivie d'amours criminelles (1).

De même, ces expressions : « Aucun œil jaloux n'avait alors à craindre de rivaux qui le supplantassent pour s'u-nir par le mariage à son conjoint , *nulli enim tunc subses-sores alienorum matrimoniorum oculi metuebantur*, » signi-fient également que la répudiation et le divorce étaient défendus ; elles démontrent par conséquent que le lien du mariage était indissoluble. Le sens de ce latinisme ne peut échapper à personne ; mais il deviendra surtout de la plus haute évidence pour celui qui , d'une part, connaît bien la nature humaine , et qui , d'autre part , sait que, pendant une durée de plus de cinq siècles , le mariage a été inviolable chez les Romains. Ne sait-on pas d'ailleurs que, chez les Quirites, les anciennes mœurs avaient force de loi dans cette époque où le peuple exerçait par lui-même tous les pouvoirs législatifs, et où il existait dans toutes les corporations harmoniques de la cité une admirable sur-veillance? Ne sait-on pas qu'après un certain temps, la possession d'une coutume, d'une épouse, d'une hérédité et d'une chose quelconque , avait autant de force que si elle eût été établie en présence du peuple expressément convoqué et des dieux formellement consultés? De là, puisque, pendant plusieurs siècles, personne ne quittait

(1) « Dans la pensée de Romulus, dit Denys d'Halicarnasse, l'adultère enfante la discorde ; et l'ivresse, l'adultère φθοράν μὲν ἀπονοίας ἀρχὴν νομίσας· μέθην δὲ, φθορᾶς.

son conjoint, il est très-certain qu'il était reconnu et admis chez les Romains que les époux ne pouvaient point ni répudier ni divorser.

11° Aulu-Gelle dit aussi que le mariage était indissoluble dans les premiers siècles de Rome, et tant que les anciennes institutions sont demeurées en vigueur. Il emploie, pour exprimer cette vérité, un latinisme qui a la plus grande ressemblance avec celui de Valère-Maxime, mais dont le sens est, s'il est possible, plus évident encore.

« Il est livré à la mémoire, dit Aulu-Gelle, que pendant environ cinq cents ans après la fondation de Rome, il n'y avait aucune action donnée à la femme relativement à sa dot, ni aucune espèce de garantie pour assurer sa restitution, ni dans la ville de Rome, ni dans le Latium; car il n'y avait certainement à cet égard rien à désirer, puisque jusque-là aucun mariage ne se brisait (1). »

Le sens de la phrase d'Aulu-Gelle et surtout ces expressions : « Aucun mariage alors ne se brisant, *nullis etiam nunc matrimoniis divertentibus,* » démontrent de la manière la plus évidente qu'il n'était point permis de rompre le lien de l'union conjugale et que le mariage était par conséquent indissoluble.

Ainsi donc, Denys d'Halicarnasse, Plutarque, Valère-Maxime et Aulu-Gelle, proclament avec une constante unanimité, le principe de l'indissolubilité du mariage chez les Romains des premiers siècles. En outre, ni dans les historiens que nous venons de citer, ni dans aucun ancien auteur, on ne trouve un seul texte qui vienne en rien af-

______

(1) Auul-Gelle, *Nuits attiq.*, liv. IV, 3 : « Memoriæ traditum est quingentis fere annis post Romam conditam, nullas rei uxoriæ neque actiones, neque cautiones in urbe romana aut in Latio fuisse : quia profecto nihil desiderabatur, nullis etiam nunc matrimoniis divertentibus. »

faiblir la force du principe que nous proclamons ; on voit, au contraire, Tite-Live, Cicéron et Tacite, confirmer de leur autorité ce principe, qui dès-lors forme une vérité inébranlable. Donc, d'après l'accord unanime de tous les auteurs, le mariage romain était indissoluble dans les premiers siècles de Rome, et il a conservé toute sa force tant que les anciennes institutions sont demeurées en vigueur, c'est-à-dire jusqu'au sixième siècle de Rome. Or, cet accord unanime n'existerait évidemment point si le mariage eût pu se dissoudre. Donc, par conséquent, le mariage a été indissoluble jusqu'au sixième siècle de Rome.

12° Le principe que le mariage était indissoluble dans les cinq premiers siècles de Rome, est prouvé d'une manière bien certaine par les auteurs, qui nous révèlent que, pendant plus de cinq siècles, il n'a existé qu'une seule loi sur le mariage, et que cette loi établissait entre les époux une parfaite communauté du feu et de l'eau, des choses divines et humaines.

Les auteurs portent cette vérité au plus haut point d'évidence en nous faisant connaître que les époux étant perpétuellement communs en toutes choses, que la femme devenant la fille du mari, il n'y avait aucune loi pour régler les intérêts pécuniaires des époux, et qu'il n'y en avait même pas besoin ; en nous faisant connaître enfin que c'est dans le sixième siècle, époque où le mariage devient dissoluble, que commence à paraître cette série de lois sur le mariage, qui se multiplient bientôt dans une proportion effrayante.

Après avoir exposé les différentes législations que les peuples ont faites sur le mariage, et après en avoir fait remarquer les défauts, Denys d'Halicarnasse continue ainsi :

« Romulus n'a porté aucune loi ni sur l'apport de la

dot, ni sur sa restitution à la fin du mariage, ni sur toute autre chose de ce genre (1). »

Puis il ajoute : « Romulus n'a fait qu'une seule loi sur le mariage. La sagesse de cette loi unique, qui embrasse tout, est supérieure à toutes les autres législations ; ainsi que l'expérience l'a prouvé, elle dirige les femmes dans les voies de la retenue et de la pudeur. Voici quel est l'objet de cette loi : *La femme unie à un homme selon les lois sacrées, participe à tous ses biens et à ses choses saintes* (2). »

Ainsi donc, d'après Denys d'Halicarnasse, Romulus n'a établi qu'une seule loi sur le mariage, et cette loi qui embrasse tout et qui est supérieure à toutes les autres législations, établit entre les époux la communauté de toutes les choses divines et humaines, κοινωνὸν ἀπάντων χρημάτων καὶ ἱερῶν.

13° De même que Denys d'Halicarnasse, Aulu-Gelle exprime bien formellement que, pendant cinq cents ans, il n'y a point eu de lois ni pour garantir la restitution de la dot, ni pour actionner sous ce rapport le mari ; et cependant, dès l'origine de Rome on constitue des dots, puisque, d'après Romulus lui-même, les clients doivent doter la fille de leur patron qui ne pourrait point le faire lui-même (3). « Il est livré à la mémoire, dit Aulu-Gelle, que, pendant environ cinq cents ans après la fondation de Rome,

(1) Denys d'Halicarnasse, *Antiq. rom.*, liv. ii, 25 : «Ὁ δὲ Ρωμύλος οὔτε προικὸς ἀποδόσεως ἢ κομιδῆς νόμους θεὶς, οὔτε ἄλλο τῶν παραπλησίων τούτοις διορίσας οὐδ' ὁτιοῦν. »

(2) *Ibid.* : «Ἕνα δὲ μόνον ὑπέρ ἀπάντων εὖ ἔχοντα, ὡς αὐτά ἔργα ἐδήλωσε, καταστησάμενος· εἰς εὐκοσμίαν καὶ πολλὴν σωφροσύνην ἤγαγε τὰς γαμητάς. Ἦν δὲ τοιοσδε ὁ νόμος : « Γυναῖκα γαμετὴν κατὰ νόμους ἱεροὺς συνελθοῦσαν ἀνδρὶ, κοινωνὸν ἀπάντων εἶναι χρημάτων τε καὶ ἱερῶν. »

(3) *Ibid.*

il n'y a eu aucune action en répétition de la dot, ni aucune caution pour sa conservation, soit dans la ville de
Rome, soit dans le Latium. Il n'y avait, en effet, besoin
d'aucune loi de ce genre, car le mariage ne se brisait
jamais (1). »

Aulu-Gelle donne ainsi à cette vérité le cachet si recon-
naissable de l'évidence : « Servius Sulpicius est le premier qui, dans le livre qu'il a composé sur la dot, a écrit
que des garanties pour la restitution de la dot lui paraissaient nécessaires ; puisque déjà Spurius Carvilius, surnommé Ruga, homme d'illustre naissance, avait répudié
son épouse, parce que, à cause d'un vice de conformation,
il n'en avait point d'enfants (2). »

Ainsi, d'après Denys d'Halicarnasse et d'après Aulu-
Gelle, pendant plus de cinq cents ans, il n'y a eu qu'une
seule loi sur le mariage, et cette loi consistait à établir
entre les époux une parfaite communauté de toutes les
choses divines et humaines. D'après les mêmes auteurs,
cette loi unique était une législation complète et la meilleure de toutes, puisque personne ne divorsait ; et ce n'est
qu'après la première répudiation, arrivée dans le sixième
siècle, époque de la désuétude des mœurs, des institutions et de la religion, que l'on voit naître les premières

____

(1) Aulu-Gelle, *Nuits attiq.*, liv. iv, 3 : « Memoriæ traditum
est quingentis fere annis post Romam conditam, nullas rei uxoriæ neque actiones, neque cautiones in urbe romana aut in Latio
fuisse : quia profecto nihil desiderabatur, nullis etiam nunc matrimoniis divertentibus. »

(2) *Ibid.* : « Servius quoque Sulpicius, in libro quem composuit
de dotibus, tum primum cautiones rei uxoriæ necesssarias esse visas
scripsit ; cum Spurius Carvilius, cui Ruga cognomentum fuit, divortium cum uxore fecit, quia liberi ex ea, corporis vitio, non gignerentur. »

5

garanties sur la restitution de la dot. Donc, ce n'est que dans le sixième siècle que le mariage est devenu dissoluble. Donc, jusqu'à cette époque, le mariage était indissoluble, et rien ne pouvait le briser.

14° Ainsi que nous l'avons vu, Valère-Maxime, Aulu-Gelle, Plutarque et Denys d'Halicarnasse proclament le principe de l'indissolubilité du mariage pendant les premiers siècles de Rome ; en outre, Denys d'Halicarnasse et Aulu-Gelle nous font connaître la grande simplicité de la législation qui existait jusqu'au sixième siècle de Rome.

Or, ces deux propositions se trouvent pleinement confirmées par la définition des justes noces , par la signification du mot *conjux*, par la position de la femme dans la famille du mari , et par l'histoire de l'apparition des lois qui viennent donner à la femme des garanties pour la conservation et la restitution de sa dot.

D'abord les jurisconsultes du temps de l'empire conservent encore la belle et antique définition du mariage , longtemps après la dégénération de cette sublime institution de Romulus. De là Modestin , dont Justinien insère le texte dans son Digeste, définit ainsi les noces : « Les noces, ou mariage, sont la conjonction de l'homme et de la femme , l'association de toute leur vie, la communication de leur droit divin et humain (1). » Qu'on ne s'y trompe point, cette définition du mariage a été, à une époque, d'une vérité rigoureuse et absolue. Or, une pareille définition ne convient point au mariage du temps de l'empire ; car dans ces siècles de dégradation générale, il n'était plus essentiel que le mariage durât toute la vie ; il n'était plus essentiel que le mariage opérât la communication des choses

_____

(1) Digeste, liv. xxiii, tit. 2 , l. 1 : « Nuptiæ , sive matrimonium, sunt conjunctio maris et feminæ , consortium omnis vitæ, divini et humani juris communicatio. »

divines et humaines; il n'y avait plus de *consortium omnis vitæ,* il n'y avait plus pour les époux de *divini et humani juris communicatio.* Donc, cette définition de Modestin n'est vraie que dans les premiers siècles de R ome. Donc, dans ces siècles, il y avait de la part du mari communication à son épouse de toutes les choses divines et humaines ; donc alors le mariage était une union de toute la vie ; donc, par conséquent, le mariage était indissoluble.

Les expressions *conjugium* et *conjuges* expriment également l'indissolubilité du lien matrimonial.

« Le mariage, dit Isidore, a été appelé *conjugium,* car par lui, les époux sont conjoints ; ou bien à cause du joug par lequel ils sont unis dans les noces si fortement, qu'ils ne peuvent ni le secouer ni se séparer (1). »

« Les époux, dit encore Isidore, sont appelés *conjuges,* à cause du joug qui est imposé à ceux qui s'unissent par le mariage. En effet, les futurs ont coutume d'être placés sous un joug, emblème de la concorde qui doit régner entre eux, et de l'indissolubilité de leur union (2). »

De là ces paroles de Valère-Maxime : « La déesse Viriplaca est la gardienne de la paix quotidienne et domestique ; et, comme l'indique son nom, elle rend ce qui est dû à la dignité des maris, et aux femmes leur honneur, et elle remet ainsi les époux sous un *joug égal* de la charité (3). »

---

(1) Isidore, chap. 3 : « Conjugium est dictum, quia conjuncti sunt ; vel a jugo quo in nuptiis copulantur, ne resolvi aut separari possint. »

(2) *Ibid.* : « Conjuges appellati, propter jugum quod imponitur matrimonio jungendis. Jugo enim nubentes subjici solent, propter futuram concordiam, ne separentur. »

(3) Valère-Maxime, liv. ii , 1 : « Quotidianæ ac domesticæ pacis custos , in *pari jugo* caritatis ipsa sui appellatione virorum majestati debitum, et feminis reddens honorem. »

De là encore ces paroles de Denys d'Halicarnasse :
« L'épouse était aussi maîtresse dans la maison que son
mari lui-même (1). » Nous savons, en effet, qu'il existe
entre les conjoints une égalité complète résultant de la
communication des choses divines et humaines. Le mari,
il est vrai, a bien quelque prépondérance, en sa qualité
d'administrateur de la communauté universelle des biens;
mais cette prépondérance semble s'affaiblir et même disparaître presque entièrement dès que l'on examine les
choses d'une manière plus attentive. Ainsi que nous l'a-
vons vu, les matrones étaient considérées comme saintes;
elles étaient entourées de respect et d'honneurs; elles
exerçaient une grande influence par leur dévouement sur
les affaires publiques, et elles en exerçaient certainement
une bien plus grande encore dans la famille. Enfin, dans
cette époque où tous les actes juridiques sont publics et
solennels, voyez la menace d'interdiction toujours sus-
pendue sur la tête du mari qui administre mal les affaires
communes! Entendez ce décret que le magistrat du peuple
romain prononce contre le dissipateur : « Puisque, dit-
il, par ta mauvaise conduite, tu dissipes les biens que tu
a reçus de ton père et de tes ancêtres, je t'interdis leur
administration et leur disposition (2)! » Lorsqu'on examine bien toutes ces choses, on trouve qu'il y a entre les
époux une égalité harmonique, que l'amour réciproque
des conjoints les place sur la même ligne, et que la menace d'interdiction du mari le met en quelque sorte dans
la nécessité de consulter ses enfants, et principalement

(1) Denys d'Halicarnasse, *Antiq. rom.* liv. ii, 25 : « Γυνὴ τοῦ
οἴκου κυρία τὸν αὐτὸν τρόπον καὶ ὁ ἀνήρ. »

(2) Paul, *Sentences*, liv. iii, tit. 4, § 7 : « Quando bona pa-
terna avitaque nequitia tua disperdis, liberosque tuos ad egesta-
tem perducis, ob eam rem tibi ea re commercioque interdico. »

son épouse, sur l'utilité des actes importants qu'il se propose d'accomplir; car , sans cela , il perdrait l'estime de ses concitoyens , et , en cas d'insuccès et de malleurs, il entendrait prononcer contre lui la sentence solennelle de l'interdiction.

Numa Pompilius a élevé à Rome un temple à la bonne foi, pour consolider les fondements de la cité. Or, Cicéron nous avertit que « le fondement de la justice est la bonne foi , c'est-à-dire la constance et la vérité dans les choses dites et convenues (1) ; » que « l'union perpétuelle des époux est de toutes la plus forte, qu'elle est le principe de la cité et le séminaire de la république (2) ; » c'est donc surtout dáns cette union que la bonne foi exige la constance et la vérité. Aussi, Cicéron nous dit que le mari ne peut point se séparer de son épouse : « Celui, dit-il, qui a une épouse ne peut, puisqu'il lui est uni par le plus étroit des liens, s'en séparer ni en esprit, ni en pensée (3). »

D'ailleurs, nous voyons apparaître sous Auguste seulement les premières dispositions législatives qui donnent à l'épouse des garanties pour la restitution de sa dot, à la dissolution du mariage. C'est alors en effet que la loi Julia prohibe l'aliénation du fonds dotal. Bientôt on voit s'introduire la donation à cause de noces, pour garantir à l'épouse la restitution des sommes et autres choses dotales. Et enfin, on voit apparaître l'hypothèque tacite, générale

(1) Cicéron , *des Devoirs*, liv. i , 7 : « Fundamentum autem est justitiæ , fides ; id est dictorum conventorumque constantia et veritas. »

(2) *Ibid.*, liv. i, 17 : « Prima societas in conjugio est ; id autem est principium urbis, et quasi seminarium reipublicæ. »

(3) *Ibid.*, *de l'Amitié* : « Cui uxor contingit, ab ea cum arctissimo vinculo conglutinatus est, aut mente, aut cogitatione se junctus esse non potest. »

et même privilégiée sur tous les biens du mari pour assurer plus fortement l'efficacité de l'action qu'a la femme,
à la dissolution du mariage, en répétition de sa dot. Or,
la date de la législation sur les dots et celle de ses dévelop-
pements successifs qui arrivent à l'époque de la fréquence
du divorce, prouvent énergiquement la vérité de l'assertion de Denys d'Halicarnasse et d'Aulu-Gelle, qu'autrefois, il n'y avait point d'action de dot ni de garantie pour
assurer sa restitution ; qu'il n'y en avait même pas besoin,
et que le mariage était indissoluble.

Enfin, dans les temps anciens, la femme qui se mariait
tombait toujours dans la main de son mari, *in manum mariti* ; en d'autres termes, elle entrait toujours en communauté des choses divines et humaines. C'est ce que prouvent les paroles prononcées l'an de Rome 557, par Caton
l'Ancien. Les tribuns de la plèbe, Fundanius et Valérius,
demandent l'abrogation de la loi Oppia. Cette loi, comme
le dit Tite-Live, fut portée sous la deuxième guerre Punique : elle défend à une femme d'avoir plus d'une demi-
once d'or, de se servir d'habits diversement colorés, et
enfin d'aller en voiture, soit dans la ville, soit dans le
rayon d'un mille autour de Rome, si ce n'est pour se rendre aux sacrifices.

M. Porcius Caton, qui veut le maintien de cette loi
Oppia et le rejet de la proposition faite par les tribuns
de la plèbe : « Nos ancêtres, dit-il, n'ont point voulu que
les femmes pussent faire des choses, même de droit privé,
sans être autorisées ; ils les ont placées dans la main de
leurs ascendants, de leurs frères, de leurs maris (1). » La
position de la femme était toujours tranchée : la *manus* du

____

(1) Tite-Live, liv. xxxiv, 2 : « Majores nostri, nullam ne privatam quidem rem agere feminas sine auctore voluerunt ; in
manu esse parentum, fratrum, virorum. »

frère ne commençait qu'au décès du père ; la *manus* du père ou du frère finissait par le mariage de la femme, qui était par là mise exclusivement sous la *manus* du mari, et qui cessait même pour toujours de faire partie de son ancienne famille. De là ces paroles de M. Savigny, qui ont pour nous quelque autorité en cette matière : « Il n'y avait point autrefois, dit-il, de mariage sans la *manus* (1), » c'est-à-dire sans la communication des choses divines et humaines. De là encore ces paroles de Gibbon : « Scévola dit que l'acceptation du feu et de l'eau est de l'essence du mariage (2). »

Or, puisque la femme passait, par le mariage, dans la main de son mari, puisqu'elle devenait nécessairemant sa fille, et que le lien qui unissait les conjoints ne pouvait point se rompre, on conçoit l'absence de lois pour régler leurs intérêts pécuniaires. Si le mari décède sans avoir d'enfant, l'épouse recueille tout, en sa propre qualité de fille quiritaire du défunt ; si, au contraire, il laisse à son décès des enfants, alors la mère, qui est spirituellement considérée, ainsi que le dit Gaïus, comme la fille de son mari et la sœur de ses enfants (3), partage avec ceux-ci les biens de l'hérédité.

Ces principes se trouvent expressément confirmés par Denys d'Halicarnasse : « L'épouse, dit-il, succède à son mari, comme une fille à son père ; de là, si le mari décède sans enfants, l'épouse recueille toute l'hérédité ; mais s'il meurt laissant des enfants, la mère partage également avec eux (4). »

(1) M. Savigny, *Histoire du droit romain*, chap. 1, § 54.

(2) Gibbon, *Histoire de la décadence de l'Empire romain*, chap. 44.

(3) Gaius, *Comment. Instit.*, liv. i, § 117.

(4) Denys d'Halicarnasse, *Antiq. rom*, liv. ii, 25 : « Τελεύσαντος τοῦ ἀνδρὸς, κληρονόμος ἐγίνετο τῶν χρημάτων, ὡς θυγάτηρ

45° La pratique constante des Romains vient confirmer la vérité de notre principe, et montrer que le mariage était indissoluble dans l'origine de Rome et pendant les cinq premiers siècles. Ainsi que nous l'avons déjà dit, les mœurs constantes avaient, chez les Quirites, force de lois; l'amour qu'ils avaient pour les Pères et les ancêtres leur faisait observer religieusement, comme les lois les plus saintes et les plus sacrées, les coutumes anciennes. De là, mettant même de côté le faisceau indestructible des preuves de l'indissolubilité du mariage, nous aurions une preuve irréfragable et inattaquable de cette vérité, si nous pouvions prouver que le premier divorse, la première répudiation, n'a eu lieu que dans le sixième siècle de Rome; et cette preuve porterait avec elle le plus haut degré d'évidence, si nous pouvions montrer, et pour ainsi dire faire toucher du doigt les causes qui, à cette époque, ont amené la dissolubilité du lien conjugal. Or, nous espérons démontrer ces deux points de manière à dissiper, à cet égard, tous les nuages que certains auteurs se sont efforcé d'amonceler.

D'abord, d'après Denys d'Halicarnasse, les Romains eurent tant de respect pour les auspices que pendant cinq cent vingt ans, aucun divorce n'eut lieu, et que pendant cette période de temps, aucun mari ne répudia son épouse. « La preuve, dit-il, de l'excellence de la loi de Romulus à l'égard des épouses, se trouve dans sa longue durée. En effet, les Romains disent avec unanimité, que jusqu'à l'année cinq cent vingt de Rome, aucun mariage n'a été brisé. Mais sous le consulat de Marcus Pomponius et de

πατρὸς. Εἰ μὲν ἄπαις τε καὶ περὶ μηδενὸς διαθέμενος ἀποθάνοι, πάντων οὖσα κυρία τῶν ἀπολειφθέντων· εἰ δὲ γενεὰν ἔχοι, τοῖς παισὶν ἰσόμοιρος γινομένη. »

Caïus Papirius, Spurius Carvilius, homme de naissance, fut le premier qui répudia son épouse (1). »

Ce passage de Denys d'Halicarnasse prouve de la manière la plus forte et la plus évidente que la première répudiation n'a eu lieu que dans le sixième siècle de Rome. Qu'on le remarque bien, cet auteur n'avance point une opinion qui lui soit personnelle ; il rapporte un fait universellement raconté de la même manière, une croyance générale de son temps, ὁμολογεῖται. Il est donc impossible qu'il tombe à cet égard dans l'erreur. Donc, la première répudiation n'a eu lieu que dans le sixième siècle de Rome. Donc, par conséquent, jusqu'à cette époque, le mariage était indissoluble. En effet, comme le dit Montesquieu, « il suffit de connaître la nature de l'esprit humain, pour sentir quel prodige ce serait, que la loi donnant à tout un peuple le droit de répudier, personne n'en usât (2). »

Denys d'Halicarnasse donne, sur le fait de la première répudiation, un détail qui vient encore appuyer sa déclaration si formelle et si digne de foi.

« Spurius Carvilius, dit-il, fut contraint par l'autorité des censeurs de jurer que c'était dans le but d'avoir ensuite des enfants qu'il ne voulait plus habiter avec son épouse. Celle-ci était en effet stérile. A cause de ce fait, qu'il n'était point possible d'empêcher, Carvilius fut tou-

---

(1) Denys d'Halicarnasse, *Antiq. rom.*, liv. ii, 25 : « Μάρτυς δὲ τοῦ καλῶς ἔχειν τὸν περὶ τῶν γυναικῶν νόμον ὁ πολὺς χρόνος. Ὁμολογεῖται γὰρ ἐντὸς ἐτῶν εἴκοσι καὶ πεντακοσίων μηδεὶς ἐν Ῥώμῃ διαλυθῆναι γάμος. Ὑπατεύοντων Μάρκου Πομπωνίου, καὶ Γαΐου Παπυρίου, πρῶτος ἀπολῦσαι λέγεται τὴν ἑαυτοῦ γυναῖκα Σπούριος Καρυΐλλιος, ἀνὴρ οὐκ ἀφανής.   « »

(2) Montesquieu, *Esprit des Lois*, liv. xvi, 16.

jours odieux au peuple(1). » Toutefois, ce passage qui confirme la pratique constante des Romains à observer la foi
conjugale, le *consortium omnis vitæ*, semble jeter quelque
doute sur l'indissolubilité du mariage et ne point concor-
der avec l'affirmation si positive de Denys d'Halicarnasse,
que le mariage était indissoluble, et que rien ne pouvait
le briser. Cet auteur tombe-t-il en réalité dans des contradictions? En disant que la répudiation faite par Spurius
Carvilius a produit un effet plein, entier, et « qu'il était
impossible d'empêcher, δι᾽ ἀνάγκην γινομένῳ, » Denys d'Halicarnasse détruit-il le principe de l'indissolubilité du mariage, principe qu'il a proclamé plusieurs fois dans les
termes les plus formels? Non ; il n'y a en effet dans cet
historien qu'une contradiction purement apparente et qui
s'évanouit dès que l'on examine bien attentivement les
changements profonds et radicaux qui se sont opérés à la
fin du cinquième siècle de Rome et au commencement du
sixième siècle, soit dans la législation, soit dans les
mœurs, soit dans les institutions, soit enfin dans les pratiques religieuses.

En effet, à cette époque, le *nexum*, ce grand lien de la
foi, a été depuis longtemps vaincu, à cause de l'injure impuissante d'un seul créancier (2). Son abrogation, prononcée dans les comices par centuries l'an 429 de Rome, a été
pour la plèbe comme l'aurore d'une nouvelle liberté ; mais
tout le droit fut changé par suite de la passion et de la

_____

(1) Denys d'Halicarnasse, *Antiq. rom.*, liv. ii, 25 : « Ἀναγκα-
ζόμενος ἀπὸ τῶν τιμητῶν ὀμόσαι τέκνων ἕνεκα γύναικι μὴ συνοικεῖν·
ἢν δ᾽ αὐτῷ στείρα ἡ γυνή. Ὁ ἐπὶ τῷ ἔργῳ τούτῳ, καίτοι δι᾽ ἀνάγκην
γινομένῳ, μισούμενος ἀπὸ τοῦ δήμου διετέλεσεν. »

(2) Tite-Live, liv. viii, 29 : « Victum ob impotentem injuriam
unius ingens vinculum fidei. »

cruauté d'un seul usurier (1). Dès que le grand lien de la foi a été abrogé, le droit devient bientôt privé ; les contrats se forment sans solennité et d'une manière secrète ; on n'y voit plus régner la bonne foi, qui est, selon Cicéron, « le fondement de la justice (2), » et sans laquelle, selon Tite-Live, « toute société humaine s'affaisse (3). » Alors les intérêts s'individualisent, l'amour de la patrie commence à s'éteindre, l'union des citoyens se relâche et la cité renferme des éléments de dissolution qui se développent d'une manière rapide.

A la même époque, les Romains, qui ont soumis l'Italie et qui ont déjà fait la guerre en Afrique, ont subi une influence étrangère qui leur a fait négliger l'observation des pratiques et des mœurs de leurs ancêtres. Les associations quiritaires des tribus, des curies, des *gentes* et des corps d'état, qui se constituaient au moyen de générations établissant entre les sénateurs et les clients des rapports de paternité et de filiation spirituelle, n'ont plus aucune existence, si ce n'est peut-être en faible image. Les Romains négligent l'observation des lois de Romulus et de Numa Pompilius, qui tendaient à faire régner parmi les membres de la cité la concorde, l'union, la frugalité, la tempérance, la vertu et le dévouement ; en effet, ils ne se rassemblent plus, chaque jour de fête, dans la maison de leur curie respective, ou dans la salle commune à toutes les curies ou fraternités (4) ; ils ne viennent plus

(1) Tite-Live : « Plebi romanæ velut aliud initium libertatis factum est quod necti desierunt. Mutatum autem jus ob unius fœneratoris simul libidinem, simul crudelitatem insignem. »

(2) Cicéron, *des Devoirs*, liv. i, 7 : « Fundamentum autem justitiæ, fides. »

(3) Tite-Live, liv. vi, 41 : « Fidem abrogari, cum qua omnis humana societas tollitur. »

(4) Denys d'Halicarnasse, *Antiq. rom.*, liv. ii, 23.

y célébrer, dans leurs hymnes, la gloire des ancêtres et les sublimes vertus des hommes illustres (1) ; ils n'y viennent plus enfin pour s'unir, s'incorporer et s'identifier dans les banquets sacrés, organisés par Romulus et par Numa Pompilius (2), et qui formaient une éducation nationale la plus générale, la plus harmonique, la plus morale et la plus sublime. Or pourtant, c'est par de telles institutions, qui faisaient de chaque homme un citoyen, qui transformaient l'individu en personne et en Quirite, et qui rendaient chaque concitoyen un autre soi-même ; c'est par de telles institutions, disons-nous, que Romulus et Numa Pompilius ont jeté les solides fondements de la prospérité et de la grandeur de la cité quiritaire. « Je suis persuadé, dit Cicéron, que c'est par l'établissement des auspices et des banquets sacrés, que Romulus et Numa Pompilius ont jeté les vrais fondements de notre cité ; celle-ci ne serait certainement jamais parvenue à un si haut point de grandeur sans une grande piété envers les dieux immortels (3). » Telle est également la doctrine de Tite-Live (4) et de Denys d'Halicarnasse (5).

« J'aime, dit Cicéron, dont l'âme s'ouvrait aux sentiments du grand, du beau et du divin, les écoles d'éducation instituées par nos ancêtres, et ce discours qui, selon

______

(1) Denys d'Halicarnasse, liv. ii, 23, Valère-Maxime, liv. ii, 1 ; Cicéron, *Tusculanes*, liv. i, 2 ; iv, 2 ; *id.*, *de la Vieillesse*, 13 ; *id.*, *Brutus*, 19.

(2) *Ibid.*; Cicéron, *de la Nature des dieux*, liv. iii, 2.

(3) Cicéron, *de la Nature des dieux*, liv. iii, 2 : « Mihique ita persuasi Romulum auspiciis, Numam sacris constitutis fundamenta jecissse nostræ civitatis : quæ nunquam profecto sine summa placatione deorum immortalium tanta esse potuisset. »

(4) Tite-Live, liv. vi, 41.

(5) Denys d'Halicarnasse, *Antiq. rom.*, liv. ii.

la coutume antique, tombe du haut de la tribune au milieu des coupes du festin (1). »

« C'est avec grande raison, dit-il ailleurs, que nos ancêtres ont appelé la réunion d'amis dans un festin, à cause de ce qu'elle établissait la conjonction de leur vie , un *convivium* (2). »

Nous pouvons dire, avec Cicéron, instruits encore par une plus longue expérience : « Ce vieux proverbe est plein de vérité, qui dit qu'il faut manger ensemble plusieurs boisseaux de sel, pour que le don de l'amitié soit parfait (3). » Or, puisque ce vieux proverbe est vrai, nous devons nécessairement en conclure qu'il n'y avait plus, au sixième siècle de Rome, d'amitié générale ni de véritable union parmi les citoyens. En effet, ils ne venaient plus alors à la lumière des assemblées publiques, par la raison que leurs œuvres étaient mauvaises ; ils ne se réunissaient plus pour retremper et fortifier leurs sentiments de fraternité dans des banquets sacrés ; mais, au contraire, ils s'individualisaient, et dès lors le Quirite, le citoyen, la personne disparaissaient derrière le rideau qui cachait , d'une part, l'effervescence des passions, les raffinements de la volupté et du luxe, et , de l'autre, les angoisses de la misère qui , à chaque instant, faisait au milieu de cette opulente reine du monde, retentir les airs de ce cri à la

(1) Cicéron, *de la Vieillesse*, 14 : « Me vero et magisteria delectant a majoribus instituta ; et is sermo, qui more majorum, a summo adhibetur in poculis. »

(2) *Ibid.*, 13 : «Bene majores nostri accubitionem epularem amicorum, quia vitæ conjunctionem haberet, convivium nominarunt. »

(3) *Ibid.*, *de l'Amitié*, 19 : «Verum illud est quod dicitur, multos modios salis simul edendos esse, ut amicitiæ munus expletum sit. »

fois triste et dégradant : « Du pain et des spectacles, *Panem et circenses !* » Non , alors il n'y a plus parmi les Romains la concorde et l'union qui régnaient parmi leurs ancêtres. Aussi voyez les guerres civiles qui commencent à éclater ? voyez le sein de la patrie pour la première fois déchiré par ses enfants dont le crime se prolonge jusqu'au moment où ils perdent leur liberté !

Montesquieu dit que le peuple romain s'émouvait fortement par les spectacles. Cette proposition n'est vraie qu'à l'époque où les citoyens vivaient en commun les jours de fêtes. « Le peuple romain plus qu'aucun autre , dit-il , s'émouvait par les spectacles. Celui du corps sanglant de Lucrèce fit finir la royauté. Le débiteur qui parut sur la place couvert de plaies fit changer la forme de la république. La vue de Virginie fit chasser les décemvirs. Pour faire condamner Manlius , il fallut ôter au peuple la vue du Capitole (1). » Et ailleurs : « Le crime de Papirius donna à Rome la liberté civile ; trente-sept ans après le crime de l'infâme Papirius , un crime pareil fit que le peuple se retira sur le Janicule , et que la loi sur les débiteurs reprit sa force (2). » Oui, le peuple ancien de Rome *s'émouvait plus qu'aucun autre par les spectacles ;* c'est qu'alors les banquets sacrés unissaient fortement les citoyens ; c'est que leurs communions fraternelles les rendaient membres d'un même corps , les faisaient vivre de la même vie , et par là les Quirites devenaient un (3). Alors lorsqu'un membre souffrait, tous les membres souffraient, *Si patiatur unum membrum, compatiuntur omnia membra.* Mais il n'en est plus de même dès que les assemblées publiques et les banquets sacrés tombent en désuétude, dès que l'in-

---

(1) Montesquieu, *Esprit des Lois*, liv. xi, 16.
(2) *Ibid.*, liv. xii, 21.
(3) Cicéron, *des Devoirs*, liv. i, 17 : « Unus fiat ex pluribus. »

térêt public s'efface devant l'intérêt particulier. Alors les proscriptions de Sylla n'émeuvent plus le peuple. Alors Néron peut impunément faire mourir son précepteur, l'illustre Sénèque ; il peut aussi , sans soulever l'indignation publique, commettre un parricide, faire mourir sa mère. C'est qu'alors les Romains individualisés *ne mangeaient plus ensemble de sel.*

Nous avons dit que la vérité du proverbe cité par Cicéron devenait pour nous évidente, par suite des enseignements d'une bien plus longue expérience. Ne savons-nous pas, en effet, que l'amitié, la concorde, l'union et la force régnaient parmi les premiers chrétiens? Ne savons-nous pas que, comme les Romains des premiers siècles , les chrétiens affermissaient et augmentaient leurs sentiments de fraternité dans des banquets sacrés , dans les agapes , où se célébraient, au milieu des coupes, la gloire de Dieu et les louanges des fidèles qui s'étaient illustrés par leurs vertus et leurs dévouements? Ne savons-nous pas que, dès l'époque où les chrétiens n'ont plus eu que des mithes et une simple image de la communion, ces mithes ont été mis en pratique moins fréquemment et que ces mêmes mithes sont devenus de plus en plus impuissants pour faire produire aux fidèles des fruits de vie, des œuvres de charité et d'amour? Ne savons-nous pas enfin que, dès l'époque où les fidèles ont perdu la réalité de leurs banquets sacrés pour ne plus conserver qu'une pâle image, le christianisme a été alors submergé par les flots de l'iniquité qui se sont élevés jusqu'au sanctuaire du Saint des saints?

Mais revenons à notre sujet.

Lors de la première répudiation, au sixième siècle de Rome, il y a longtemps déjà que les plébéiens sont admissibles au consulat. Or, cette innovation, comme le remarque Tite-Live (1), contribue puissamment à briser les liens qui unissaient les Pères et les patrons aux clients ; en établissant l'égalité, qui va devenir sans cesse croissante, entre les patriciens et les plébéiens, elle a commencé à rompre la solidarité harmonique qui régnait entre les membres de la cité des Quirites. Dès lors la société se dissolvait, et Rome marchait rapidement vers la décadence ; car aucune institution nouvelle ne renouait les liens de la fraternité qui s'affaiblissaient et se brisaient à chaque victoire de la plèbe sur les patriciens. A la même époque enfin, la religion est tombée en oubli, et il n'en reste plus que de faibles vestiges et une pâle image. Depuis que les plébéiens ont été admis à remplir des fonctions sacrées (2), depuis que Virginie a élevé un temple à la Pudeur plébéienne (3), alors les sacrifices et les auspices ont perdu de leur respect religieux. En effet, les choses saintes étaient considérées comme polluées (4), « et bientôt, dit Tite-Live, la religion profanée est tombée en oubli (5). »

Ce fait historique est également attesté par Denys d'Halicarnasse, par Cicéron et par Valère-Maxime.

D'après Denys d'Halicarnasse, la coutume de consulter les auspices a été longtemps conservée par les Romains, non-seulement sous les rois, mais encore après leur expulsion, lorsqu'il s'agissait de créer des consuls, des préteurs et d'autres magistrats légitimes. « Mais, ajoute-t-il, cette coutume n'est plus maintenant en usage ; il ne reste

(1) Tite-Live, liv. VI, 41.
(2) *Ibid.*, liv, X, 6, 7, 8, 9.
(3) *Ibid.*, liv. X, 23.
(4) *Ibid.*, liv. X, 6, 23.
(5) *Ibid.*, liv. X, 23 : « Vulgata dein religio a pollutis, postremo in oblivionem venit. »

maintenant qu'une image, qui est un simple vestige de l'ancienne religion (1). »

Cicéron atteste le même fait en ces termes : « La discipline augurale étant omise, la vérité des auspices a été dédaignée : l'image seulement a été retenue (2). »

Enfin, Valère-Maxime nous révèle que les augures qui interviennent dans les mariages ne consultent plus les auspices, et que leur intervention n'est plus qu'un vestige de la coutume antique (3).

Or, puisque les contrats et les mariages deviennent des actes privés ; puisque, en réalité, le peuple et les dieux n'interviennent plus dans les unions conjugales, nous comprenons par là que Spurius Carvilius ait pu dissoudre le lien de son union, qui n'était point formée selon les prescriptions des lois sacrées ; nous comprenons par là que cette union n'était que naturelle et qu'elle n'avait point généré l'épouse aux choses divines et humaines de son mari. La révélation de ces faits et de plusieurs autres que nous exposerons plus tard, et par suite desquels on voit bientôt s'introduire la coutume de ne plus consulter les auspices dans les mariages, et de là se multiplier tant de répudiations et de divorses ; cette révélation, disons-nous, dissipe toute apparence de contradiction dans l'auteur des *Antiquités romaines,* relativement à l'efficacité de la répudiation faite par Carvilius.

(1) Denys d'Halicarnasse, *Antiq. rom.*, liv. II, 6: « Πέπαυται δ'ἐν τοῖς καθ᾽ ἡμᾶς χρόνοις· πλὴν οἷον εἰκών τις αὐτοῦ λειπείται, τῆς ὁσίας ταύτης ἕνεκα γινομένη. »

(2) Cicéron, *de la Nature des Dieux* : « Augurii disciplina omissa, veritas auspiciorum spreta est, species tantum retenta. »

(3) Valère-Maxime, liv. II, 1 : « Ex more nuptiis etiam nunc auspices interponuntur ; qui, quamvis auspicia petere desierint, ipso tamen nomine veteris consuetudinis vestigia usurpantur. »

16° De même que Denys d'Halicarnasse, Valère-Maxime nous révèle que Spurius Carvilius est le premier Romain qui ait répudié son épouse. Cet auteur s'exprime en ces termes : « Il n'y eut aucune répudiation entre un homme et une épouse jusqu'à l'an cinq cent vingt de Rome. Spurius Carvilius fut le premier qui renvoya son épouse à cause de sa stérilité. Quoiqu'il parût agir par une raison tolérable, il fut néanmoins réprimandé par les censeurs ; car on pensait qu'il ne devait point préférer à l'observation de la foi conjugale son désir d'avoir des enfants (1). »

Ainsi qu'on le voit, Denys d'Halicarnasse et Valère-Maxime sont parfaitement d'accord en toutes choses, non-seulement sur le nom du premier homme qui a répudié, mais encore sur la date de cette répudiation. En effet, tandis que Valère-Maxime précise cette date, Denys d'Halicarnasse se contente de raconter que les Romains disent unanimement qu'aucune répudiation n'a eu lieu avant l'an cinq cent vingt de Rome.

Denys d'Halicarnasse et Valère-Maxime sont aussi complètement d'accord sur les principes de la foi conjugale, et sur le blâme que les censeurs et les mœurs ont infligé à Carvilius.

17° Aulu-Gelle, qui est également d'accord avec ces auteurs sur le nom du premier Romain qui a répudié, et sur la date de cette répudiation, donne un motif qui paraît différent. Nous rapportons entièrement le passage de cet auteur, dont nous avons déjà cité un fragment.

(1) Valère-Maxime, liv. ii, 1 : « Repudium inter uxorem et virum a condita Urbe, usque ad vicesimum quingentesimum annum, nullum intercessit. Primus autem Spurius Carvilius uxorem sterilitatis causa dimisit. Qui quanquam tolerabili ratione motus videbatur, reprehensione tamen non caruit : quia nec cupiditatem quidem liberorum conjugali fidei præponere debuisse arbitrabantur. »

« Il est livré à la mémoire, dit-il, que pendant environ cinq cents ans après la fondation de Rome, il n'y a eu aucune action en répétition de la dot, ni aucune caution pour sa conservation, soit dans la ville de Rome, soit dans le Latium. Il n'y avait, en effet, besoin d'aucune loi de ce genre, car le mariage ne se brisait jamais par la répudiation.

« Aussi Servius Sulpicius est le premier qui, dans le livre qu'il a composé sur la dot, a écrit que des garanties pour la dot lui paraissaient nécessaires, puisque déjà Spurius Carvilius, surnommé Ruga, homme de noble naissance, avait répudié son épouse par la raison qu'il n'en avait point d'enfant à cause du vice de sa conformation.

« On rapporte que Carvilius aimait beaucoup l'épouse qu'il a renvoyée, et qu'elle lui était très-chère à cause de la pureté de ses mœurs, mais qu'il a préféré à son amour la religion du serment : il avait été forcé par les censeurs de jurer qu'il se marierait pour avoir des enfants (1). »

Comme on le voit, Aulu-Gelle s'accorde parfaitement avec les auteurs que nous venons de citer sur la date de la répu liation de Carvilius ; mais il en diffère sous le rap-

____

(1) Aulu-Gelle, *Nuits attiq.*, liv. iv, 3 : « Memoriæ traditum est quingentis fere annis post Romam conditam, nullas rei uxoriæ neque actiones, neque cautiones in urbe romana aut in Latio fuisse : quia profecto nihil desiderabatur, nullis etiam nunc matrimoniis divertentibus. Servius quoque Sulpicius in libro quem composuit de dotibus, tum primum cautiones rei uxoriæ necessarias esse visas scripsit ; cum Spurius Carvilius, cui Ruga cognomentum fuit, divortium cum uxore fecit, quia liberi ex ea corporis vitio, non gignerentur. Atque is Carvilius traditur uxorem quam dimisit egregie dilexisse, carissimamque morum ejus gratia habuisse ; sed jurisjurandi religionem animo atque amori prævertisse, quod jurare a censoribus coactus erat uxorem se liberorum quærendorum gratia habiturum. »

port de l'appréciation du motif qui a déterminé Carvilius à faire la répudiation. L'appréciation faite par Denys d'Halicarnasse (1) et par Valère-Maxime (2), qui flétrissent, ainsi que Plutarque (3), l'acte de la première répudiation, paraît certainement beaucoup plus en harmonie avec les mœurs antiques et avec les principes même de l'époque, que celle d'Aulu-Gelle. Toutefois, nous croyons devoir dire que l'opinion de ce dernier auteur pourrait peut-être se trouver vraie. Il est possible, en effet, qu'après la deuxième guerre Punique, qui a coûté tant de citoyens à la République romaine, les censeurs aient fait jurer au célibataire Carvilius, homme de noble naissance et riche, qu'il se marierait pour donner des enfants à la patrie, et cela d'autant plus qu'une ancienne loi, comme le rapporte Denys d'Halicarnasse, ordonnait aux personnes d'un certain âge de se marier (4); il est possible que Carvilius, qui, à cause d'un pareil serment, avait formé les liens d'une union purement naturelle, sans remplir les formes sacrées, se soit cru, à tort il est vrai, obligé par son serment à répudier son épouse qui était stérile, afin de pouvoir se remarier et donner des enfants à la République.

Quoi qu'il en soit touchant la vérité de l'assertion d'Aulu-Gelle, Montesquieu avance une opinion qui doit être bien évidemment repoussée, comme étant complètement fausse. Cet auteur suppose que les censeurs auraient contraint Spurius Carvilius Ruga à prêter serment qu'il répudierait l'épouse à laquelle il était uni, et il invoque l'auto-

(1) Denys d'Halicarnasse, *Antiq. rom.*, liv. II, 25.

(2) Valère-Maxime, liv. II, 1.

(3) Plutarque, *Vie de Romulus.*

(4) Denys d'Halicarnasse, *Antiq. rom.*, liv. II; liv. IX, 22 :
« Ὁ γὰρ ἀρχαῖος αὐτῶν νόμος γαμεῖν τ' ἠνάγκαζε τοὺς ἐν ἡλικίᾳ, καὶ τὰ γεννόμενα ἅπαντα ἐπάναγκες τρέφειν. »

rité d'Aulu-Gelle à l'appui de cette opinion étrange (1)!
Mais bien certainement Aulu-Gelle ne confirme en rien
une interprétation semblable, qui est d'ailleurs en opposition flagrante avec les mœurs anciennes, avec les usages
constants et même avec la raison et le bon sens. Qu'on en
soit bien convaincu, malgré les raisons spécieuses que
donne Montesquieu et que nous détruirons bientôt, jamais
il n'a existé à Rome, parmi les censeurs, une tyrannie
aussi odieuse que celle qui forcerait un mari à répudier
son épouse qu'il aimait beaucoup, *uxorem egregie dilexisse*,
qui était par lui très-chérie, *carissimam*, et qui était de
bonnes mœurs, *carissimam morum gratia* (2). Jamais une
tyrannie aussi inique, aussi impie, n'a existé nulle part,
chez aucun peuple. N'est-il pas dès-lors absolument impossible qu'elle eût été exercée dans une République morale? par des censeurs gardiens des mœurs? par des
magistrats nommés pour un court délai par le peuple?

18° Plutarque s'accorde avec tous les historiens que
nous venons de citer sur le nom du premier Romain qui a
renvoyé son épouse; il s'accorde également avec Denys
d'Halicarnasse et Valère-Maxime sur le point important
que la répudiation de Spurius Carvilius a été entièrement
volontaire; il place même en quelque sorte ce crime sur
la même ligne que celui du parricide. Mais à quelle date
Plutarque met-il le fait de la répudiation de Carvilius? Sur
ce point, les expressions de cet auteur paraissent obscures
et ambiguës. Tâchons d'en pénétrer le sens.

« Romulus, dit-il, enleva un peu moins de huit cents vierges, qu'il donna en mariage à autant de citoyens. Ensuite,
par l'honneur, par l'amour et par l'égalité dont il fit jouir
les épouses, il montra que la violence et l'injure faites aux

(1) Montesquieu, *Esprit des Lois*, liv. XVI, 16.
(2) Aulu-Gelle, *Nuits attiq.*, liv, IV, 3.

filles étaient quelque chose de très-utile et de très-favorable pour l'établissement souverainement politique d'une parfaite communauté entre les conjoints. Par ce moyen, il mêla et unit fortement avec Rome les cités voisines, et fit de cette union ferme la source d'une bienveillance réciproque et de la prospérité des affaires publiques. La force, l'amour et la constance qu'il établit dans l'union conjugale, sont prouvés par le temps. En effet, pendant deux cent trente ans, aucun mari ne quitta la communauté de son épouse, ni aucune épouse la communauté de son mari. De même que, chez les Grecs, chacun peut nommer celui qui le premier tua son père, et celui qui le premier tua sa mère; ainsi, chaque Romain sait que ce fut Spurius Carvilius qui le premier renvoya son épouse pour cause de stérilité. Non-seulement le temps, mais encore les fruits attestent la bonté de la législation de Romulus (1). »

Comme on le voit dans ce passage, Spurius Carvilius

(1) Plutarque, *Vie de Romulus* : « Ῥωμύλος δὲ πρῶτον μὲν ὀκτακοσίων ὀλίγον ἀριθμῷ δεούσας ἁρπάσας, τὰς διένειμε τοῖς ἀγαθοῖς τῶν πολιτῶν. Ἔπειτα τῇ μετὰ ταῦτα τιμῇ καὶ ἀγαπήσει καὶ δικαιοσύνῃ περὶ τὰς γυναῖκας ἀπέδειξε, τὴν βίαν ἐκείνην καὶ τὴν ἀδικίαν κάλλιστον ἔργον καὶ πολιτικώτατον εἰς κοινωνίαν γινομένην. Οὕτω συνέμιξεν ἀλλήλοις καὶ συνέπηξε τὰ γένη καὶ παρέσχε πηγὴν τῆς εἰς αὖθις εὐνοίας καὶ δυνάμεως τοῖς πράγμασιν. Αἰδοῦς δὲ καὶ φιλίας καὶ βεβαιότητος, ἣν εἰργάσατο περὶ τοὺς γάμους, ὁ χρόνος ἐστὶ μάρτυς. Ἐν γὰρ ἔτεσι τριάκοντα καὶ διακοσίοις οὔτε ἀνὴρ ἐτόλμησε γυναικὸς, οὔτε γυνὴ κοινωνίαν ἀνδρὸς ἐγκαταλιπεῖν. Ἀλλ' ὥσπερ ἐν Ἕλλησιν οἱ σφόδρα περιττοὶ τὸν πρῶτον ἔχουσιν εἰπεῖν πατροκτόνον ἢ μητροφόνον, οὕτω Ῥωμαῖοι πάντες ἴσασιν ὅτι Καρυΐλιος Σπόριος ἀπεπέμψατο τὴν γυναῖκα πρῶτος ἀπαιδίαν αἰτιασάμενος. Τῷ δὲ τοσούτῳ χρόνῳ συμμαρτυρεῖ καὶ τὰ ἔργα. »

Ce passage montre combien est grande l'erreur de Montesquieu, qui prétend que Plutarque appelle *très-dure* la loi de Romulus sur le mariage.

est pour ainsi dire placé, par Plutarque, sur la même
ligne que le premier qui a tué son père ou sa mère. Cet
historien apprécie donc la première répudiation, comme
Valère-Maxime (1), qui exprime que le désir d'avoir des
enfants ne devait point être, pour Carvilius, la cause de la
violation de la foi conjugale, et comme Denys d'Halicarnasse, qui constate que Spurius Carvilius Ruga, à cause de
sa répudiation, a toujours été odieux au peuple (2). Ainsi
donc ces trois auteurs sont complètement d'accord, non-
seulement sur le nom du premier Romain qui répudia, et
sur la cause alléguée de la répudiation ; mais encore sur
l'appréciation de ce fait, et sur ses conséquences funestes.

Mais Plutarque serait-il, sur la date de la répudiation
faite par Spurius Carvilius, en opposition avec Denys
d'Halicarnasse, avec Valère-Maxime et avec Aulu-Gelle?
Plutarque prétend-il que Spurius Carvilius Ruga vivait et a
répudié son épouse l'an de Rome deux cent trente, comme
l'affirme si positivement Montesquieu (3)? S'il en était ainsi,
Plutarque serait seul de son opinion ; cette opinion serait
même contraire à la croyance et à la tradition orale de tous
les Romains (4), et alors il faudrait évidemment, en présence d'autorités à la fois plus grandes et plus nombreuses, repousser cette opinion comme fausse. Il faudrait
prendre ce parti d'autant plus fortement, que l'opinion de
Plutarque ne cadrerait certainement point avec l'image si
belle que fait cet auteur de l'institution ferme et durable
du mariage établi par Romulus, ni avec la longue fécondité de ses bienfaits.

(1) Valère-Maxime, liv. ii , 1.
(2) Denys d'Halicarnasse, *Antiq. rom.*, liv. ii, 25.
(3) Montesquieu, *Esprit des Lois*, liv. xvi, 16.
(4) Denys d'Halicarnasse, « Ὁμολογεῖται » ; Aulu-Gelle, « Memoriæ traditum est. »

Mais, qu'on le remarque bien, Plutarque ne dit nullement que Spurius Carvilius, qui le premier répudia son
épouse, eût vécu l'an deux cent trente de Rome. Il suffit,
en effet, de bien examiner ses expressions et la suite de
ses pensées, pour être intimement convaincu que la phrase
où il s'agit de la répudiation de Spurius Carvilius n'a point
un rapport direct et de simultanéité avec celle qui la précède et qui mentionne la date énoncée. Aussi, rien n'autorise Montesquieu à mettre Plutarque en contradiction
avec tous les autres historiens, avec la croyance générale et avec la tradition orale, sur la date de la répudiation de Carvilius, et à s'écrier : « *Carvilius,* comme le dit
Plutarque, *répudia sa femme pour cause de stérilité, deux cent
trente ans après Romulus ;* c'est-à-dire qu'il la répudia
soixante et onze ans avant la loi des Douze Tables (1). »

Bien plus, si l'on fait sérieusement attention au sens des
expressions de Plutarque, on est bientôt certain que, loin
d'être en contradiction avec les autres historiens sur la date
de la première répudiation, cet auteur est avec eux dans
une parfaite harmonie. Pour bien comprendre cette vérité,
nous citons un passage de la *République :* « La constitution admirable de Romulus, dit Cicéron, est restée ferme
pendant environ deux cent vingt ans (2). »

Or, la date de deux cent trente ans indiquée par Plutarque, de même que celle de deux cent vingt ans environ
exprimée par Cicéron, se réfère uniquement à la durée des
institutions de Romulus ; elle ne se réfère en aucune manière à la répudiation de Spurius Carvilius. Ces deux auteurs nous révèlent par là que les institutions de Romulus
ont été pleinement en vigueur pendant cette longue pé-

_____

(1) Montesquieu, *Esprit des Lois,* liv. xvi, 16.

(2) Cicéron, *de la République,* liv. ii, 31 : « Itaque illa præclara
constitutio Romuli cum ducentos et viginti fere annos mansisset.»

riode de temps, sans éprouver aucune altération, sans subir aucune modification.

Tarquin-le-Superbe recueille le fruit de son parricide, commis l'an 220 de Rome. « Il s'empare, dit Tite-Live, de la royauté par la violence, et gouverne sans l'ordre du peuple et sans l'autorisation des Pères (1), » et par conséquent sans la consultation des auspices. Tite-Live ajoute : « Comme Tarquin-le-Superbe ne pouvait point mettre d'espoir dans l'amour des citoyens, il crut devoir régner par la crainte. Dans ce but, il connaissait, sans conseil et par lui seul, des accusations capitales : de là, il pouvait à son gré faire mourir, envoyer en exil où frapper d'amendes non-seulement ceux qui lui étaient suspects ou odieux, mais encore ceux dont il n'avait rien à espérer que les riches dépouilles. Après avoir ainsi diminué principalement le nombre des Pères, il résolut de ne pas choisir de citoyens pour Pères, afin que leur ordre fût, à cause du faible nombre de ses membres, moins dangereux, et afin qu'il s'indignât moins de ne rien faire par lui-même (2). » Enfin, Tite-Live termine par ces paroles remarquables : « Tarquin fut le premier des rois qui abrogea la coutume observée par tous ses prédécesseurs de consulter sur toutes choses le sénat. Il administra la République avec les

(1) Tite-Live, liv. I, 49 : « Neque enim ad jus regni quidquam præter vim habebat, ut qui neque populi jussu, neque auctoribus Patribus regnaret. »

(2) *Ibid.* : « Eo accedebat ut in caritate civium nihil spei reponenti metu regnum tutandum esset : quem ut pluribus incuteret, cognitiones capitalium rerum, sine consiliis per se solus exercebat : perque eam causam occidere, in exilium agere, bonis mulctare poterat, non suspectos modo aut invisos, sed unde nihil aliud quam prædam sperare posset. Ita Patrum præcipue numero imminuto, statuit nullos in Patres legere quo contemptior, paucitate ipsa, ordo esset, minusque per se nihil agi indignaretur. »

conseils de ses familiers. Il fit et brisa sans l'ordre du peuple ni du sénat, par lui-même et à son bon plaisir, la guerre, la paix, les traités et les alliances (1). » Tous les historiens, et entre autres Denys d'Halicarnasse (2), s'accordent avec Cicéron et avec Tite-Live sur la durée inviolable pendant deux cent vingt ans environ des institutions de Romulus.

Voici donc quel est le véritable sens du passage de Plutarque et la suite de sa pensée :

« Pendant les deux cent trente ans » que la législation de Romulus demeura ferme, « aucun mari ne quitta la » communauté de son épouse, ni aucune épouse la com- » munauté de son mari. » C'est évident, puisque ce n'est que longtemps après ce délai qu'eut lieu la première répudiation. En effet, « de même que chez les Grecs, cha- » cun peut nommer le premier qui tua son père et celui » qui le premier tua sa mère ; ainsi chaque Romain sait » que ce fut Spurius Carvilius qui le premier renvoya son » épouse pour cause de stérilité. »

Tel est sans aucun doute le sens du passage de Plutarque.

Cette explication se trouve surabondamment confirmée

(1) Tite-Live, liv. i, 49 : « Hic enim regum primus traditum a prioribus morem de omnibus senatum consulendi solvit. Domesticis consiliis rempublicam administravit. Bellum, pacem, fœdera, societates per se ipse cum quibus voluit, injussu populi ac senatus, fecit diremitque. »

(2) Denys d'Halicarnasse (*Antiq. rom.*, liv. iv), rapporte que ces paroles ont été prononcées au peuple par Brutus : « Plébéiens, dans quel état sont vos affaires ? Que sont devenues vos lois ? Le tyran ne les a-t-il pas abolies ? Ne vous a-t-il pas ôté le droit d'assister aux sacrifices, d'élire les magistrats, de donner vos suffrages et de vous assembler pour les affaires du gouvernement ? »

par une considération importante. Plutarque, qui fait l'histoire de la vie du fondateur de la cité des Quirites, devait faire connaître la durée de ses institutions, et c'est à cette date que se réfère évidemment le nombre fixé de deux cent trente ans. Mais, au contraire, la phrase qui concerne la répudiation de Spurius Carvilius exprime une chose qui n'a point un rapport direct et nécessaire avec sa matière : aussi elle ne contient qu'une pure énonciation, venant appuyer sa proposition principale qui est relative à la durée du mariage établi par Romulus, et qui se célèbre par les formes de la *confarreatio*. De là, le but de Plutarque n'a point été et ne pouvait même point être de fixer la date précise de la répudiation de Spurius Carvilius, mais uniquement celle de la durée des institutions de Romulus. D'ailleurs, outre que la répudiation de Carvilius et sa date étaient des choses étrangères à sa matière, Plutarque n'a point prétendu en fixer l'époque, par la raison bien simple qu'il la supposait connue par ses lecteurs, d'autant plus qu'elle n'était ignorée par aucun Romain, ni même, à cette époque, par aucun Grec un peu érudit, et qu'enfin elle avait déjà été rapportée d'une manière unanime par un grand nombre d'historiens. « Chaque Romain sait, dit-il, que ce fut Spurius Carvilius qui le premier répudia son épouse pour cause de stérilité. » Cette phrase de Plutarque est parfaitement semblable à celle de Denys d'Halicarnasse, à celle d'Aulu-Gelle et à celle de Valère-Maxime : aussi, loin d'établir une date qui ait une différence énorme de trois cents ans avec celle qui est rapportée par tous les auteurs, on voit, au contraire, que Plutarque se réfère, pour l'époque de la répudiation de Carvilius, à la croyance générale et aux historiens.

Ainsi donc, loin d'y avoir, entre Plutarque et tous les autres historiens, une différence de trois cents ans sur la date d'un fait aussi connu chez les Romains que celui de

la répudiation de Spurius Carvilius, on voit qu'il y a harmonie entre cet auteur, Cicéron, Tite-Live et Denys d'Halicarnasse sur la durée des institutions de Romulus; en outre
qu'il y a une harmonie tacite, et pourtant assez énergique,
entre Plutarque, Denys d'Halicarnasse, Valère-Maxime et
Aulu-Gelle sur la date de la première répudiation ; puisque l'énonciation de ce fait, connu de tous, a lieu pour démontrer que les institutions de Romulus, et entre autres
celle qui est relative au mariage, sont restées fermes pendant deux cent trente ans.

Donc la première répudiation n'a eu lieu qu'au sixième
siècle de Rome, d'après l'accord unanime de tous les historiens.

Donc jusqu'à cette époque le mariage était indissoluble.

Donc le mariage n'est devenu dissoluble que lorsque
les *gentes* ont disparu ; lorsque les liens actifs et passifs du
patronage et de toutes les corporations quiritaires ont été
dissous; lorsque « la religion divulguée, comme le dit
Tite-Live, est tombée en oubli (1) ; » lorsque, comme le
disent Denys d'Halicarnasse (2), Valère-Maxime (3) et
Cicéron (4), la vérité des auspices a disparu et a été rem-
placée par une pâle image.

19° Auscultons la société romaine, écoutons à toutes les
époques les battements de son cœur, nous serons certains
alors que c'est au sixième siècle, comme le rapportent les
historiens, que le mariage commence à dégénérer ; nous
verrons se produire et se développer ensuite tous les phénomènes de la dégénération de cette belle institution, qui
a jeté abondamment autrefois des sucs vivifiants dans

(1) Tite-Live, liv. x, 23.
(2) Denys d'Halicarnasse, *Antiq. rom.*, liv. ii, 6.
(3) Valère-Maxime, liv. ii, 1.
(4) Cicéron, *de la Nature des Dieux*, liv. ii, 3.

tous les membres de la société, et qui a fait la force et la
prospérité du peuple romain. La désunion, la discorde et
la haine s'introduisent, à l'époque de cette dégénération,
dans la famille, entre le mari et la femme, entre la mère
et ses enfants, entre le père et ses enfants, entre la famille de l'épouse et celle du mari. Une foule innombrable
de lois viennent alors régler tous ces divers rapports, signe
évident que les sentiments de la charité se sont éteints
dans les cœurs!

CHAPITRE V.

COMMENT LE MARIAGE ROMAIN DEVIENT DISSOLUBLE.

Voyons maintenant le moyen que les Romains ont employé, dans le sixième siècle, pour former des unions
dissolubles au gré des parties, sans pourtant violer les
anciennes lois et sans porter atteinte ni à la sainteté des
auspices, ni à la majesté du peuple des Quirites. La révélation de ce moyen, qui a échappé à tous les auteurs, fera
jaillir la plus vive lumière sur l'ensemble des mœurs et de
la législation des Romains. Mais pour le bien comprendre,
il faut que nous saisissions, que nous embrassions toutes
les habitudes des Quirites.

Posons d'abord ce principe proclamé par M. Savigny,
et que nous avons d'ailleurs montré conforme à la vérité : « Dans les premiers temps de Rome, on ne connaissait pas de mariage sans la *manus*, mais bientôt cette
forme de mariage devint facultative (1). » Ce principe si
vrai, *dans les premiers temps, il n'y avait pas de mariage sans
la manus*, signifie que toujours les Romains qui s'unis-

____

(1) M. Savigny, *Histoire du droit romain*, ch I, § 54.

saient remplissaient les formes de la *confarreatio*, ou celles
de la *coemptio* depuis que Servius Tullius a introduit cette
forme nouvelle pour les plébéiens. Par l'accomplissement
de l'une de ces deux formes solennelles, la femme entre
en communauté des choses divines et humaines de son
mari ; elle passe dans sa famille et devient sa fille spirituelle. Elle est ainsi sous la main de son mari, *in manu mariti*. Relativement à la force du lien, le mariage plébéien
a les mêmes effets que celui des patriciens ; sous ce rapport, la *coemptio* ne diffère en rien de la *confarreatio*. En
établissant une nouvelle division qui sert de base à la création des lois publiques ou privées, Servius Tullius a voulu
également que les lois faites en vertu de ses institutions
fussent perpétuelles, comme celles qui avaient été faites
selon les institutions établies par Romulus. Elles étaient
d'ailleurs entourées des mêmes garanties ; il y avait en effet
vote du peuple, ou du moins il était représenté par six
témoins pubères et citoyens romains ; il y avait encore consultation des auspices. Aussi les auteurs ne font
aucune différence, sous le rapport de la perpétuité, entre
les lois *curiatæ* et les lois *centuriatæ*, entre la *confarreatio*
et la *coemptio*.

Mais bientôt, ajoute M. Savigny, *cette forme de mariage
devint facultative*. Cette phrase est juste au fond ; mais il y
a néanmoins une faible erreur. En effet, la *manus*, la puissance du mari sur son épouse n'est point une forme de
mariage, mais elle en est un effet produit par l'accomplissement des solennités prescrites par le droit civil. Mais
comment et à quelle époque la *manus* est-elle devenue facultative ? Comment et à quelle époque le mariage a-t-il pu
se dissoudre au gré de chacune des parties ? Ces questions
sont pour nous de la plus haute importance ; si nous par-
venons à les bien résoudre, nous decouvrirons par là les
causes d'un changement qui a produit dans la famille et

dans la cité romaine les conséquences les plus fâcheuses, les effets les plus déplorables ; nous reconnaîtrons par là toute la vérité de ces paroles de Denys d'Halicarnasse : « Romulus ne fit que cette loi sage sur le mariage : la femme mariée selon les lois doit participer à tous les biens de son mari et à toutes ses choses saintes (1), » nous saurons pourquoi l'on voit surgir, vers la fin du sixième siècle de Rome, cette foule innombrable de lois sans vigueur sur le mariage ; lois qui remplissent seules dans le Digeste trois livres entiers (2), et qui en grossissent considérablement les autres livres : lois qui sont la matière principale du Digeste, du Code et des Novelles.

Remarquons tout d'abord que ces expressions de Denys d'Halicarnasse, « La femme unie selon les lois sacrées, γυναῖκα γαμετὴν κατὰ νόμους ἱερούς, » démontrent clairement qu'il y a d'autres mariages qui ne sont point conformes aux lois des Quirites et qui, dans le sens légal, ne sont point des mariages, mais seulement des unions qui ne font pas immédiatement passer la femme sous la puissance du mari ; qui n'établissent pas entre les époux une communauté de famille, de biens, de culte ; qui, en un mot, ne produisent ni la *manus*, ni aucun autre effet civil. Mais celui qui connaît la constitution romaine, qui sait que le père de famille exerce une grande et morale autorité sur ses enfants ; que le patron a une grande influence sur le père de famille qui est son client, qui a son nom, son culte et qui fait partie de sa *gens* ; que le sénat, gardien des bonnes mœurs, surveille les patrons ; que les magistrats et surtout les censeurs veillent sur les membres du sénat, et que le peuple exerce sur les magistrats son œil jaloux : celui-là, disons-nous, comprendra sans peine que

(1) Denys d'Halicarnasse, *Antiq. rom.*, liv. ii, 25.
(2) Digeste, liv. xxiii, xxiv, xxv.

les unions qui ne sont pas conformes aux lois ne blessent pourtant ni la vertu, ni les règles de la morale.

Or, nous savons que l'ouverture de l'asile a fait arriver à Rome un grand nombre d'hommes avides de nouvelles choses, désireux de se distinguer dans la cité romaine et d'y obtenir par leur valeur et par leurs vertus un rang illustre. Nous savons que les femmes n'y arrivant pas, on se trouva dans la nécessité d'en obtenir des peuples voisins par la ruse et par la violence. Sans aucun doute, la nécessité de conquérir ainsi des épouses s'est affaiblie insensiblement; mais néanmoins la pénurie des femmes a dû se faire longtemps sentir aux prolétaires et aux affranchis. En effet, les succès militaires des Romains, qui continuent toujours à accueillir favorablement les étrangers et qui les incorporent dans la cité, où ils grossissent la foule des clients, y ont toujours attiré beaucoup de guerriers, mais ils y ont certainement fait arriver bien peu de femmes. Or, les citoyens qui n'avaient point de femmes en acquéraient pour la plupart par la guerre. A l'exemple de ce qui s'est passé sous Romulus, la femme captive ou l'étrangère devient l'épouse du guerrier plébéien, du prolétaire ou de l'affranchi.

Mais, dans de pareilles unions, l'accomplissement des solennités de la *confarreatio* est évidemment impossible, puisque cette forme demeure exclusivement propre aux patriciens. L'accomplissement des formalités solennelles de la *coemptio* est également impossible. En effet, d'une part, les femmes ne pouvaient jamais jouer de rôle dans la confection des lois, par la raison qu'elles n'avaient point droit de suffrage dans les comices du peuple. Or, la *coemptio* est un acte public et solennel qui crée, à l'image des comices par centuries, une loi *centuriata*, quoique cette loi soit privée. Donc les femmes ne pouvaient pas être partie dans la *coemptio*, ainsi que nous l'avons d'ailleurs démontré.

Donc, dans la *coemptio*, l'épouse n'est pas une partie contractante, mais pour ainsi dire la matière et l'objet de l'acte *per æs et libram*, et pour cela elle est solennellement livrée au mari.

D'autre part, la femme qui est étrangère ou captive, n'a point de père, point de tuteur, point de patron qui puisse, d'après le droit des Quirites, figurer dans la *coemptio* et la donner en mariage. En effet, cette forme est exclusivement propre aux citoyens romains. Aussi il n'y a aucun moyen pour la femme de parvenir à faire partie de la cité romaine, si ce n'est son mariage avec un citoyen. Voilà ce qui a sans doute toujours subsisté, même dans l'origine de Rome, alors que les portes de cette nouvelle ville étaient ouvertes larges à tous les guerriers. Aussi, comme les Romains ne font sans doute pas aux femmes les belles promesses qu'ils font aux hommes, les peuples chez lesquels ils envoient demander des femmes disent aux députés, avec cette ironie amère qui piqua si fort Romulus : « Pourquoi les Romains n'ont-ils pas aussi ouvert un asile aux femmes? Ils auraient du moins des compagnes en tout dignes d'eux (1)! » Ainsi les guerriers étaient générés à la cité par un sacrifice célébré par le Père qu'ils avaient choisi pour patron, et ils y étaient incorporés par leur participation aux banquets des *gentes*, des curies, des tribus et du peuple romain. Les femmes étrangères, au contraire, ne parvenaient à faire partie de la cité que lorsqu'elles s'unissaient par les liens du mariage à un citoyen romain. En effet, d'une part, la femme étrangère ne pouvait point choisir pour Père un sénateur qui pût la générer; car la génération par le Père ne s'opérait, d'après

____

(1) Tite-Live, liv. i, 9 : « A plerisque rogantibus dimissi, *Ecquid feminis quoque asylum aperuissent? Id enim demum compar connubium fore.* »

7

l'institution de Romulus, que par l'initiation aux sacrifices et aux banquets publics dont les femmes étaient exclues. D'autre part, les matrones ne peuvent point générer de femmes étrangères à la cité. En effet, quoiqu'elles aient des assemblées communes, des sacrifices et des banquets communs, elles sont presque entièrement privées des droits des Quirites, et ce n'est qu'avec l'*auctoritas* de celui sous la *manus* duquel elles se trouvent, qu'elles peuvent exercer les droits dont elles ont la jouissance. Aussi, il est de principe constant qu'il n'y a point de génération, point d'adoption et conséquemment point d'agnation, point de lien quiritaire par les femmes.

Le mari faisait donc naître l'étrangère à la cité romaine en l'engendrant à sa maison, à ses biens, à sa famille et à ses dieux ; et par là il devenait spirituellement son Père, *Pater*, comme le sénateur devient le Père du fuyard qui arrive à Rome et qui le choisit pour patron, puisqu'il le fait naître à la vie des Quirites en l'engendrant à sa *gens*, en lui communiquant son nom et en le plaçant sous la protection de ses dieux. Or, de même que l'étranger qui est incorporé dans la *gens* ne vit de la vie parfaite des Quirites que lorsqu'il a été incorporé, au moyen de sacrifices et de banquets, dans la curie, dans la tribu et dans le peuple romain, c'est-à-dire après l'expiration de sept à dix mois ; il en est absolument ainsi de l'épouse, et même, d'après la loi des Douze-Tables, elle n'est complètement générée à la famille, aux biens et au culte de son mari qu'après un an, qui se composait alors de dix mois. Le mari devient donc, après un an, le Père quiritaire de son épouse étrangère qu'il a générée à toutes ses choses divines et humaines.

De là les auteurs romains expriment fréquemment que l'épouse qui est *in manu mariti,* ce qui était d'abord un effet essentiel des justes noces, est considérée comme la fille de son mari et la sœur de ses propres enfants (1). La plupart des auteurs ne pénètrent point le sens de cette filiation spirituelle et politique : « Une fiction de la loi qui manquait de raison et de délicatesse, dit Gibbon, donnait à la mère de famille le caractère de sœur de ses propres enfants et de fille de son mari (2). » L'assertion si positive de Gibbon est erronée. Pour justifier cette disposition, qui n'est point une fiction, puisque la femme est en réalité générée aux choses divines et humaines de son mari, il suffit de dire qu'elle a subsisté à Rome pendant les cinq premiers siècles, et que sa disparition successive, qui n'est complète qu'au huitième siècle, a fait perdre toute dignité à l'union conjugale.

De tout ce que nous venons de voir, il faut nécessairement conclure que tout mariage civil, tant la *coemptio* que la *confarreatio*, était absolument impossible lorsque la future était une étrangère. Mais néanmoins il y avait de graves raisons pour favoriser les mariages des guerriers avec les étrangères.

D'abord de pareilles unions ont été formées sous Romulus, et elles ont été longtemps utiles à la prospérité de Rome et même au maintien des bonnes mœurs. C'est pourquoi on a dû les permettre. Toutefois, comme nous l'avons fait observer, ces unions ne sont pas immédiatement civiles et indissolubles ; elles ne seront véritablement fermes qu'après l'expiration d'une année se passant sans réclamation soit du père ou du patron de l'époux, soit des autres citoyens. C'est alors seulement qu'elles cesseront d'être naturelles pour devenir quiritaires ; c'est

____

(1) Gaïus, *Instit. comment.*, liv. i, § 111, 118. Denys d'Halicarnasse, *Antiq. rom.*, liv. ii, 25.

(2) Gibbon, *Histoire de la décadence de l'empire Romain*, chap. 44.

alors qu'elles produiront tous les effets du mariage formé
entre citoyens romains et avec l'accomplissement des solennités de la *confarreatio* ou de la *coemptio*. Quoique de
pareilles unions ne soient point immédiatement stables et
fermes, parce que les formes quiritaires de la *coemptio*
ne sont point et ne peuvent point être remplies, il est
certain du moins qu'elles sont précédées de la consultation des auspices. En effet, d'une part, les Romains ne faisaient aucune chose publique ou même privée sans prendre les auspices (1), et, de l'autre, une telle union a de
graves conséquences en ce qu'elle tend à incorporer une
étrangère dans la maison et dans la famille du mari et par
conséquent dans la cité romaine. En effet, après l'expiration d'une année, l'étrangère passera dans la maison, dans
la famille, dans la *gens* et sous la puissance de son mari,
auquel elle sera désormais unie d'une manière indissoluble ; elle participera à toutes ses choses divines et humaines, et par là elle fera partie de la cité des Quirites.

« Il n'y a que les femmes, dit Gaïus, qui passent *in manum*. Autrefois, elles passaient *in manum* de trois manières : par la possession, par le gâteau sacré et par la
coemption (2). »

Gaïus continue : « Par la possession passait *in manum* la
femme qui persévérait dans son union pendant un an con-
tinu ; en effet, elle était comme usucapée par une possession annale ; de là elle passait dans la famille de son mari,
où elle était considérée comme sa fille. Telle est la dis-

(1) Valère-Maxime, liv. ii, 1 ; Denys d'Halicarnasse, *Antiq.
rom.*, liv. ii, 6.

(2) Gaïus, *Instit. comm.*, liv. i, § 109, 110 : « In manum autem feminæ tantum conveniunt. Olim itaque tribus modis in manum conveniebant : usu, farreo, coemptione.

position contenue dans la loi des Douze-Tables (1). »

Gaïus révèle enfin un moyen de former des unions qui deviennent commodes dans des siècles où la religion et les antiques institutions tombent en désuétude et où règne une affreuse corruption de mœurs. Ce moyen consiste à ne plus faire intervenir le peuple romain, et surtout à ne plus faire intervenir la religion, à ne point consulter les auspices. Alors, si le mari met sa femme à la porte trois nuits de suite chaque année, ou même si la femme a soin de s'absenter, chaque année, de la maison conjugale pendant trois nuits consécutives, l'union des époux ne devient jamais indissoluble ; jamais la femme ne perd sa famille pour passer dans celle de son mari ; jamais une telle union ne produit aucun des anciens effets civils du mariage. Voici le texte de Gaïus : « La loi des Douze-Tables portait cette disposition : Si quelque femme ne veut pas que, par la possession, elle passe sous la puissance de son mari, qu'elle s'absente trois nuits de suite chaque année, et ainsi elle interrompera la possession de chaque année (2). » La loi des Douze-Tables avait-elle, comme le dit Gaïus, une pareille disposition expresse ? Il est au moins permis d'en douter. Quoi qu'il en soit, il est certain du moins que le mariage formé sans l'intervention du peuple fictivement représenté et sans la prononciation de paroles sacramentelles qui étaient essentiellement réservées aux Quirites, ne devenait stable

----

(1) Gaïus, *Inst. comm.*, liv. i, § 110 : « Usu in manum conveniebat, quæ anno continuo nupta perseverabat : nam velut annua possessione usucapiebatur, in familiam viri transibat filiæque locum obtinebat. Itaque lege duodecim Tabularum cautum erat. »

(2) Gaïus, *ibid.*, § 3 : « Itaque lege duodecim Tabularum cautum erat, si qua nollet eo modo in manum mariti convenire, ut quotannis trinoctio abesset, atque ita usum cujusque anni interrumperet. »

que par une espèce d'usucapion annale non interrompue
naturellement. Lors de la dissolution des mœurs et des
antiques institutions, les Romains ne manquent point de
mettre en usage le moyen indiqué par Gaïus. Lors même
que les époux appartiennent tous deux à la cité romaine, ils ne remplissent plus ni les solennités de la *confarreatio* ni celles de la *coemptio*, et surtout ils ne font
point consulter les auspices : l'augure n'intervient alors
que pour la forme, comme vestige de la coutume antique,
ainsi que nous le révèlent Denys d'Halicarnasse, Valère-
Maxime et les autres historiens. Ensuite, les conjoints,
dont l'union n'est encore que naturelle, ont bien soin
d'interrompre l'usucapion vers la fin de l'année, si toutefois, ce qui devient rare à une certaine époque, ils ne brisent plus par tôt leur union, s'ils consentent à demeurer
encore ensemble. De là, ces paroles de Sénèque : « Ce
n'est plus par le nombre des consuls, mais par celui de
leurs maris que les femmes comptent leurs années (1). »

CHAPITRE VI.

COMMENT LE MARIAGE ROMAIN DEVIENT DISSOLUBLE.(*Suite.*)

En déterminant trois manières d'acquérir la *manus*, la
loi des Douze-Tables ne fait évidemment que confirmer
en cela un droit antérieur. Or, nous savons déjà que la
confarreatio, qui est devenue exclusivement propre aux
patriciens, est une institution du fondateur de Rome ; et
que la *coemptio*, qui est une forme à l'usage des époux
n'appartenant point à l'ordre aristocratique, mais faisant

---

(1) Senèque, *des Bénéf.* liv. iii, 16 : « Non consulum numero,
sed maritorum annos suos computant. »

néanmoins tous deux partie de la cité romaine, doit être attribuée à Servius Tullius. Quant à l'*usus*, qui arrive après un certain temps de cette union dans laquelle le mari seul fait partie de la cité romaine, il semble, d'après Gaïus (1), qu'il faut aussi en faire remonter l'origine à Romulus, et qu'elle est une conséquence immédiate et pour ainsi dire nécessaire de l'asile ouvert aux guerriers.

Quoi qu'il en soit, il est certain que les patriciens ont pendant longtemps tenu beaucoup à honneur d'employer la *confarreatio* dans leurs mariages; de même, il est certain aussi que les époux plébéiens ont tenu à honneur, ainsi que leurs familles, d'employer les solennités quiritaires de la *coemptio*. De là, dans l'origine, l'union qui se transforme par la possession en mariage légitime, était formée exclusivement dans le cas où la femme était une étrangère.

Comme cette femme n'a jamais fait partie de la cité romaine, on ne peut pas encore la connaître lors de l'union; souvent même il est impossible de prendre aucun renseignement sur elle, dans un pays ennemi. Il est donc nécessaire, ou du moins il est très-conforme à la raison, avant que le lien de l'union ne devienne indissoluble, que la femme étrangère fasse un certain temps de stage chez son mari : ce stage révèlera si, par sa conduite et par sa piété, elle mérite d'obtenir les droits de cité et de participer au nom, à la famille, aux biens et aux choses saintes de son mari.

Voilà les seules unions qui sont dissolubles au gré des parties; mais si de telles unions, qui ne sont point célébrées avec les solennités quiritaires, ont continué pendant une année sans qu'il y ait eu interruption de la possession, alors elles se transforment en mariages légitimes, et

____

(1) Gaïus, *Instit. comm.*, liv. ɪ, § 109.

elles deviennent tout aussi fermes, tout aussi stables et
tout aussi indissolubles que si elles eussent été contractées
avec l'accomplissement des formes solennelles de la *confarreatio* ou de la *coemptio*, et elles produisent les mêmes
effets. Au reste, on peut dire que ces unions naturelles,
qui deviennent quiritaires par l'expiration d'une année,
sont publiques, saintes et sacrées à l'époque où elles se
transforment en mariages légitimes. En effet, aux yeux du
peuple, la femme a été traitée comme une épouse; et,
en cette qualité, elle a figuré dans toutes les assemblées
de la maison, de la famille, des parents et alliés de son
mari et de la *gens;* elle a donc, en cette même qualité,
assisté et aux libations faites au dieu Lare, et aux *sacra familiæ*, et à la charistie (1) et aux *sacra gentis.* Ainsi elle a
été partie dans tous les sacrifices et dans tous les banquets sacrés de son mari, car ils se célébraient tous
chaque année. Or, même dans le dernier état du droit,
le maître qui fait figurer l'un de ses esclaves dans un
seul de ses *convivia*, lui communique par là la liberté;
de même le mari qui fait figurer, pendant une année, dans
ses assemblées, dans ses sacrifices et dans ses banquets

(1) On appelle charistie, *charistia*, le banquet sacré des cognats et alliés, *stirps.* « Nos ancêtres, dit Valère-Maxime, ont
institué un ,*convivium* solennel, auquel ils ont donné le nom de
charistie. Personne ne peut y prendre part, hormis les personnes
unies entre elles par les liens du sang ou de l'alliance. D'après le
but de l'institution, si une querelle s'est élevée entre ces personnes nécessaires, alors, au milieu des sacrifices de la table et de la
gaieté des esprits, elle est apaisée par les fauteurs de la concorde.
*Convivium etiam solemne majores instituerunt, idque charistia
appellaverunt. Cui præter cognatos et affines nemo interponeba-
tur. Ut si qua inter necessarios querela esset orta, apud sacra
mensæ et inter hilaritatem animorum, fautoribus concordiæ adhi-
bitis tolleretur.* (Livre II, 1.)

sacrés l'étrangère qu'il possède comme épouse, lui communique ainsi ses choses divines et humaines.

Comme nous l'avons dit déjà, les femmes appartenant à la cité romaine et faisant partie de l'aristocratie ou de la plèbe, ne contractaient jamais de ces unions naturelles qui ont besoin de l'expiration d'une année pour opérer des effets quiritaires; elles passaient immédiatement sous la puissance du mari, par l'accomplissement des formes solennelles et par la consultation des auspices. Nous avons fortifié cette proposition par la considération puissante que les solennités sont ici non-seulement possibles, mais encore qu'elles sont honorables pour les deux conjoints et pour les deux familles. Une foule de raisons corroborent cette vérité. Il est utile de les exposer pour bien faire comprendre pourquoi la *confarreatio* ayant cessé d'être en usage, bientôt la *coemptio* tomba en désuétude; de sorte qu'il ne resta plus que l'union naturelle, qui devint alors civile, parce que la loi vint en régler et en distinguer les effets.

D'abord l'espèce de stage était nécessaire pour convertir en mariages légitimes les unions des étrangères et des captives, afin de s'assurer si elles aimeraient Rome plus que leur ancienne patrie et si elles s'associeraient de cœur au culte des dieux du mari.

Mais ce stage devenait absolument sans objet lorsqu'il s'agissait de femmes nées dans la cité romaine. En outre, dans les premiers temps de Rome, les assemblées, les sacrifices et les banquets communs qui étaient célébrés les jours de fête, faisaient de chaque individu une personne, de chaque homme un citoyen. De là, les parents du conjoint et le conjoint lui-même connaissaient chacun la famille, les mœurs et la vertu de l'autre conjoint. Dans de pareilles unions, qui ont principalement pour base une confiance réciproque et éclairée, il devient nécessaire de bannir les méfiances, et de faire immédiatement participer la femme aux biens, au culte et aux choses saintes de son mari.

Enfin, pour ne laisser subsister aucun doute sur ce point, nous ajoutons une nouvelle considération qui sera du plus grand poids aux yeux de celui qui a bien étudié l'histoire de Rome. Dans un temps où les mœurs des Romains étaient de la plus grande pureté, un père de famille qui aurait alors remis sa fille à un mari, en laissant flotter l'effet de sa volonté au caprice des époux, en laissant à sa fille le droit de quitter son mari, et au mari celui de renvoyer à son gré la femme dont il a eu la virginité et les charmes ; un tel père, disons-nous, se serait rendu, aux yeux du peuple, coupable d'un acte de la plus grande immoralité ; il aurait favorisé la souillure de son enfant. Or, un pareil exemple d'immoralité était impossible chez les Romains, dans une époque où le père de famille était un juge sévère des mœurs de son épouse et de ses enfants, où les patrons, les sénateurs, les magistrats veillaient avec tant de soins sur la conduite de tous les citoyens, et où les saintes assemblées et les banquets de la famille, des parents et alliés, des *gentes*, des corps d'état, des curies, des tribus et du peuple romain révélaient et mettaient en lumière les actes de chacun des citoyens.

Toutes ces raisons démontrent de la manière la plus évidente que le mariage naturel ne se formait, dans les premiers siècles de Rome et pendant que les Romains conservèrent les institutions et les mœurs antiques, que dans le cas où la femme était étrangère à la cité romaine. Mais dans le sixième siècle, que les choses sont changées ! combien ces raisons se trouvent affaiblies !

Attachons-nous à nous bien pénétrer de la situation actuelle ; nous comprendrons alors pourquoi les Romains ont, dans le sixième siècle, commencé à négliger les solennités antiques du mariage, pour former des unions naturelles qui sont, d'après la loi même des Douze-Tables, dissolubles au gré des parties, parce qu'elles ne sont pas légitimes, c'est-à-dire formées selon les règles du droit des Quirites.

D'abord les solennités antiques ont été dépouillées de leurs principaux effets. La *confarreatio*, cette institution sainte qui remonte au fondateur de Rome, a perdu toute son importance et tombe chaque jour de plus en plus en désuétude. En effet, depuis longtemps les patriciens s'unissent avec des plébéiens : dans ces mariages et dans ceux de leurs descendants, la *confarreatio* ne peut pas être employée, puisqu'elle est exclusivement réservée aux époux qui font tous deux partie de l'ordre des patriciens. Depuis longtemps, les enfants nés de la *coemptio* ou de l'union qui était d'abord naturelle, en d'autres termes, les plébéiens sont admis à remplir les magistratures décernées par le peuple romain, et déjà ils parviennent aux plus hautes dignités, au consulat, à l'édilité curule, à la préture et même, dès l'an quatre cent cinquante-deux de Rome, à la plupart des fonctions sacerdotales.

En outre, pendant que durait le *nexum*, ce lien rigoureux qui résultait du contrat solennel *per æs et libram* et qui donnait au créancier le droit de saisir son débiteur et de le charger de fers sans avoir besoin de s'adresser au magistrat pour obtenir des voies d'exécution, alors les clients recouraient souvent aux bons offices de leur patron, d'autant plus que les jours où l'on pouvait agir en justice et les manières d'agir ou formules, étaient inconnues aux plébéiens. Mais déjà, au commencement du cinquième siècle de Rome, l'an quatre cent vingt-huit, la loi Pœtélia Papiria a prononcé l'abrogation du *nexum*; ensuite, l'an quatre cent cinquante, Cnéius Flavius, fils d'un affranchi, a publié la série des jours fastes et néfastes, ainsi que les formules solennelles des actions de la loi; enfin, l'an quatre cent soixante de Rome, Tibérius Coruncanius répond publiquement sur le droit aux consultants.

Ainsi donc les plébéiens parvenant à toutes les dignités, les contrats produisant des effets moins rigoureux qu'autrefois, les jours fastes et néfastes étant divulgués, les formules d'actions étant connues, et les réponses sur le droit étant rendues publiquement, alors les plébéiens se soustraient promptement aux liens de la clientelle qui n'est plus pour eux, comme lors de son institution, une source nécessaire d'avantages et de bienfaits, et qui est devenue une espèce de servitude désormais intolérable. Les droits du patronage commencent donc à tomber en pleine désuétude. De là, comme il est facile de le comprendre, tous les effets civils, politiques et religieux qui étaient autrefois inhérents aux formes patriciennes de la *confarreatio* sont maintenant effacés. Les enfants issus d'une pareille union ne jouissent plus d'aucun privilége. L'épouse elle-même qui est unie à un homme par cette forme sacrée, ne jouit plus de ses antiques honneurs, depuis que Virginie, patricienne mariée à un plébéien, au consul Volumnius, a élevé un temple à la Pudeur plébéienne, en 456 de Rome : « La religion, dit à ce sujet Tite-Live, a été divulguée par les profanes, non-seulement aux matrones, mais encore aux femmes de tout rang ; elle a fini par tomber ensuite en oubli (1). »

Mais, de même que la *confarreatio*, la *coemptio* a perdu son antique respect, depuis que le *nexum*, l'un des principaux effets de l'acte *per æs et libram*, a été abrogé à cause du crime de Papirius, et surtout depuis que cette abroga-

______

(1) Tite-Live, liv. x, 23 : « Vulgata dein religio a pollutis, nec matronis solum, sed omnis ordinis feminis, postremo in oblivionem venit. »

tion a été confirmée à l'occasion d'un crime semblable commis par Plautius.

D'ailleurs, les habitudes publiques pénétraient promptement dans les habitudes domestiques des Quirites. Or, dès l'an 468, à la suite de la retraite des plébéiens sur le mont Janicule, une loi votée dans les comices par centuries et appelée Hortensia, a déclaré les plébiscites obligatoires pour tous les citoyens, quoiqu'il n'y ait point, dans les assemblées de la plèbe, de consultation des auspices. On voit bientôt ensuite les Romains s'unir par le mariage sans consulter les auspices ; s'ils font intervenir les augures, comme le disent Denys d'Halicarnasse (1), Valère-Maxime (2) et Cicéron (3), ce n'est plus que pour la forme ; car il n'y a plus de consultation des auspices. Les unions que forment alors les Romains sont naturelles ; elles ne sont conformes aux lois, c'est-à-dire légitimes, que par une possession continuée pendant un an sans interruption.

Nous avons à faire à ce sujet une remarque qui est bien essentielle. Les futurs époux, lors même qu'ils sont tous deux citoyens romains, ont maintenant, pour ne pas se lier immédiatement l'un à l'autre d'une manière irrévocable, des motifs qui sont absolument analogues à ceux qui avaient déterminé les anciens législateurs à ne pas rendre de suite irrévocable l'union d'un citoyen avec une étrangère, avec une captive.

En effet, 1° au sixième siècle de Rome, les sentiments religieux sont presque éteints. Les fêtes des bacchanales, apportées en Etrurie par un Grec ignoble, ont été introduites dans la cité romaine. Dans ces fêtes où les convives

(1) Denys d'Halicarnasse, *Antiq, rom.*, liv. II, 6.
(2) Valère-Maxime, liv. II, 1.
(3) Cicéron, *de la Nature des Dieux*, liv. II, 5.

se livrent à tous les plaisirs de la table, et où toute pudeur est bannie, les deux sexes mêlés se livrent aux débauches les plus monstrueuses et aux meurtres même. Le râle des victimes se mêle au bruit des plaisirs éhontés et forment un concert infernal (1).

2° A cette époque, le luxe commence à s'introduire dans les temples. Dès lors, la religion devient inique ; les prêtres repoussent les pauvres de la maison de Dieu , et ferment aux hommes le royaume des cieux, *clauditis regnum cœlorum ante homines*. Cicéron révèle un grand mal existant de son temps, lorsqu'il pose ces lois pour base de la République :

« Qu'on approche, dit-il, des dieux le cœur pur ; qu'on ait de la piété dans les temples , que l'on en écarte les richesses. Celui qui agit autrement , aura pour adversaire Dieu lui-même. » — Ensuite, commentant ces lois, Cicéron ajoute : « Les expressions, *avoir de la piété*, et, *écarter les richesses*, signifient, que la probité seule est agréable à Dieu, qui veut que le luxe soit rejeté. Lorsque nous établissons, parmi les hommes, que la pauvreté est égale à la richesse, pourquoi repoussons-nous les pauvres de l'accès des dieux, par le luxe que nous faisons régner dans les sacrifices ? D'ailleurs , peut-il y avoir quelque chose qui soit plus contraire à la volonté de Dieu, que de ne pas laisser à tous la voie libre pour venir l'apaiser et l'adorer ? La religion doit être confirmée dans les temples par la crainte de la peine présente ; car, dans cette affaire, Dieu n'est pas seulement un juge , mais il est encore partie outragée (2). »

(1) Tite-Live, liv. xxxix, 8.

(1) Cicéron, *de la République,* liv. ii, 8, 9 : « Ad divos adeunto caste ; pietatem adhibento ; opes amovento. Qui secus faxit, Deus ipse vindex erit. Quod autem lex *pietatem adhiberi, opes amo-*

Qu'on ne s'y trompe point, quand le luxe et l'iniquité règnent dans les temples ; quand par là on y excite et développe la soif des richesses, au lieu de faire pénétrer dans les cœurs l'amour de l'humanité ; quand enfin le sacerdoce, ce ministère de Dieu, est infidèle à sa mission, attire la richesse et non les cœurs, et repousse les pauvres de la maison de la prière, la société est alors minée dans sa base : les mœurs corrompues exercent partout leurs ravages ; les liens qui unissaient les hommes se brisent ; alors la famille et l'État, les choses privées et les choses publiques sont livrées à la désolation. Dieu abandonne la maison de la prière, parce qu'elle est devenue une caverne de voleurs, et il se retire dans quelque crèche, où viennent l'adorer les bergers et les pauvres. Ceux-ci, vivifiés par l'esprit de Dieu, régénèrent le monde dont ils ont été les balayures ; repoussés de l'édifice, ils deviennent, dans la nouvelle construction, la pierre de l'angle.

3° Les Romains font au loin des guerres d'une longue durée. Lorsqu'ils arrivent à Rome, rapportant avec eux de grandes richesses, un luxe effréné et des mœurs corrompues, ils sont presque étrangers dans leur patrie.

4° La surveillance des patrons n'existe plus. Au milieu des désordres et de la corruption qu'enfantent les richesses et le luxe, la voix du sénat et des magistrats n'est

---

veri jubet, significat probitatem gratam esse Deo, sumptum esse removendum. Quid enim, quum paupertatem divitiis inter homines æqualem esse velimus, cur eam, sumptu ad sacra addito, deorum aditu arceamus? Præsertim quum ipsi Deo nihil minus gratum futurum sit, quam non omnibus patere ad se placandum et colendum viam. Quod autem non judex, sed Deus ipse vindex constituitur, præsentis pœnæ metu religio confirmari videtur. »

plus respectée. C'est qu'alors les membres du sénat ne sont plus, aux yeux du peuple, l'image des dieux ; c'est que les chefs de l'État ne brillent plus par l'éclat des vertus, mais par l'éclat de l'or, des ornements, du luxe et des vices. Or, comme le dit Cicéron , « lorsque les chefs de l'État sont vicieux, leurs mauvaises mœurs nuisent d'autant plus à la République, qu'ils propagent leurs vices dans toute la cité. De là ils sont nuisibles non-seulement parce qu'ils sont corrompus, mais principalement parce qu'ils corrompent, et ils font plus de mal par leur exemple que par leurs propres crimes. Peu de personnes, et même très-peu, qui sont élevées en honneur et en gloire, peuvent corrompre ou améliorer les mœurs de toute la cité (1). » Mais, au sixième siècle, les partis se dessinent et poussent au faîte des honneurs et des dignités les ambitieux flatteurs des passions populaires. et l'on voit se développer les germes d'affreuses guerres civiles.

5° Dans le sixième siècle de Rome, déjà les aliénations et les obligations se forment d'une manière secrète ; déjà le cens tombe en désuétude ; déjà les antiques institutions relatives aux sacrifices et aux banquets sacrés, sont tombés en oubli. Dès-lors la fortune, la conduite et les mœurs des citoyens demeurent secrètes.

Dans cette époque de mouvements , d'agitations , de troubles et de désordres, les futurs époux ignorent le degré de confiance qu'ils peuvent s'accorder ; ils craignent

____

(1) Cicéron , *des Lois*, liv. III, 13 : « Quo perniciosius de republica merentur vitiosi principes, quod non solum vitia concipiunt ipsi, sed ea infundunt in civitatem : neque solum obsunt, quod ipsi corrumpuntur, sed etiam quod corrumpunt, plusque exemplo quam peccato nocent. Pauci enim , atque admodum pauci, honore et gloria amplificati, vel corrumpere mores civitatis, vel corrigere possunt. »

de s'unir entre eux par les liens d'un mariage indissoluble. Le père ne veut plus aliéner la puissance qu'il a sur sa fille ; il craint de la rendre malheureuse en la faisant passer dans la famille et sous la puissance d'un mari, dont souvent il ignore encore les habitudes, le caractère, les mœurs, les sentiments religieux et les opinions politiques. Il redoute que le mari ne consume en débauches la dot et les économies de sa fille ; ou que, dans un testament qui maintenant se fait d'une manière mystique, il ne dispose de toute la communauté au profit d'une autre personne, sans rien laisser à son épouse. Ainsi donc, à cette époque, le père de famille de la future épouse, animé par l'affection qu'il ressent pour sa fille, et concevant des soupçons peut-être très-fondés sur la conduite et sur la moralité de son gendre, craint les conséquences éternelles d'un mariage indissoluble ; et sa fille partage aussi ses craintes. De même aussi le père de famille du futur époux redoute de faire entrer dans sa famille une femme qui peut-être, par ses mœurs et par ses passions, y apporterait le trouble, le désordre, la discorde, le déshonneur et la calamité ; son fils partage également ses craintes. Tous ces motifs engagent les parties contractantes à ne point remplir les solennités soit de la *confarreatio*, soit de la *coemptio*. Le père de famille livre donc, sans formalité, sa fille au mari. Il lui transfère des biens en dot, pour lui aider à supporter les charges du mariage ; mais en même temps il stipule la restitution de cette dot, si l'union ne devient pas irrévocable, si la femme ne passe point *in manum mariti :* le mari ne pourra alors que retenir les fruits de la dot.

L'union des époux ayant ainsi été formée par une simple tradition, les solennités de la *confarreatio* et de la *coemptio* ayant été volontairement omises, le mariage ne devient conforme aux lois et irrévocable, la femme ne passe *in manum mariti* et dans sa famille, que par la

8

possession d'une année, ainsi que l'exprime Gaïus (1). »

Voilà une union qui, dans l'origine, n'opère chez la femme aucun changement de famille. Cette femme continue à rester civilement sous la puissance de son père; ce n'est qu'après une année de stage et d'épreuve qu'elle changera de famille; ce n'est qu'alors que l'union naturelle se convertissant en union civile, l'épouse passera sous la puissance de son mari, et qu'elle participera à ses biens et au culte maintenant presque entièrement abandonné de ses dieux pénates et de ses dieux paternels. Mais une pareille union, où l'épouse reste civilement dans la famille et sous la puissance de son père, laisse planer de graves soupçons sur la conduite réciproque des époux et sur leur affection; elle manifeste qu'il y a entre eux bien des sujets de méfiance; elle laisse d'ailleurs subsister des germes nombreux de troubles et de discordes. L'influence du mari sur son épouse est complètement paralysée par la force des liens qui unissent la femme à son père et à sa famille; il n'y a vraiment point alors de conjonction, d'union solide entre le mari et la femme.

Aussi, il est bien rare que cette année de stage et d'épreuve dissipe tous les soupçons; il est bien rare qu'après l'expiration de cette année, l'union naturelle des époux se convertisse en union civile et fasse passer la femme dans la famille et sous la puissance de son mari. Celui-là en demeurera bien convaincu qui connaît combien est grande l'instabilité du cœur humain, lorsqu'il a cessé d'être animé par de sentiments religieux! Celui-là aussi en sera convaincu qui sait combien une année de possession a dissipé d'illusions et de charmes! Celui-là enfin en restera également convaincu qui comprendra bien les saillantes différences qui commencent à exister entre les conjoints dès

(1) Gaïus, *Instit. comm.*, liv. I, § 109, 110.

qu'ils ne vivent plus dans la communauté des choses divines et humaines, et qui pèsera toute la vérité de ces paroles de Cicéron sur l'amitié : « D'après la maxime de
Pythagore, dit-il, *les choses des amis sont communes ; et
l'amitié, c'est l'égalité.* Aussi, dès qu'un homme sage place
sur quelqu'un une amitié véritable, il arrive, ce qui est
nécessaire, qu'il ne s'aime en rien plus que son ami. En
effet, quelle différence peut-il y avoir entre eux, quand
tout est commun? Si une différence, quelque minime
qu'elle soit, s'établit, il n'y a déjà plus d'amitié : car l'a-
mitié est de son essence telle, qu'elle n'existe plus dès
que l'on aime mieux quelque chose pour soi-même que
pour l'autre(1). » Mais aussitôt que la communauté universelle de biens, de liens de famille et de dieux a cessé d'exister parmi les conjoints, alors il n'y a plus eu entre eux de
solide et ferme affection, il n'y a plus eu d'amitié, et de là
il n'y a plus eu de véritable union. Aussi, à cette époque
où le mariage commence à se former sans l'acte solennel
de la génération quiritaire de l'épouse aux choses divines
et humaines de son mari, mille germes de discordes existaient entre les conjoints et bientôt ils se développaient et
brisaient les liens si fragiles de l'union conjugale ; car
cette union ne tardait pas à devenir insupportable aux
époux.

Si le mari juge que l'année d'épreuve n'a pas dissipé

---

(1) Cicéron, *des Lois*, liv. i, 12 : « Unde est illa Pythagorea
vox, Τὰ τῶν φίλων κοινά, καὶ φιλίαν ἰσότητα. Ex quo perspicitur,
quum benevolentiam tam longe lateque diffusam vir sapiens in
aliquem contulit, tum illud effici, quod sit necessarium, ut nihilo
sese plus quam alterum diligat. Quid enim est quod differat, cum
sint cuncta paria? Quod si interesse quidpiam tantummodo potuerit, jam amicitiæ nomen occiderit : cujus est ea vis, ut, simul
atque sibi aliquid, quam alteri maluerit, nulla sit. »

tous ses soupçons, s'il est survenu quelque cause de discorde ou même si l'instabilité de son cœur a conçu des espérances d'une union plus agréable ou plus brillante, alors il fait absenter son épouse pendant trois nuits de suite : par là l'usucapion est interrompue, et le mari conserve encore sa liberté , au moins pendant un an. Si, par des motifs quelconques, cette union cesse même de lui plaire , il pourra la rompre à son gré : le mari ordonne alors à son épouse de partir et de dire à son père de famille ou à son tuteur de venir reprendre les biens donnés en dot.

Dans une pareille union, ce n'est pas seulement au mari ou à son père s'il est soumis à la puissance d'autrui, qu'est accordée la faculté soit d'interrompre l'usucapion, soit même de rompre complètement les liens naturels qui existent entre les époux. La même faculté est aussi accordée à la femme ou à son père , si elle est soumise à la puissance paternelle. Pour interrompre l'usucapion qui aurait pour effet d'opérer chez la femme un changement de famille, et de la faire passer sous la puissance de son mari , il suffit, d'après la loi des Douze-Tables , que la femme s'absente du domicile conjugal pendant trois nuits de suite chaque année, ainsi que Gaïus nous le révèle (1). Si la femme est soumise à la puissance paternelle, il suffit également que son père la retienne aussi trois nuits de suite , pour interrompre la possession du mari. Si la femme, qui a quitté le domicile conjugal , n'a plus la volonté d'y retourner, son tuteur ou son père, lorsqu'il obtempère aux désirs de sa pupille ou de sa fille , répètera du mari les biens qui lui ont été donnés en dot. Comme le père de l'épouse conserve la puissance paternelle , ou le frère la puissance tutélaire, tant que l'usucapion ne s'est

____

(1) Gaïus , *Instit. comm.*, liv. i , § 109.

pas encore opérée au profit du mari, il peut dissoudre le mariage, même contre le gré des deux époux, en revendiquant sa fille ou sa pupille, qui reste encore sienne d'après le droit des Quirites.

Montesquieu constate que le père de la fille a le pouvoir de dissoudre le mariage : mais, comme il ne sait pas dans quelle espèce d'union il jouit de ce pouvoir, et que, par conséquent, il en ignore les limites, restreintes dans le délai d'une année, il s'en étonne beaucoup! Il suppose l'existence d'une loi qui aurait accordé au père du mari et à celui de l'épouse, la faculté illimitée de dissoudre un mariage formé selon les règles du droit des Quirites. De là, il trouve que cette loi civile est contraire à la loi naturelle.

« Un père, dit-il, pouvait, chez les Romains, obliger sa fille à répudier son mari, quoiqu'il eût lui-même consenti au mariage; mais il est contre la nature que le divorce soit mis entre les mains d'un tiers (1). »

« Si le divorce est conforme à la nature, ajoute le même auteur, il ne l'est que lorsque les deux parties, ou au moins l'une d'elles, y consentent ; et lorsque ni l'une ni l'autre ni consentent, c'est un monstre que le divorce. Enfin, la faculté du divorce ne peut être donnée qu'à ceux qui ont les incommodités du mariage, et qui sentent le moment où ils ont intérêt à les faire cesser (2). »

Ainsi que nous l'avons démontré, le père qui a livré sa fille en mariage et qui a rempli les formalités de la *confarreatio* ou de la *coemptio*, ne peut jamais, non plus que les époux eux-mêmes, dissoudre les liens énergiques et sacrés d'une pareille union. En effet, ce mariage, qui est conforme aux prescriptions du droit, est indissoluble,

(1) Montesquieu, *Esprit des lois*, liv. XXVI, 3.
(2) *Ibid.*

et rien ne peut le rompre (1). Mais, au contraire, si le père de famille a fait la tradition de sa fille, sans vouloir remplir les solennités de la *confarreatio* ou de la *coemptio*, alors, évidemment, il n'a pas consenti à abdiquer au profit du mari la puissance, la *manus* qu'il a sur sa fille; il retient donc cette puissance qui lui accorde le droit de revendiquer sa fille comme sienne, contre le mari. Dans ce cas, il existe seulement, d'après l'intention des parties, une union naturelle entre les époux. Le père de la fille peut dissoudre cette union, en revendiquant sa fille dans l'année de la tradition; le mari ou son père peut aussi, dans le même délai, dissoudre une telle union en renvoyant la femme. Mais après l'année de possession non interrompue, cette faculté n'existe plus nulle part; le mariage est devenu public, sacré et indissoluble pour toutes les parties. Montesquieu, comme on le voit, érige une exception en principe : il se trompe donc gravement lorsqu'il enseigne, sans restriction aucune, d'une manière générale et absolue, que « le père pouvait, chez les Romains, obliger sa fille à répudier, quoiqu'il eût lui-même consenti au mariage (2). »

L'auteur de l'*Esprit des lois* exprime pourtant avec force et justesse la nécessité du consentement des pères au mariage de leurs enfants. « Le consentement des pères au mariage, dit-il, est fondé sur leur puissance, c'est-à-dire sur leur droit de propriété; il est encore fondé sur leur amour, sur leur raison, sur l'incertitude de celle de leurs enfants, que l'âge tient dans l'état d'ignorance, et les passions dans l'état d'ivresse. C'est aux pères à marier leurs enfants : leur prudence à cet égard sera toujours au-dessus

____

(1) Denys d'Halicarnasse, *Antiq. rom.*, liv. II, 25.
(2) Montesquieu, *Esprit des Lois*, liv. XXVI, 3.

de toute autre prudence. La nature donne aux pères un désir de procurer à leurs enfants des successeurs (1). »

Ainsi que nous l'avons démontré, il existe dans la cité romaine plusieurs espèces d'unions, dont les unes sont indissolubles, et dont les autres, qui commencent à se généraliser lors de la désuétude des institutions et des mœurs antiques, sont, au moins pendant quelque temps, dissolubles au gré des parties. C'est faute d'avoir fait cette distinction si importante que l'on voit l'auteur de l'*Esprit des lois* tomber presque à chaque pas dans l'erreur sur la matière du mariage. Entre les deux espèces d'unions qui existent chez les Romains, comme « *c'est aux pères*, d'après Montesquieu, *à marier leurs enfants*, c'est à eux aussi que, lors de la désuétude des assemblées et des institutions, lors de l'isolement des citoyens, qui cessent d'être Quirites et deviennent des individus, il appartient exclusivement de choisir l'espèce d'union qui lui semble préférable. *Sa prudence à cet égard est* maintenant *au-dessus de toute autre prudence,* dans cette époque de dégénération générale et de corruption qui a fait disparaître toutes les garanties antiques du bonheur conjugal. De là, si le père juge à propos de ne pas abdiquer, au profit du mari, son droit de puissance paternelle, sa *manus*, s'il croit ne devoir point lier sa fille à un mari par des nœuds indissolubles, il garde alors sa puissance paternelle, qui lui laisse le pouvoir de briser l'union conjugale; il peut donc, en vertu d'un droit qu'il n'a point voulu abdiquer, revendiquer sa fille, dont la raison est incertaine , *que l'âge tient dans l'état d'ignorance, et les passions dans l'état d'ivresse.*

Toutefois, dans un but d'utilité publique, on a porté atteinte à la puissance paternelle, en refusant au père le droit de dissoudre le mariage par la revendication de sa

____

(1) Montesquieu, *Esprit des Lois*, liv. XXIII, 7.

fille. De là ces paroles du jurisconsulte Paul : « La volonté
du père de famille est nécessaire pour la validité du mariage de ceux qui sont soumis à sa puissance ; mais cette
volonté ne peut pas dissoudre un mariage valable. L'utilité publique est ici préférée aux avantages particuliers (1). »

CHAPITRE VII.

COMMENT LE MARIAGE ROMAIN DEVIENT DISSOLUBLE.—*Suite*.

« La société, dit Sénèque, est parfaitement semblable à
une voûte, qui s'écroulerait bientôt si les pierres ne se
soutenaient point l'une l'autre (2). »

Romulus, ce Dieu né de Dieu, *Deum Deo natum* (3), qui
a construit l'édifice de la cité quiritaire sur l'amour de Dieu
et de la patrie, a fait fonctionner les plus admirables institutions d'éducation publique. Ces institutions régénéraient
les hommes et en faisaient des Quirites ; elles forçaient les
citoyens à produire leurs actes à la lumière des saintes
assemblées ; elles arrachaient ainsi les germes du vice et
développaient les sentiments des plus belles vertus ; elles
faisaient mettre en pratique, dans les banquets sacrés, les
préceptes de l'amour et les pensées de fraternité.

(1) Paul, *Sentences*, liv. ii, 9, § 2 : « Eorum qui in potestate, sine voluntate ejus matrimonia jure non contrahuntur, sed
contracta non dissolvuntur. Contemplatio enim publicæ utilitatis
privatorum commodis præfertur. »

(2) Sénèque, *Epître* 95 : « Societas nostra lapidum forma-
tioni simillima est, quæ casura, nisi invicem obstaret, hoc ipso
continetur. »

(3)) Tite-Live, liv. i, 16 ; Denys d'Halicarnasse, *Antiq. rom.*,
liv. ii ; Plutarque, *Vie de Romulus*.

Voyez quelle était alors la simplicité de la législation quiritaire : le client qui aliène, qui contracte ou qui plaide doit être autorisé par son patron, son Père spirituel ! Voilà tout.

Cette législation si admirable par sa force et par sa simplicité, justifie ces pensées profondes de Pascal : « Deux lois suffisent pour régler la République chrétienne, mieux que toutes les lois politiques : l'amour de Dieu et l'amour du prochain. »

Romulus semait parmi les citoyens, par de telles institutions, des sentiments d'une étroite fraternité et la pureté des mœurs. Or, comme le remarque Cicéron, « il n'y a rien qui plaise davantage, il n'y a rien qui unisse plus fortement que la similitude des bonnes mœurs. Lorsque les citoyens ont les mêmes désirs et les mêmes volontés, chacun d'eux aime autant son concitoyen que soi-même. Il arrive de là, comme Pythagore l'exige dans l'amitié, que plusieurs ne font plus qu'un (1). »

Les institutions de Romulus font régner dans la cité la concorde et l'union, car « elles dégagent presque entièrement les citoyens de la contagion du corps terrestre, afin que, dans des enveloppes mortelles, ils puissent imiter la vie des dieux et trouver facile l'accès de la divinité dont ils émanent (2). » Aussi les liens de la génération mortelle

____

(1) Cicéron, *des Devoirs*, liv. i, 17 : « Nihil autem est amabilius nec copulatius quam morum similitudo bonorum. In quibus enim eadem sunt studia, eædemque voluntates, in his fit ut æque quisque altero delectetur, ac seipso; efficiaturque id, quod Pythagoras vult in amicitia, ut unus fiat ex pluribus. »

(2) Cicéron, *Tusculanes*, liv, i, 30 : « Qui se integros castosque servavissent, quibusque fuisset minima cum corporibus contagio, seseque ab his sevocassent; essentque in corporibus humanis vitam imitati deorum : his ad illos, a quibus essent profecti, reditum facilem patere. »

ne sont rien dans la cité des Quirites ; ils ne donnent aucun droit de succession, à moins qu'ils ne soient fortifiés par les liens religieux de la génération quiritaire, établissant la communauté du dieu lare, du dieu paternel, ou au moins du dieu de la *gens*.

Les banquets sacrés qui se célébraient chaque jour de fête, et qui mettaient en pratique l'amour de Dieu et des frères, faisaient aussi pratiquer et aimer la frugalité et la tempérance, et ils élevaient aux astres la cité romaine. De là ces belles paroles de Sénèque, basées sur l'expérience : « Croyons Sextius montrant le plus beau des chemins, et disant : *C'est par là que l'on monte aux astres ; c'est par là, en observant la frugalité ; c'est par là, en pratiquant la tempérance ; c'est par là, en conservant sa force d'âme.* Les dieux ne sont ni dédaigneux, ni jaloux ; ils nous reçoivent et même ils nous tendent la main quand nous montons vers eux. Est-il étonnant que les hommes s'élèvent vers les Dieux ? Mais Dieu lui-même vient à nous ; bien plus, il vient demeurer en nous. L'âme n'est bonne qu'avec Dieu. Des semences divines sont répandues dans le corps humain ; si l'homme les fait germer, ces semences produisent des fruits semblables à leur origine ; s'il est un mauvais agriculteur, alors il les étouffe, semblable à un sol stérile ou marécageux, et, au lieu de fruits, il ne donne que des immondices (1). »

(1) Sénèque, *Epître* 73 : « Credamus Sextio monstranti pulcherrimum iter et clamanti : *Hac itur ad astra ! hac, secundum frugalitatem ; hac, secundum temperantiam ; hac, secundum fortitudinem.* Non sunt Dii fastidiosi, non invidi ; admittunt et ascendentibus manum porrigunt. Miraris hominem ad Deos ire ? Deus ad homines venit ; imo, quod propius est, in homines venit. Nulla sine Deo mens bona est. Semina in corporibus humanis divina dispersa sunt : quæ si bonus cultor excepit, similia origini pro-

Ce que Sextius et Sénèque disent d'un homme est plus vrai encore d'une société : aussi c'est par la frugalité, par la tempérance et par la force d'âme, que la cité quiritaire et la cité chrétienne se sont élevées aux astres.

Mais, au sixième siècle de Rome, les pierres de la voûte sociale ne se soutiennent plus, l'édifice entier s'affaisse, et bientôt le sol est jonché de ruines. Rome, si grande autrefois par ses vertus, commence à dégénérer. « Nous avons alors, dit encore Sénèque, abandonné notre âme à la volupté, ce qui a été le commencement de tous nos maux ; nous l'avons livrée à l'ambition, à la réputation et à toutes les autres choses également vaines et futiles (1). »

En effet, au sixième siècle de Rome, les triomphes, les conquêtes, les richesses et le luxe, font disparaître les mœurs antiques de la cité quiritaire, et, avec elles, les pratiques religieuses, les habitudes fraternelles et les vertus.

Dans la confection des lois générales, la religion n'intervient plus que pour la forme, et les dieux ne sont plus consultés (2) ; dès lors, la religion cesse aussi d'intervenir dans les actes principaux de la vie des citoyens.

A cette époque, les lois les plus solennelles sont celles qui sont votées dans les comices par tribus ; or, dans ces comices plébéiens, les décisions deviennent des lois générales et obligatoires, sans que le sénat les ait approuvées et sans que les auspices aient été consultés : la dégénéra-

deunt, et paria his, ex quibus orta sunt, surgunt ; si malus, non aliter quam humus sterilis ac palustris, necat, ac deinde creat purgamenta pro frugibus.

(1) Sénèque, *Epître* 119 : « Addiximus animum voluptati; cui indulgere initium omnium malorum est. Tradidimus ambitioni et famæ, cæteris æque vanis et inanibus. »

(2) Denys d'Halicarnasse, *Antiq. rom.*, liv. ii, 6 ; Cicéron, *de la Nature des dieux*, liv. iii, 2 ; Valère-Maxime, liv. ii, 1.

tion des lois privées, des aliénations et des contrats, est
aussi grande que celle des lois générales; en effet, après
l'abrogation du grand lien de la foi, du *nexum,* les contrats
se multiplient et se forment d'une manière secrète.

A cette même époque, les assemblées fraternelles, qui
mettaient en lumière les actes de chacun des citoyens, les
sacrifices publics, qui régénéraient l'âme, la purifiaient,
corrigeaient ses vices, fécondaient les semences divines
répandues en elle, et lui faisaient produire des fruits dignes
de sa céleste origine; les banquets sacrés du peuple romain, des tribus, des curies, des corps d'état, des *gentes,*
des parents et alliés ou charisties et de la famille, qui
unissaient les citoyens dans les sentiments d'une fraternité harmonique et divine, toutes ces choses sublimes
n'existent plus; en un mot, toutes les institutions antiques
qui solidarisaient les habitants de la cité des Quirites, ont
disparu pour ne plus subsister qu'en image. Dès lors,
l'institution sacrée du mariage, comme toutes les institutions, a fait un grand pas vers la dégradation.

Les Romains de tout âge et de tout sexe sont maintenant impatients de l'autorité; parmi eux se déchaînent
bientôt des haines violentes, et d'horribles et sanglantes
guerres civiles s'allument. La République est livrée aux
factions armées : dominée tour à tour par Marius et Sylla,
par Pompée et César, par Antoine et Octavien, elle est
déchirée en tous sens. Et voilà qu'au milieu de la corruption, des haines, des discordes et des guerres civiles,
s'élève le gouvernement impérial, que l'on finit par accepter comme un remède à tant de maux !

Dans ces temps de haines, de discordes et de guerres
civiles, ainsi que les hommes, les femmes sont impatientes
de tout frein et de toute autorité. Déjà, sous la deuxième
guerre Punique, la loi Oppienne a été portée pour diminuer le luxe naissant des femmes. Cette loi est ainsi con-

çue : « Qu'aucune femme n'ait sur elle plus d'une demi-
once d'or ; qu'elle ne porte point de vêtements aux couleurs
variées ; que, dans Rome et dans le rayon d'un mille autour
de la ville, elle ne se fasse pas traîner dans un char attelé
de deux chevaux, si ce n'est pour se rendre aux sacrifices (1). » Mais, l'an 550 de Rome, les matrones demandent l'abrogation de cette loi Oppia. M. Fundanius et
L. Valérius, tribuns de la plèbe, cèdent à leurs instances
et proposent l'abrogation de cette loi aux comices par
tribus. Porcius Caton combat en vain la proposition. « Ce
n'est pas sans rougir, dit-il, que je suis parvenu à pénétrer
au Forum à travers cette foule de femmes. Les anciens
ont voulu que les femmes ne fussent point capables de
gérer leurs affaires privées sans autorisation, et que toujours elles fussent sous la main de leurs pères, de leurs
frères ou de leurs maris. Et nous, nous souffrons qu'elles
s'emparent des affaires de la République, qu'elles s'a-
gitent au Forum et se mêlent dans nos assemblées ! Lâchez
les freins à leur nature fragile et à leurs passions indomp-
tées, et espérez ensuite qu'elles conserveront, dans la licence, une mesure que vous-même ne savez pas garder..!
Lorsque vous les aurez en tout égalées aux hommes,
croyez-vous que vous pourrez les tolérer? Aussitôt que
vous les aurez rendues vos égales, elles voudront s'é-
lever au-dessus de vous (2). »

Mais, malgré la grande autorité de Caton, la loi Oppienne a été abrogée. Les femmes marchent bientôt à une
liberté complète. La *manus* des frères sur leurs sœurs, en
d'autres termes, la tutelle perpétuelle des femmes s'affaiblit de jour en jour. En effet, les solennités antiques de
l'acte *per æs et libram* tombant en désuétude depuis l'abro-

(1) Tite-Live, liv. XXXIV, 2.
(2) *Ibid.*

gation du *nexum*, les femmes peuvent maintenant figurer, seules et sans autorisation de leur tuteur, dans tous les nouveaux contrats qui se multiplient. Cette tutelle, qui perd ainsi chaque jour de son importance et de son énergie, et dont les effets cessent sous Auguste, dans certains cas, finira par être entièrement abrogée par l'empereur Claude.

A mesure que la tutelle perpétuelle perd de son ancienne force, la femme croît en liberté et en luxe. En se mariant, elle veut conserver et cette liberté et ce luxe; elle veut conserver ses biens et rester indépendante de son mari; elle ne veut plus passer sous sa puissance; elle veut enfin pouvoir rompre l'union qu'elle contracte quand cela lui plaira.

Les solennités de la *confarreatio* et de la *coemptio* deviennent alors plus rares : la femme se livre à son mari sans remplir de formalités; et, pour ne perdre ni ses biens, ni leur administration, pour garder sa liberté et son indépendance, elle a soin d'interrompre chaque année l'usucapion. Alors se multiplient à l'infini les répudiations et les divorces. La *confarreatio* et la *coemptio*, qui deviennent plus rares, perdent même leur respect religieux et leurs anciens effets. Comme Dieu ne conjoint pas les époux, on admet que ces unions solennelles, dans lesquelles on ne consulte plus les auspices, pourront se dissoudre par des cérémonies contraires (1). Les effets de la *confarreatio* sont détruits par la *diffareatio,* cérémonie religieuse et lugubre. La *coemptio* se dissout aussi lorsque le mari livre

______

(1) Lorsque Dieu unissait les époux, l'union était indissoluble. De là ces paroles de saint Paul, qui trouvaient de l'écho dans les croyances : « Ce que Dieu a conjoint, que l'homme ne le sépare pas : *Quod Deus conjunxit, homo non separet.* » Aussi le mariage est devenu dissoluble seulement à l'époque où les augures ne figuraient plus que pour la forme dans les unions conjugales.

sa femme à un tiers, en remplissant les solennités *per æs et libram*. De son côté, la femme peut contraindre son mari à la manciper à un tiers qu'elle désigne. Ce tiers, qui l'affranchit ensuite par la vindicte, devient son patron et, par conséquent, son tuteur, tant que la tutelle perpétuelle des femmes continue encore à subsister.

La *manus mariti* qui perd ainsi son antique énergie finit par disparaître complètement vers le commencement de l'empire. De là il n'y a plus de *confarreatio*, plus de *coemptio*; et, d'après une jurisprudence nouvelle, la possession annale n'ajoute plus rien à l'autorité du mari qui a reçu sa femme sans solennité. Ainsi donc maintenant, de même que le commodat, le dépôt et le gage, contrats nouveaux qui se forment par une simple tradition, sans intention du propriétaire d'aliéner les choses livrées; de même, le mariage se forme par une simple remise de la femme au mari, sans intention de la part du père de la femme d'aliéner sa puissance paternelle, ni de la part de la femme d'aliéner quelque chose de sa liberté, de son indépendance, ni de passer dans la famille de son mari. De même que, dans les contrats de commodat, de dépôt, de gage et de louage, celui qui reçoit les choses n'a pas une cause juste qui puisse, par la possession, le faire arriver à la propriété; ainsi, le mari, auquel la femme est livrée, n'a pas de juste cause qui puisse jamais lui faire acquérir sur sa femme la *manus*, cette puissance qui résultait, d'après les anciennes institutions, du passage de l'épouse

Ce que nous disons du mariage est également vrai de toutes les associations : elles étaient indissolubles, lorsqu'elles étaient des générations religieuses par un Dieu, au moyen d'un Verbe ou Père spirituel. Mais lorsque la divinité n'a plus été consultée dans les associations, elles sont dissolubles, et la volonté d'un seul associé a même suffi pour les briser.

dans la famille de son mari, dont elle était considérée comme la fille.

Ainsi donc, le mariage, cette institution autrefois indissoluble et sacrée, n'est plus, comme le dit fort bien Gibbon, « qu'une association passagère d'argent et de plaisir; association qui se rompt, comme toutes les sociétés (nouvelles), par le désistement d'un seul des associés. Pendant trois siècles de corruption, le caprice, l'intérêt et les passions brisent la plus tendre des liaisons humaines et enfantent par-là les plus funestes abus (1). »

On voit naître alors de nouvelles différences entre les mariages, qui tombent, comme les citoyens, dans la dégradation. On voit surgir une foule innombrable de lois qui tendent, soit à réprimer le luxe croissant des femmes, soit à exciter au mariage, soit à régler les nouveaux rapports des époux, soit à restituer quelque stabilité à l'union conjugale, soit à favoriser la procréation des enfants, soit à déterminer, au moyen de présomptions, si douteuses au milieu de pareilles mœurs et de tant de divorces suivis de convols à de nouvelles noces, quel est le père de l'enfant, soit enfin à fixer les obligations qui résultent entre ascendants et descendants des liens du sang.

____

(1) Gibbon, *Histoire de l'empire romain*, chap. 44.

CHAPITRE VIII.

COMMENT LE MARIAGE DEVIENT DISSOLUBLE. — *Suite.*

Dans les dernières années du cinquième siècle de Rome, il s'est accompli une ruine immense. Il est nécessaire que l'intelligence en soit profondément pénétrée pour pouvoir comprendre les changements radicaux qui s'opèrent dans l'organisation des Romains, dans l'ensemble de leur droit et surtout dans leur mariage. C'est faute d'avoir bien réfléchi sur l'importance de ce fait que les historiens et les jurisconsultes modernes tombent presque à chaque pas dans des erreurs déplorables.

Le patronage, institué par Romulus, était la principale pierre de la voûte sociale. Sur la fin du cinquième siècle, cette pierre se détache de la voûte, les liens du patronage et de la clientelle se brisent, et dès lors on voit l'édifice social tomber de toute part en ruines.

Une conséquence essentielle de la rupture des liens du patronage et de la clientelle, c'est la dissolution complète des corporations des *gentes*, dont les membres étaient naguère unis dans les sentiments d'une fraternité spirituelle et divine par le moyen du Père ou patron, qui était leur lien et leur Verbe.

Dès que les *gentes*, organisées par Romulus, tombent dans la désuétude, tous les corps d'état, qui avaient été institués par Numa Pompilius (1), se dissolvent également; car leurs membres, de même que ceux des *gentes*, étaient unis et incorporés spirituellement par le moyen d'un Père qui était leur Verbe.

(1) Plutarque, *Vie de Numa.*

Dès que les *gentes* et les corps d'état sont dissous, les corporations harmoniques des curies et des tribus, qui reposaient principalement sur l'organisation quiritaire du patronage et des *gentes*, s'affaissent et croulent.

A cette époque où tous les liens quiritaires et harmoniques de la cité romaine s'affaiblissent et se brisent, il règne entre les citoyens une parfaite égalité. Mais cette égalité est une égalité anarchique et licencieuse : elle a détruit toutes les institutions politiques et religieuses qui ont fait la force et la prospérité de Rome ; sur des ruines, elle souffle les passions dans les cœurs, le désordre dans les intelligences et la discorde parmi les citoyens.

A cette époque une égalité complète existe entre les sénateurs de l'ordre patricien et les sénateurs de l'ordre plébéien. Bien plus, en réalité il n'y a plus d'ordre ; il n'y a plus ni patriciens ni plébéiens ; il n'y a plus de Quirites ; mais seulement des particuliers, des individus, qui n'ont rien des mœurs anciennes. Comme il n'y a plus, par suite de l'égalité absolue, ni priviléges ni exclusions, et comme les deux anciens ordres sont maintenant entièrement confondus, les sénateurs ne sont plus des Pères, mais seulement des conscrits. Il est vrai que, pendant quelque temps encore, les sénateurs de l'ancien ordre patricien conservent le nom de Pères, tandis que les sénateurs de l'ordre plébéien prennent le nom de conscrits ; mais cette différence est purement nominale : tous les sénateurs sont maintenant égaux ; en réalité, ils ne sont plus que des conscrits. En effet, dès le commencement du sixième siècle de Rome, les sénateurs même de l'ancien ordre patricien ne peuvent plus devenir des Pères, car ils ne peuvent point maintenant générer, au moyen de sacrifices, des étrangers à la vie des Quirites ; ils ne peuvent point incorporer les étrangers dans la cité romaine en les faisant participer au banquet sacré de leur *gens*, de leur curie, de leur tribu et du peuple romain; par la raison bien simple que maintenant il n'y a plus ni clients, ni patrons, ni *gentes*, ni banquets sacrés des curies, des tribus et du peuple romain.

Dès que les *gentes* sont tombées en désuétude, dès que les sénateurs ne sont plus quiritairement des Pères, en ce sens qu'ils ne peuvent plus générer les étrangers à la cité romaine et les faire vivre par là de leur vie religieuse et politique, on voit alors s'opérer un changement analogue parmi les autres citoyens. Maintenant, en effet, le Romain qui voudrait s'unir par les liens du mariage à une femme étrangère, ne pourrait plus devenir son Père; il ne pourrait plus la générer à sa maison, à sa famille et à la cité romaine; il ne pourrait plus, par aucun laps de temps de possession continue, lui communiquer son droit divin et humain. Aussi dès que les *gentes* tombent et que la porte de l'asile se ferme, il est bien certain que les unions formées entre citoyens romains et pérégrines ne sont point susceptibles de produire jamais aucun effet civil.

En effet, dès que les *gentes* n'existent plus et qu'avec une égalité licencieuse ont disparu les anciennes mœurs et les institutions qui faisaient germer et qui développaient dans les cœurs les sentiments d'une fraternité divine, les Romains ne veulent plus que les enfants nés d'un citoyen et d'une étrangère puissent parvenir aux dignités et aux magistratures. Dans cette époque où les deux anciens ordres de l'État se trouvent confondus, on veut chercher à conserver quelque force au gouvernement dont les nerfs sont déjà si affaiblis. D'ailleurs n'est-il pas d'une rigoureuse logique et d'une nécessité fatale, que les Romains corrompus et dégénérés ne puissent plus purifier les étrangers ni les générer?

Ainsi donc, dès le commencement du sixième siècle de

Rome, lorsqu'un citoyen romain s'unit à une femme étrangère, ou lorsqu'une Romaine s'unit à un étranger, il n'y aura jamais de justes noces : les enfants qui naîtront de cette union seront civilement étrangers à leurs parents. Bien plus, on commence alors à s'avancer dans les voies de l'iniquité. En effet, lorsque l'un des deux époux est étranger, les enfants de cette union seront étrangers à la cité romaine. C'est là ce que nous révèle Ulpien. « Lorsqu'il y a justes noces, dit-il, les enfants suivent toujours la condition de leur mère. Mais celui qui naît d'un pérégrin et d'une citoyenne romaine, naît pérégrin ; en effet, la loi Mensia dispose que l'enfant né de deux personnes dont l'une est étrangère, participe à l'état de son parent qui a la plus mauvaise condition (1). »

Comme on le voit, les Romains qui ont perdu les anciennes mœurs et les institutions religieuses qui faisaient pratiquer les sentiments d'une sainte fraternité, deviennent injustes et iniques, même dans leurs lois. Étant complétement dégénérés, ils ne peuvent plus générer avec des éléments étrangers des citoyens à la vie des Quirites. Aussi la porte de l'asile qui, depuis Romulus, était demeurée toujours ouverte aux hommes par le moyen des sénateurs, et aux femmes par le moyen des maris, se ferme alors entièrement aux personnes de l'un et de l'autre sexe. Par conséquent, dès le commencement du sixième siècle de Rome, les étrangers qui viennent habiter la cité des Quirites et y fixer leur domicile ne peuvent plus y être incorporés. Sous le nom de périgrins, *peregrini*, ils forment dans Rome une classe

---

(1) Ulpien, *Règles*, tit. 5, § 8 : « Connubio interveniente, liberi semper patrem sequuntur ; non interveniente connubio, matris conditioni accedunt, excepto eo qui ex peregrino et cive romana peregrinus nascitur, quoniam lex Mensia ex alterutro peregrino natum, deterioris parentis conditionem sequi jubet. »

d'habitants qui est entièrement distincte des citoyens romains et des affranchis. Les pérégrins ne peuvent point prononcer les formules sacramentelles des actes solennels, qui se célèbrent devant le peuple assemblé ou fictivement représenté ; car les formules qui sont d'une origine antique, sont exclusivement propres aux Quirites. De là, les pérégrins obtiennent, dans les premières années du sixième siècle de Rome, un magistrat qui leur est particulier et qui trace pour eux, dans son édit, une législation et des formules spéciales. Ce magistrat est un citoyen romain : il est nommé, comme le préteur urbain et les autres magistrats du peuple romain, dans les comices par centuries ; il prend le nom de préteur pérégrin, et rend la justice entre pérégrins et entre citoyens romains et pérégrins.

La chute des *gentes* a, en outre, sur tout l'ensemble du droit des Quirites, les conséquences les plus nombreuses et les plus graves, principalement en ce qui concerne les tutelles, les hérédités, les générations des esclaves à la cité romaine et la dégénération des fils de famille par les formes du *mancipium*:

Nous passons sous silence les effets de la chute des *gentes* sur la tutelle et sur les hérédités, car cela nous écarterait trop de notre matière. Toutefois, signalons que c'est alors que la tutelle dative est instituée par la loi Attilia, et que le droit prétorien appelle à la succession du défunt ceux qui ne lui étaient unis que par les liens naturels du sang, par la cognation. Autrefois, à défaut d'agnats, c'était le patron qui était le tuteur de ses clients pupilles ; c'étaient les gentils ou membres de la *gens* qui recueillaient l'hérédité. Mais, depuis que la *gens* et la force des relations spirituelles ont disparu, le préteur appelle à la possession de biens ceux qui n'étaient liés au défunt que par le sang, et, d'après la loi Attilia, les magistrats défèrent la tutelle à des citoyens qui souvent ne sont unis aux pupilles par aucune espèce de liens. Dès lors la tutelle devient une charge pour les tuteurs et souvent aussi une cause de ruine pour les pupilles. De là l'on voit apparaître successivement une foule de lois, d'une part, pour contraindre les tuteurs à bien administrer les affaires, et de l'autre, pour assurer la conservation de la fortune des pupilles.

Traitons sommairement maintenant de la chute des *gentes* en ce qui concerne la génération des esclaves à la cité romaine et la dégénération des fils de famille par les formes du *mancipium* célébré par le père de famille.

I. *Génération des esclaves à la cité.* — D'après Servius Tullius et ensuite d'après la loi des Douze-Tables, l'esclave affranchi pouvait, comme l'étranger qui arrivait à Rome, naître à la cité romaine : il avait alors pour patron et pour tuteur le père de famille patricien qui avait été partie principale ou intervenante dans l'acte solennel de la manumission.

Après l'affranchissement, la génération des affranchis et leur incorporation dans la *gens*, dans la curie, dans la tribu et dans le peuple romain se faisaient au moyen des solennités qui étaient usitées pour les générations, confirmations et incorporations des étrangers. Le Père ou patron célébrait un sacrifice générateur, et par là il devenait le Verbe de la paternité spirituelle ; par là le culte, le dieu et le nom de la *gens* étaient communiqués à l'étranger ou à l'affranchi : celui-ci était ainsi généré et devenait client du patron de la *gens*.

Cet étranger ou cet affranchi mourait au vieil homme et naissait à une vie nouvelle au moyen du sacrifice opérant une espèce de métempsychose. Ce nouvel homme, ce néophyte participait ensuite au banquet sacré de la *gens*, et par là se réalisait une incarnation spirituelle qui le rendait membre de la *gens*, c'est-à-dire ingénu.

Toutefois, il est à remarquer que ce néophyte, lors même qu'il était devenu ingénu, ne vivait pourtant pas encore de la vie parfaite des Quirites ; en effet, il fallait de sept à dix mois pour que la métamorphose spirituelle de l'affranchi ou de l'étranger fût complète. Cette espèce de stage, qui avait une haute utilité politique, était nécessaire pour conférer la plénitude de la vie quiritaire ; la génération devait donc être suivie de confirmations et de communions dans les assemblées, dans les sacrifices et dans les banquets sacrés de la curie, de la tribu et du peuple romain.

Depuis la disparition des *gentes* et de toutes les autres institutions quiritaires qui fonctionnaient dans l'acte de la génération spirituelle de l'étranger et de l'affranchi, on voit naître de nouveaux principes qui ont un rapport très-intime, d'une part, avec les anciennes institutions, et, d'autre part, avec la fermeture de l'asile aux étrangers des deux sexes qui ne peuvent plus naître à la cité des Quirites.

D'après les anciens principes, les esclaves affranchis par un citoyen romain, deviennent citoyens. Mais depuis la fermeture de l'asile, on distingue les citoyens par naissance de ceux qui le sont devenus par manumission.

L'expression ingénu désignait autrefois les habitants de Rome qui faisaient partie d'une *gens*, d'un *genus*, qui étaient *in genere*, c'est-à-dire *ingeniti* (1). Tous les citoyens romains qui faisaient partie de la même *gens* et qui avaient par conséquent le même Père ou patron, avaient un nom et des *sacra* communs et étaient entre eux des gentils, *gentiles*. Les gentils ou hommes de la même *gens* étaient donc unis entre eux par les liens d'une génération spirituelle qui

(1) Il est bien plus essentiel que l'on ne pense généralement de se bien pénétrer de la véritable signification du mot ingénu, *ingenuus*, dont les jurisconsultes modernes ont une idée qui est, sinon fausse, du moins très-confuse et très-obscure.

émanait du sénateur, Père et Verbe de ses clients, ses fils spirituels (1).

Depuis l'époque où il n'existe plus chez les Romains de *genera* ou *gentes*, et où par conséquent il n'y a plus de gentils, l'expression ingénu est nécessairement détournée de sa signification primitive.

De là, on voit surgir de nouveaux principes d'après lesquels on établit des différences légales entre les citoyens par naissance et ceux qui le sont devenus par manumission. Dès lors, l'expression ingénu est employée par opposition à celle d'affranchi. L'ingénu est donc maintenant le citoyen qui est né libre et qui n'a jamais cessé d'être libre. Telle est, en effet, la définition de Justinien, empruntée textuellement aux Instituts de Gaïus (2) : « L'ingénu, dit-il, est celui qui est demeuré libre depuis sa naissance, *Ingenuus est qui statim ac natus est, liber est* (3). »

« L'affranchi, au contraire, est celui qui a été libéré d'une servitude légale, *Libertini sunt qui ex justa servitute manumissi sunt* (4). » Quoique l'affranchi devienne citoyen romain par l'acte solennel de la manumission, il n'est pourtant point un ingénu ; bien plus, depuis le commencement du sixième siècle, il ne peut même jamais devenir ingénu, par la raison qu'il n'y a plus à Rome de Pères qui puissent le générer spirituellement, ni de *gentes* dans lesquelles il puisse être incarné. C'est d'ailleurs ce que les

(1) M. Ortolan commet, sur ce point, dans son *Explication historique des Instituts*, des erreurs de la plus haute gravité. Nous espérons les réfuter victorieusement dans les *Institutions de Romulus et de Jésus*.

(2) Gaïus, *Inst. Comm.*, liv. I, § 11.

(3) Justinien, *Inst.*, liv. I, tit. 4, pr.

(4) Gaïus, *Inst. Comm.*, liv. I, 11 ; Justinien, *Inst.*, liv. I, tit. 4, pr.

jurisconsultes expriment dans les termes les plus formels. « L'affranchi, dit Modestin, conserve la tache de la servitude, *maculam servitutis* (1), » et cela pendant toute sa vie, à moins que le prince ne vienne plus tard à lui accorder le droit d'anneau d'or. Aussi l'affranchi demeure incapable, à cause de sa tache, de s'unir par le mariage à des descendants de sénateur, et de remplir une dignité publique.

Les enfants de l'affranchi sont déjà un peu plus ingénus que leur père, c'est-à-dire ils sont un peu plus incorporés dans la cité romaine; mais ils portent encore la tache originelle de la servitude, et ils en subissent toutes les conséquences légales; en outre, ils demeurent dans une dépendance assez énergique du patron de leur père, car ce patron, en cas d'ingratitude de leur part, pourrait les faire tomber en esclavage (2). Les petits-enfants de l'affranchi sont plus générés, c'est-à-dire plus ingénus que ses enfants; mais ils ne sont pourtant pas encore de parfaits ingénus et ne vivent point de la vie complète des Quirites : aussi ils ne sont pas aptes à remplir des fonctions publiques. Quant aux arrière-petits-enfants de l'affranchi, ils sont légalement générés dans toute la force de l'expression ; la tache de la servitude est en eux complétement effacée et ils vivent de la vie parfaite des Quirites ; de là ils sont admissibles à toute espèce de magistratures.

Ainsi, d'une part, comme mithe des incorporations dans la curie, dans la tribu et dans le peuple romain, et, d'autre part, comme conséquence de la fermeture de l'asile, il faut trois générations naturelles pour que la tache de la servitude ne laisse pas de traces.

Le principe que la tache de la servitude n'est complé-

----

(1) *Digeste*, liv. XL, tit. 11, l. 5.
(2) *Code*, liv. VI, t. 7, l. 4.

tement effacée qu'après la troisième génération naturelle, c'est-à-dire dans la personne des arrière-petits-enfants, est reconnu par les auteurs avec une constante unanimité. De là ces paroles de M. Du Vallon : « L'affranchi, quoique citoyen romain, portait néanmoins la trace de la servitude, jusqu'à la troisième génération, et par des signes extérieurs, et par une diminution réelle des droits civils et politiques : il était exclu des dignités de la République et de la milice (1). » Toutefois, nous avons à signaler que les auteurs qui reconnaissent la vérité de ce principe, ne parviennent point à en découvrir la véritable cause.

Dès que l'importance de l'affranchissement est ainsi diminuée, dès que la vie publique disparaît et que les Romains s'individualisent, la publicité des manumissions s'affaiblit d'une manière prompte et très-sensible. Aussi, sous l'empire, les manumissions deviennent des actes de juridiction volontaire : alors celui qui veut affranchir une personne *in mancipio* ou un esclave, n'est plus tenu d'aller trouver, un jour faste, le magistrat siégeant sur son tribunal, au Forum, en présence du peuple. « Il n'est plus nécessaire, dit Gaïus, d'affranchir un esclave devant le magistrat siégeant sur son tribunal. Le maître, d'après la coutume, peut affranchir ses esclaves lorsqu'il rencontre le préteur, le proconsul ou le lieutenant de César, sorti pour se rendre aux bains, pour se promener ou pour aller au spectacle (2). » Comme les manumissions n'ont guère de publicité, comme les citoyens n'ont plus de corporations, comme ils ne se connaissent plus guère et s'individualisent, on voit dès lors naître de fréquents procès sur la question de savoir si l'affranchissement a fait sortir celui qui en a été l'objet du

(1) *Annales de philosophie*, t. XVIII, p. 315. Du Vallon, *de l'Esclavage*, t. II, p. 415.

(2) *Digeste*, liv. XL, tit. 2, l. 7.

mancipium ou de l'esclavage, et si par conséquent il doit être rangé parmi les ingénus ou parmi les affranchis. Cette question offre, sous bien des rapports, une haute gravité.

Ces considérations nous mettent sur la voie qui nous conduit à la solution d'une foule de questions obscures, et entre autres du fameux *sane uno casu* des Instituts de Justinien.

Relativement aux démembrements de la propriété, aux *jura in re aliena*, Justinien dit qu'il existe des actions confessoires et négatoires, par la raison que ces droits ne sont pas susceptibles d'une possession véritable et qu'ils ne peuvent point être usucapés ; mais que cela n'a pas lieu lorsqu'il s'agit de contestations relatives à des choses corporelles, car ici celui-là doit agir qui ne possède pas ; et par conséquent on refuse toute action au possesseur pour nier que la chose n'appartient pas à son adversaire. « Certainement, ajoute Justinien, dans un cas unique, celui qui possède obtient néanmoins le rôle de demandeur, comme on le voit dans le Digeste (1). »

Les démembrements de la propriété, c'est-à-dire les droits de servitudes personnelles et réelles, se constituent d'après un nouveau droit qui fait son apparition dans le sixième siècle de Rome, quelque temps après l'abrogation du *nexum* et l'affaiblissement des antiques formalités. Ces droits étant des choses incorporelles, impalpables et invisibles, ils ne sont pas susceptibles d'une véritable tradition ; ils ne sont pas non plus susceptibles

______

(1) Justinien, *Instituts*, liv. IV, tit. 6, § 2 : « In controversiis rerum corporalium, is agit qui non possidet ; ei vero qui possidet, non est actio prodita per quam neget rem actoris esse. Sane uno casu, qui possidet, nihilominus actoris partes obtinet, sicut in latioribus Digestorum libris opportunius apparebit. »

d'une véritable possession. Par ces motifs, ils ne peuvent point être usucapés. Aussi la jouissance d'un démembrement de la propriété, quelque longue qu'elle soit, ne prouve rien en faveur de celui qui l'exerce et n'ajoute rien à son droit, du moins d'après les principes quiritaires. De là, celui qui prétend avoir un droit sur la chose d'autrui, peut jouer le rôle de demandeur, qu'il soit ou non dans l'exercice de ce droit. Le propriétaire peut aussi agir par une action négatoire contre celui qui prétend quelque droit sur sa chose, que celui-ci soit ou non en jouissance du droit. Mais lorsqu'il s'agit de choses corporelles, il y a une véritable possession qui, d'après le droit quiritaire, est un argument en faveur de celui qui détient, et produit à son profit l'usucapion dans un bref délai. Aussi le possesseur n'a jamais besoin d'agir. L'action qu'il voudrait intenter troublerait la société sans utilité réelle : de là, le préteur ne l'écouterait point dans sa demande inutile, et lui refuserait une formule d'action. Mais pourtant, dans un cas unique, le possesseur a un véritable intérêt à agir ; il peut donc obtenir alors de jouer le rôle de demandeur et de prouver sa prétention. Or voici le cas unique où le possesseur peut néanmoins jouer le rôle de demandeur et où il a un intérêt à cela.

Ulpien : « Quelqu'un se dit ingénu ; un autre prétend qu'il est son affranchi : voyons quel est celui des deux qui jouera le rôle de demandeur. Si celui dont il s'agit est en possession de l'état d'affranchi, c'est lui qui devra sans aucun doute agir dans la cause d'ingénuité et prouver qu'il *est ingénu*. S'il est, au contraire, en possession de l'ingénuité, son adversaire, qui le prétend affranchi, devra lui-même intenter l'action et prouver que celui de l'état duquel il s'agit est son affranchi. En effet, que le débat roule sur le point de savoir si une personne *est esclave* ou sur celui de savoir si elle *est affranchie*, cela n'importe en rien à la question du fardeau de la preuve. Mais si quelqu'un est plein de confiance dans son ingénuité et prend à sa charge le fardeau de la preuve, afin de faire porter une sentence en faveur de son ingénuité, c'est-à-dire déclarant qu'il *est ingénu*, le préteur doit-il obtempérer à ses désirs? Je crois qu'il n'est point contraire au droit de lui accorder la faculté de prouver qu'il est ingénu et de faire ainsi prononcer une sentence en sa faveur : aucune règle de droit ne s'y oppose (1). »

Cette décision d'Ulpien est également enseignée par Paul.

« Celui, dit-il, auquel n'incombe pas la nécessité de prouver son ingénuité, doit être écouté s'il désire prendre sur lui le fardeau de la preuve (2). »

Voilà évidemment, dans le Digeste, le cas unique dont Justinien parle dans ses Instituts, et qu'il dit expliquer plus au long dans son Digeste, « *Sicut in latioribus Digestorum*

______

(1) *Digeste*, liv. xxii, tit. 3, l. 14 : « Circa eum qui se *ex libertinitate* ingenuum dicat, referendum est, quis actoris partibus fungatur? Et, si quidem in possessione libertinitatis fuit, sine dubio ipsum oportebit ingenuitatis causam agere docereque se *ingenuum esse :* sin vero in possessione ingenuitatis sit, et libertinus esse dicatur (scilicet ejus, qui ei controversiam movet), hoc probare debet qui eum dicit libertum suum : quid enim interest *servum suum* quis, an *libertum* contendat? Si quis autem fiducia ingenuitatis suæ ultro in se suscipiat probationes, ad hoc ut sententiam ferat pro ingenuitate facientem (hoc est, *ingenuum se esse* ut pronuncietur), an obtemperare ei debeat, tractari potest? Et non ab re esse opinor, morem ei geri probandi se *ingenuum*, et sententiam secundum se dandam : cum nulla captio intercedat juris. »

(2) *Ibid.*, liv. xl, tit. 12, l. 39 : « Cui necessitas probandi de ingenuitate sua non incumbit, ultro si ipse probare desideret, audiendus est. »

libris opportunius apparebit. » L'ingénu qui est en possession de l'ingénuité, et qui pourrait se contenter du rôle de défendeur sur la question de l'affranchissement, peut avoir un intérêt à faire proclamer par une sentence publique qu'il est ingénu et qu'il n'est point frappé des incapacités inhérentes à la condition d'affranchi. Malgré sa qualité de possesseur de la condition d'ingénu, il obtient néanmoins, à cause de son intérêt à agir, le rôle de demandeur, *qui possidet nihilominus actoris partes obtinet.* Remarquons, en outre, que cet ingénu a, sous une foule de rapports, un très-vif intérêt à faire cesser les bruits que celui qui se prétend son patron cherche à faire accréditer, soit dans le but de ternir l'honneur d'un ingénu, soit peut-être aussi dans le but de donner quelque fondement aux actions qu'un patron peut intenter, même après le décès de son affranchi. Or parmi ces dernières actions, les unes frappent les enfants de l'affranchi ; les autres frappent sa succession.

En effet, d'une part, les enfants de l'affranchi qui sont ingrats envers le patron de leur père, peuvent être condamnés à devenir les esclaves de ce patron, qui par là acquiert leur personne et leurs biens (1). D'autre part, si l'affranchi ne laisse qu'un enfant ou même deux, et si son hérédité a une valeur de plus de cent mille sesterces, alors, d'après la loi Papia Poppéa, le patron compte pour un enfant et prend la moitié ou le tiers de la succession (2). En outre, si l'affranchi décède sans enfant qui lui soit né de justes noces, et laisse un enfant adoptif ou un héritier institué, le patron recueille, en vertu d'une ancienne disposition du droit prétorien, la moitié des biens de son

(1) *Code*, liv. vi, tit. 7, l. 4.
(2) Justinien, *Instit.*, liv. iii, tit. 7, § 2 ; *Digeste*, liv. xxxviii, tit. 2, l. 1.

affranchi (1). Pour parfaire cette moitié, il peut même attaquer les donations entre vifs comme ayant été faites en fraude de ses droits (2).

La teneur de pareilles dispositions et les bruits calomnieux qui sont répandus sur l'honneur d'un ingénu, bruits qui lui donnent les inquiétudes les plus alarmantes sur l'avenir et sur le sort de ses enfants, et qui, dès maintenant, jettent une grande incertitude sur la validité complète de ses donations, de ses adoptions et de son testament, font facilement comprendre que cet ingénu ait un intérêt vif et actuel à jouer le rôle de demandeur dans la question de l'ingénuité, dont il est pourtant en possession, à obtenir de supporter volontairement le fardeau de la preuve et par là à se hâter, avant que ses moyens de preuve ne s'affaiblissent, surtout après son décès et dans la personne de ses héritiers, de faire proclamer par une sentence publique qu'il n'est point l'affranchi de son adversaire et qu'il est ingénu.

L'intérêt vif et actuel qu'a l'ingénu à prendre volontairement sur lui le fardeau de la preuve, n'existe jamais pour le possesseur de choses vraiment corporelles : ici, en effet, la possession fortifie chaque jour les droits de celui qui possède, et elle affaiblit chaque jour les droits de celui qui ne possède point; après un an d'*usus* s'il s'agit de meubles, et après deux ans s'il s'agit d'immeubles, le possesseur n'a absolument plus aucune action à redouter. L'usucapion a consolidé ses droits d'une manière inébranlable et elle a entièrement détruit ceux que pouvait avoir celui qui ne possédait point. De là, on a dû refuser au possesseur d'une chose corporelle le droit d'intenter un procès pour

____

(1) Justinien, *Instit.*, liv. III, tit. 7, § 1.
(2) *Digeste*, liv. XXXVIII, tit. 5.

faire déclarer que l'on répand, relativement à la propriété de la chose qu'il détient, des bruits qui ne sont pas fondés. Le temps, qui produit bientôt l'usucapion, parle plus haut et même bien plus promptement en faveur du possesseur, qu'une sentence du juge. Voilà pourquoi les jurisconsultes proclament avec une constante unanimité le principe, sanctionné par Justinien, que l'on refuse au possesseur d'une chose corporelle toute formule d'action pétitoire.

Mais, dans le cas unique dont nous avons parlé, *sane uno casu*, la règle générale a dû souffrir une exception ; il était nécessaire de permettre au possesseur de jouer volontairement, *ultro*, le rôle de demandeur. En effet, dans le cas unique signalé par Ulpien, par Paul et par Justinien, la possession de la qualité d'ingénu ne produit pas des effets aussi prompts que lorsqu'il s'agit de choses entièrement corporelles : malgré l'affranchissement, la tache de l'esclavage, *macula servitutis*, n'est point complétement effacée ; elle subsiste légalement dans la personne de l'affranchi pendant toute sa vie ; bien plus, elle se prolonge, en s'affaiblissant, dans la personne de ses descendants, et jusqu'à la troisième génération ; elle se prolonge même encore moralement, dans les générations plus avancées. Il est donc entièrement conforme aux règles les plus simples de l'équité et de la justice de permettre à l'ingénu que l'on prétend affranchi, d'intenter une action pétitoire tendant à faire proclamer sa véritable condition et de lui accorder la formule d'un *prœjudicium*, malgré sa qualité de possesseur de l'ingénuité.

Remarquons bien que ce cas unique, où le possesseur peut jouer néanmoins le rôle de demandeur, ne se présentait jamais dans l'ancien droit romain, jusqu'au sixième siècle de Rome, c'est-à-dire tant que les portes de l'asile et de la cité des Quirites étaient ouvertes aux étrangers. Pour le démontrer, il nous suffirait peut-être de dire que les formes de la manumission étaient beaucoup plus solennelles et qu'elles s'accomplissaient généralement au Forum, c'est-à-dire en présence du peuple. Mais il existe une raison beaucoup plus convaincante encore et qui résulte de l'organisation équitable et bienfaisante de la cité des Quirites.

Jusqu'au sixième siècle de Rome, les preuves de l'affranchissement public ne s'affaiblissaient point par le temps, mais elles se fortifiaient comme celles de la propriété des choses corporelles. En effet, l'esclave qui venait d'être affranchi était généré par le sacrifice célébré par son Père et il était incorporé dans la *gens* en participant au banquet sacré de ses membres. Ensuite il participait aux sacrifices et aux banquets sacrés de la curie, de la tribu et du peuple romain. Ces actes publics prouvaient et confirmaient la génération de l'affranchi, qui, après une année, vivait de la vie parfaite des Quirites et était par conséquent complétement ingénu. A la preuve de l'affranchissement, succédaient donc bientôt des preuves nombreuses et irrécusables des incarnations qui étaient publiques et qui, à elles seules, suffisaient pour conférer les droits de l'ingénuité romaine. De là, dans les premiers siècles, il est bien évident que l'or. aurait refusé toute action à l'ingénu pour faire proclamer sa condition, lorsqu'il était en possession de l'ingénuité ; et cela par la raison qu'une pareille demande eût été complétement sans utilité réelle.

Nous avons dit qu'après un an, l'affranchi vivait de la vie parfaite des Quirites. Ne savons-nous pas, en effet, que la règle des Douze-Tables, « Comme le père de famille aura testé sur sa famille et sur la tutelle de ses enfants, que cela fasse loi, *Uti legassit super pecunia tutelave suœ rei, ita jus esto,* » que cette règle, disons-nous, était générale et concernait le testament non-seulement de celui qui était citoyen depuis sa naissance à la vie naturelle, mais encore de celui qui était né à la vie quiritaire longtemps après sa naissance à la vie naturelle (1)? Ne savons-nous pas que c'est après la fermeture de l'asile et la dégénération des Romains, que des restrictions ont été placées, par le droit prétorien (2) et par la loi Papia Poppéa (3), à la volonté dernière des affranchis? Ne savons-nous pas que non-seulement un enfant naturel, mais encore un enfant adoptif suffisait pour repousser complétement le patron de la succession de l'affranchi (4)? Ne savons-nous pas, enfin, que le *prœjudicium* qui concerne la question de libertinité, *libertinitatis*, n'est point d'origine ancienne, mais d'origine prétorienne (5)?

Les auteurs modernes se sont égarés dans la recherche du véritable sens du fameux *uno casu* de Justinien.

M. Ducaurroy prétend que le cas unique où le possesseur peut volontairement jouer le rôle de demandeur, a lieu quand, poursuivi par l'action publicienne, il est contraint, pour ne pas être dépouillé de sa propriété, d'opposer l'exception du juste domaine, *justi dominii* (6).

M. Ortolan, frappé des contradictions si saillantes qui existent dans l'explication de son savant collègue, nie l'existence de ce cas unique (7).

M. Pellat enseigne que ce cas unique existe dans une foule de circonstances (8).

(1) Justinien, *Instit.*, liv. iii, tit. 7, pr.
(2) *Ibid.*, § 1.
(3) *Ibid.*, § 2.
(4) *Ibid.*
(5) *Ibid.*, liv. iv, tit. 6, § 13.
(6) M. Ducaurroy, *Instit. Expliq.*, liv. iv, tit. 6, § 2.
(7) M. Ortolan, *Explicat. histor. des Instit.*, liv. iv, tit. 6, § 2.
(8) M. Pellat, *de la Propriété et de l'Usufruit.*

En remontant à la source des principes que l'on voit historiquement se produire, nous espérons avoir donné la véritable explication du cas indiqué par Justinien ; une preuve bien
frappante que nous sommes dans la vérité, c'est que cette explication, d'ailleurs si motivée, jette sur l'ensemble des principes du droit romain, sur l'organisation entière de la cité
quiritaire et principalement sur le mariage, une vive lumière.

II. *Dégénération des fils de famille et des débiteurs.* —
Dès que les *gentes* sont tombées en désuétude et qu'avec
elles ont disparu les garanties qui résultaient autrefois de
l'accomplissement des solennités quiritaires ; dès que la
manumission laisse subsister dans la personne de l'affranchi
une tache qui n'est plus effacée par les sacrifices et par les
incarnations, qui persiste en lui pendant toute sa vie et
qui laisse des empreintes ternissant la personne de ses
descendants jusqu'à la troisième génération : alors la jurisprudence a dû enlever au père de famille le droit de vie et
de mort sur ses enfants ; elle a dû également enlever au
créancier le droit de faire mourir à la cité son débiteur,
même celui qui avait été arrêté en flagrant délit de vol.

Aussi c'est au commencement du sixième siècle de Rome
que l'on voit disparaître l'antique *jus vitæ ac necis*, qui a
été, suivant tous les historiens, établi par Romulus lui-
même et qui a été proclamé dans la loi des Douze-Tables.
C'est là un point bien certain qui nous est révélé par les
jurisconsultes.

Paul s'exprime à cet égard en ces termes : « Celui qui,
forcé par une nécessité extrême ou pour cause d'aliments,
vend solennellement et livre ses enfants, ne préjudicie
point à leur ingénuité ; car un homme libre n'est point
appréciable à prix d'argent. Le père de famille ne peut
pas non plus remettre à quelqu'un ses enfants à titre de
gage : le créancier qui les recevrait à ce titre, lorsqu'il

connaîtrait d'ailleurs leur condition, sera déporté. Mais le père de famille conserve encore le droit de louer les services de ses enfants (1). »

Comme on le voit dans ce passage de Paul, le père de famille perd le droit de faire mourir son enfant à la cité romaine, de le dépouiller de la condition d'ingénu. Mais il conserve néanmoins le droit de le faire mourir à sa maison et à son dieu Lare, ainsi qu'à sa famille et à ses dieux paternels, au moyen des formes dégradantes du *mancipium*, qui l'assimile en quelque sorte à une chose. Cette puissance qui devient de plus en plus arbitraire et inique, à mesure que les formes du *mancipium* perdent de leur solennité et que la religion tombe en oubli, perd aussi chaque jour de son importance et finit par s'effacer complétement sous Justinien. Mais, depuis longtemps déjà, depuis le sixième siècle de Rome, le droit prétorien avait affaibli les effets qui résultaient de la dégénération de l'enfant par les formes solennelles du *mancipium*. En effet, d'après les édits du préteur, la *capitis deminutio* de l'enfant par le *mancipium* est considérée comme non avenue, toutes les fois que cette fiction peut lui être utile pour lui faire acquérir et conserver personnellement sa part dans l'hérédité paternelle. Or, cela a lieu si, à l'époque du décès de son père, il ne se trouve plus sous la puissance de l'acheteur et s'il ne se trouve pas non-plus sous la puissance paternelle d'un père adoptif, en d'autres termes, s'il est *sui juris* à l'époque du décès de son père naturel.

(1) Paul, *Sentences*, liv. v, tit. 1, § 1 : « Qui contemplatione extremæ necessitatis, aut alimentorum gratia, filios suos vendiderint, statui ingenuitatis eorum non præjudicant : homo enim liber nullo pretio æstimatur. Iidem nec pignori ab his aut fiduciæ dari possunt : ex quo facto sciens creditor deportatur. Operæ tamen eorum locari possunt. »

Le droit prétorien a également affaibli les conséquences rigoureuses qui résultaient, pour l'enfant mancipé, de la perte du nom de la famille et des dieux paternels, et par conséquent de la rupture des liens d'agnation, car il a introduit une nouvelle possession de biens, accordée à ceux qui ne tiennent au défunt que par les liens naturels du sang, par la cognation.

Recherchons maintenant le véritable sens du *jus vitæ ac necis*, de ces expressions antiques qui sont, sans aucun doute, la matière des plus fausses explications, et dont il est bien essentiel de connaître la juste interprétation; car autrement on ne pourrait que faiblement saisir le mariage et son histoire, Rome et son histoire, l'humanité et son histoire.

Romulus a permis au père de famille de faire mourir ses enfants; il lui a donné sur eux droit de vie et de mort, *jus vitæ ac necis*; ensuite, la loi des Douze-Tables a confirmé cette législation qu'elle a trouvée en vigueur. Voilà ce que nous révèlent les historiens et les jurisconsultes de l'antiquité.

Mais comment doivent s'entendre, dans la législation ancienne, les expressions *jus vitæ ac necis?* Faut-il les prendre dans leur sens naturel? ou dans un sens tout quiritaire?

Les auteurs modernes les prennent dans un sens naturel. De là ils enseignent que le père de famille avait, dans les six premiers siècles de Rome, le droit de tuer physiquement ses enfants de tout âge, de tout sexe et de toute dignité; en d'autres termes, ils prétendent que le père de famille pouvait toujours impunément, en vertu d'un droit absolu qui lui était accordé par la loi, arracher à ses enfants l'existence physique. Cette doctrine, il est vrai, a été produite par Denys d'Halicarnasse; mais cet historien a commis d'assez graves erreurs touchant l'interprétation des principes quiritaires et il tombe d'ailleurs à cet égard dans les contradictions les plus frappantes.

Pour prouver une pareille doctrine, Denys d'Halicarnasse et, d'après lui, les auteurs modernes invoquent les exemples de Brutus, de Virginius et de Manlius. Mais il est facile de comprendre que ces exemples ne sont nullement probants.

Brutus, qui a chassé les Tarquins et qui a fondé la République romaine, n'avait-il pas fait voter et jurer, par tous les citoyens, la mort de quiconque trahirait sa patrie et rappellerait les rois? N'est-ce pas en sa qualité de consul et de magistrat, et non pas en sa qualité de père, que Brutus, siégeant sur son tribunal et au Forum, a condamné à mort et a fait exécuter ses enfants? N'a-t-il pas également, en cette même qualité de magistrat, condamné et fait exécuter tous ceux qui avaient participé au complot tendant à rétablir les Tarquins sur le trône de Rome?

Virginius, ce père infortuné, agité par les sentiments de la plus amère douleur et du désespoir, plonge lui-même le fer dans le cœur de sa fille bien-aimée; il veut qu'elle conserve son honneur, qu'elle meure libre et pure, qu'elle ne tombe point dans un esclavage qui doit en faire l'objet de l'infâme passion du tyran Apius : « Par ce moyen, le seul qui me reste, ma fille, dit-il, je te revendique pour la liberté (1). » N'est-il pas évident que cet exemple ne peut pas justifier les conséquences qu'en tirent Denys d'Halicarnasse et les auteurs modernes?

L'exemple de Manlius ne prouve point davantage la doctrine avancée. Les consuls avaient défendu, sous peine de

____

(1) Tite-Live, liv. III, 48 : « Hoc te uno quo possum, ait, modo, filia, in libertatem vindico. »

mort, de combattre hors des rangs : le fils du consul Manlius viole lui-même l'édit prohibitif. Dès que son père est instruit de cette grave violation, il rassemble les militaires par centuries et il condamne son fils à la mort, « par la raison qu'il a combattu contre l'ennemi malgré la prohibition des consuls et au mépris de la majesté paternelle, et qu'il est nécessaire de maintenir la discipline militaire, ce rempart de la cité (1). » Lorsque le consul Manlius revient à Rome, vainqueur des ennemis, « les vieillards seuls, dit Tite-Live, vont à sa rencontre ; mais il a été abhorré depuis lors et exécré par la jeunesse pendant toute sa vie (2). » Comme on le voit, ce n'est point en sa qualité de père, mais en sa qualité de consul, de général et de magistrat, que Manlius fait, quoique à regret, mourir son fils. Et pourtant, chose bien remarquable ! il est dès lors et pendant toute sa vie abhorré et exécré par la jeunesse ! « Si c'est sans cause, dit l'un des descendants de Manlius Torquatus, que mon ancêtre a fait mourir son fils, je voudrais n'être point du nombre des descendants d'un homme si barbare et si cruel; mais s'il a voulu, en sacrifiant ses affections, maintenir la discipline militaire et contenir, dans une guerre aussi redoutable, l'armée par la crainte du châtiment, il a pourvu au salut des citoyens (3). » Comme le rapporte Cicéron, « Torquatus, qui a fait mourir son fils, n'a en cela rien fait dans sa

(1) Tite-Live, liv. VIII, 7.

(2) *Ibid.* : « Cui venienti seniores tantum obviam exisse constat; juventutem, et tunc, et omni vita deinde aversatam eum exsecratamque. »

(3) Cicéron, *des Biens et des Maux*, liv. 1, 10 : « Filium morte mulctavit : si sine causa nollem me ab eo ortum, tam importuno, tamque crudeli. Sin ut dolore suo sanciret militaris imperii disciplinam, exercitumque in gravissimo bello animadversionis metu contineret, saluti prospexit civium. »

cause, mais il a fait à la République le plus grand sacrifice (1). »

Ainsi, les exemples cités par les auteurs qui entendent les expressions *jus vitæ et necis* dans un sens naturel et littéral, ne sont absolument d'aucune autorité. De là il faut conclure, surtout lorsque l'on examine attentivement l'ancienne législation, qu'un droit aussi cruel n'a jamais existé et que le père de famille n'aurait jamais pu, en cette seule qualité, tuer impunément son enfant. En ouvrant l'asile, Romulus a dû faire et a fait en effet des lois humaines et douces. Aussi les historiens disent du fondateur de la cité des Quirites qu'il était divin et bon : « Il n'a tué ni fait mourir personne, dit Plutarque ; mais il s'est, au contraire, montré bienfaisant à l'égard de ceux qui manquaient d'abri et de pénates, qui demandaient à faire partie du peuple et à devenir membres de la cité (2). » Ces expressions de Plutarque prouvent que Romulus n'a point armé la société d'un glaive contre les citoyens, et, à bien plus forte raison, qu'il n'a point donné au père de famille le droit de tuer ses enfants. Aussi les peines criminelles n'étaient point dures : « Les peines, dit Cicéron, consistaient d'abord dans des amendes de moutons et de bœufs ; la fortune se composait alors de troupeaux et de possessions des lieux, ce qui a fait appeler certains citoyens *pecuniosi* et d'autres *locupletes*. Les peines ne consistaient point dans la violence ni dans les supplices (3). »

Toutefois, dans les crimes qui violaient essentiellement les

(1) Cicéron, *des Biens et des Maux*, liv. ii, 19 : « Torquatum nihil fecisse sua causa, omniaque Reipublicæ. »

(2) Plutarque, *Vie de Romulus :* « Ἀνῄρει μὲν οὐδένα, οὐδέ ἀπώλλυεν, εὐργέτει δέ τοὺς ἐξ ἀοίκων καὶ ἀνεστίων δῆμον ἐθέλοντας εἶναι καὶ πολίτας. »

(3) Cicéron, *de la République*, liv. ii, 10: « Mulctæque dictione ovium et boum, quod tum erat res in pecore et locorum posses-

obligations émanant de l'acceptation de l'asile et de la génération à la cité des Quirites, la société n'enlevait point, il est
vrai, la vie naturelle qu'elle n'avait point conférée ; mais elle
enlevait au coupable la vie quiritaire en le dégénérant et en
l'excommuniant : dès lors, les citoyens lui refusaient l'eau et
le feu, ce qui le mettait dans la nécessité de quitter Rome.
Ainsi que le rapportent les historiens, il n'y avait pas de
peine plus grave que l'excommunication, car, en ouvrant
un asile, Romulus ne voulait point effrayer les citoyens pour
leur vie naturelle.

Cette ancienne jurisprudence laisse pendant longtemps
des traces bien visibles : « Un Romain accusé d'un crime
capital, remarque Gibbon, était le maître de prévenir son
arrêt en s'exilant : ce qu'il pouvait faire jusqu'à ce qu'on
eût compté et déclaré l'opinion de la dernière centurie :
en mourant ainsi à la vie civile, sa réputation était intacte,
et il laissait sa fortune à ses enfants (1). »

Or, de même que la société peut repousser de son sein
quelques-uns de ses membres, soit à cause de crime, soit à
cause de nécessité et pour fonder des colonies ; ainsi le père de
famille peut repousser solennellement son enfant de sa maison,
soit à cause de sa mauvaise conduite, soit à cause de nécessité :
par là, le père fait mourir son enfant à sa maison et à sa famille, à son dieu Lare et à ses dieux paternels ; en outre, dans
les cas où il ne s'agit point d'une fille donnée en mariage, en
faisant mourir son enfant à sa maison et à sa famille, le
père le fait aussi mourir par là entièrement à la vie des
Quirites, soit qu'il l'enrôle pour une colonie, soit qu'il le
rende l'objet du *mancipium*. A cause du droit de vie et de

sionibus, ex quo pecuniosi et locupletes vocabantur; non vi ac
suppliciis. »

(1) Gibbon, *Histoire de la décadence de l'empire romain*,
chap. 44.

mort, du *jus vitæ ac necis*, établi par Romulus, le père qui dégénère complétement son enfant, n'a pas besoin de se présenter dans la *gens*, dans la curie, dans la tribu ni dans les autres corporations dont son enfant fait partie, afin d'y présenter et d'y faire agréer ses motifs : sa volonté, manifestée selon les formes solennelles de l'enrôlement ou du *mancipium*, fait loi, *ita jus esto*. Lorsque le père a ainsi exercé son droit quiritaire de mort, *necis*, l'enfant est diminué de tête, *capite deminuitur*. Ces dernières expressions, de même que celles, *jus vitæ et necis*, seraient bien faussement interprétées, si elles s'entendaient dans un sens physique et naturel : un pareil essai d'interprétation a été tenté, entre autres, par M. Ducaurroy. Mais cet auteur a bientôt été forcé d'abandonner son interprétation qui tombait devant la critique ; et maintenant il se repose, *sans chercher aucune autre explication* (1). L'enfant qui est enrôlé pour une colonie ou qui est mancipé par son père de famille perd donc son *caput*, c'est-à-dire, l'ensemble de ses droits. Si l'enfant avait une meilleure conduite, ou si le père de famille parvenait à acquérir une meilleure position de fortune, en un mot si les causes qui avaient déterminé la dégénération venaient à cesser, le père de famille faisait alors renaître son enfant à la vie quiritaire, ainsi qu'à la vie de sa famille et de sa maison. Mais, depuis que les citoyens s'individualisent ; que les peines résultent de lois plus générales, qu'elles sont durables et laissent une tache qui n'est point susceptible d'être effacée ; que les sentiments de religion, de famille et de corporation s'affaiblissent et s'éteignent : alors le nouveau législateur restreint la puissance paternelle et diminue les effets rigoureux de l'ancienne *capitis deminutio*.

---

(1) **M. Ducaurroy**, *Inst. Expl.*, liv. I, tit. 16, § 3.

Le droit de vie et de mort, *jus vitæ ac necis*, doit donc s'entendre dans un sens tout quiritaire ; de même, c'est dans un sens quiritaire qu'il faut prendre l'expression *caput*, *capitis deminutio*, ainsi que les expressions vieillard, père, mariage.

On honorait à Rome les vieillards, disent les historiens, et ils occupaient dans les assemblées les postes d'honneur. Mais un homme âgé qui viendrait de naître à la vie quiritaire, serait-il un vieillard, *senex* ? occuperait-il les postes d'honneur ? Non, il est jeune selon le langage sacré ; c'est un néophyte.

Les pères étaient honorés en proportion du nombre de leurs enfants, disent encore les jurisconsultes et les historiens. Mais il est bien évident qu'il s'agit ici de paternité quiritaire : le sénateur, dont l'épouse a été stérile, est un père dans le langage sacré : il est donc honoré dans la cité en proportion du nombre de ses enfants spirituels, de ses clients. Quant à celui qui a eu beaucoup d'enfants de son épouse, il n'est plus leur père, dans la langue sacrée, s'il a brisé les liens quiritaires qui les attachaient à lui ; et par là il n'a plus sur eux aucune espèce de puissance.

Le mari n'a également aucun pouvoir sur la compagne qui ne lui est pas unie selon les lois sacrées ; il n'est point son père, car il ne l'a pas générée à ses choses divines et humaines : de là, aux yeux de la cité romaine, il n'y a pas mariage. De là le mari n'est point quiritairement le père des enfants qui naissent de cette compagne, et par conséquent il n'a sur eux aucune espèce de puissance : il leur est étranger.

Le droit de vie et de mort que Romulus et la loi des Douze-Tables accordent au père de famille, a bien certainement un sens seulement quiritaire.

Le droit de vie, *jus vitæ*, est donc le droit qu'a le père de faire naître à sa maison et à sa famille qui bon lui semble, sans avoir pour cela besoin du consentement des membres de sa famille.

Le *jus necis* est le droit du père de faire mourir à sa maison, à sa famille et aux diverses corporations qui bon lui semble de ceux qui sont soumis à sa puissance paternelle ; et, pour cela, il n'est nullement nécessaire qu'il ait le consentement ni de l'enfant qu'il veut quiritairement dégrader, ni des membres de sa maison, ni des membres de sa famille, ni enfin des membres des corporations diverses dont son enfant fait partie.

« Mais, dit-on, la loi de Romulus et celle des Douze-Tables accordent pourtant au père de famille le droit de faire mourir physiquement ses enfants monstrueux. » Cela est vrai. Mais qu'on le remarque bien, c'est là une exception qui confirme la règle générale et qui prouve que, dans un sens littéral, le père de famille n'avait pas en principe le droit de tuer ses enfants. D'ailleurs voyez dans quelles limites est restreinte cette exception, qui peut se comprendre chez un peuple guerrier, comme celui de Rome : il faut que l'enfant soit monstrueux, que le père ne tarde pas longtemps avant que d'exercer ce droit, qu'il ait fait examiner le nouveau-né par cinq de ses plus proches voisins, et que les voisins aient constaté que l'enfant est monstrueux. Si le père de famille tue physiquement ses enfants dans d'autres cas, disent tous les historiens et Denys d'Halicarnasse lui-même, la loi de Romulus ordonne que la part du mari dans la communauté conjugale soit confisquée au profit du public (1). Cette disposition prouve évidemment que le

(1) **Denys d'Halicarnasse**, *Antiquités romaines*, liv. **II**, 15 : « Ταῦτα δ' οὐκ ἐκώλυσεν ἐκτιθέναι τοὺς γειναμένους, ἐπιδείξαντας πρότερον πέντε ἀνδράσι τοῖς ἔγγιστα οἰκοῦσιν, ἐὰν κακείνοις συνδοκῇ. Κατὰ δὲ τῶν μὴ πειθομένων τῷ νόμῳ ὥρισεν ἄλλας τὲ καὶ τῆς οὐσίας αὐτῶν τὴν ἡμίσειαν εἶναι δημοσίαν. »

père de famille n'avait point le droit de tuer ses enfants ;
s'il a commis un pareil crime, il perd tous ses biens, ce
qui prouve qu'il meurt à la cité quiritaire et qu'il est dévoué
aux dieux infernaux. Denys d'Halicarnasse dit encore ailleurs
que le citoyen était obligé de se marier à un certain âge et
d'élever tous ses enfants nés du mariage (1).

Un fait historique des plus frappants vient démontrer
que nous sommes pleinement dans la vérité sur l'interprétation du *jus vitæ ac necis*.

Pomponius, tribun de la plèbe, accuse le consul Manlius,
l'an 339 de Rome : le chef principal de l'accusation est que
Manlius, tient son fils, à cause de son peu d'intelligence,
« éloigné de la ville, de sa maison, de ses pénates, de son
foyer et de la fréquentation de ses égaux (2). » Le tribun
ajoute : « Les animaux eux-mêmes nourrissent et élèvent
leurs petits, lors même qu'il y en aurait parmi eux qui ne
seraient point favorisés par la nature. Mais L. Manlius,
grands Dieux ! ose ajouter encore le mal au mal de son fils,
entraver le développement de son intelligence et éteindre la
pâle lumière de son esprit, en le plaçant dans un genre de
vie agreste et parmi les troupeaux (3) ! »

Pomponius était certain de triompher dans son accusation
et de faire condamner Manlius ; mais le fils de ce dernier
cache un poignard sous sa robe, vient de grand matin dans
la ville et se rend auprès du tribun : il le trouve au lit et
lui dit de faire écarter tout le monde, pour écouter les

(1) Denys d'Halicarnasse, liv. ii, 15 ; liv. ix.
(2) Tite-Live, liv. vii, 4.
(3) *Ibid.* : « Ne mutas quidem bestias minus alere ac fovere, si
quid ex progenie sua parum prosperum sit. At, hercle ! L. Man-
lium, malum malo augere filii ; et tarditatem ingenii insuper
premere ; et, si quid in eo exiguum naturalis vigoris sit, id
extinguere vita agresti, et rustico cultu, inter pecudes habendo. »

communications qu'il désire lui faire. Ensuite il tire son poignard qu'il place sur la poitrine du tribun, en menaçant de le percer sur le champ, s'il ne jure de se désister de l'accusation portée contre son père : et il obtient ainsi son désistement (1).

Les motifs de cette accusation, qui est rapportée par tous les historiens, démontrent clairement que, au quatrième siècle de Rome, le père de famille n'avait point, dans un sens littéral, le droit de vie et de mort sur ses enfants, et qu'il n'avait même jamais eu ce droit.

Donc le *jus vitæ et necis* ne doit être entendu que dans un sens quiritaire.

L'exercice du droit spirituel de vie et de mort ne pouvait avoir lieu que par l'accomplissement de formes solennelles et publiques, qui étaient de sûres garanties contre les abus ; et néanmoins Romulus a établi en principe que le père de famille ne pourrait point faire mourir à sa maison et excommunier les enfants âgés de moins de trois ans (2). N'est-il pas, en effet, contraire aux lois de la nature de séparer la mère de ses jeunes enfants ?

Enfin, pour achever de déraciner une erreur qui est devenue générale, nous citerons un passage de Tite-Live et un passage de saint Paul, où les expressions *jus vitæ ac necis* ont évidemment un sens spirituel.

Les magistrats plébéiens citent devant les comices par tribus le fameux Coriolan : ils demandent l'exil perpétuel de ce fier patricien, c'est-à-dire sa mort éternelle à la cité romaine. « Chaque plébéien, dit à cette occasion Tite-Live, se voyait par là juge de son ennemi, maître de sa vie et de

____

(1) Tite-Live, liv. VII, 4.
(2) Denys d'Halicarnasse, *Antiq. rom.*, liv. II, 15.

sa mort (1). » Au jour fixé pour la sentence, l'accusé ne comparaît point, « et la plèbe persévère à son égard dans sa colère (2). » Les hommes de la plèbe exercent donc leur droit de mort, leur *jus necis*. Or l'effet produit a été l'excommunication de Coriolan, c'est-à-dire son exil perpétuel, ainsi que nous le révèlent Tite-Live et tous les historiens.

De même que Romulus, Jésus ouvre à tous les portes de l'asile : aussi, de même que chez les Quirites, le droit de vie et de mort a chez les chrétiens un sens spirituel. Voilà ce que nous révèle saint Paul : l'Apôtre des nations dit aux membres de l'Église de Corinthe qu'il les regarde non comme spirituels, mais comme charnels; qu'il leur parle comme à des tout petits dans le Christ, qu'il leur donne du lait et non de la nourriture, car ils ne pourraient la supporter, puisqu'ils sont encore charnels. « N'êtes-vous pas charnels, ajoute-t-il, et ne marchez-vous pas dans les voies du vieil homme, lorsque parmi vous il y a des disputes et des contestations ? Lorsque l'un dit : *Moi, j'appartiens à Paul;* et un autre : *Moi, j'appartiens à Apollo*, n'êtes-vous pas des hommes ? Qu'est-ce donc que Paul ? qu'est-ce donc qu'Apollo ? Nous sommes les ministres de celui en qui vous croyez, et, selon la volonté du Seigneur, les ministres de chacun de vous. J'ai planté, Apollo a arrosé ; mais c'est Dieu qui a fécondé (3). » Puis l'Apôtre ajoute ces remar-

(1) Tite-Live, liv. ii, 35 : « Se judicem quisque, se dominum vitæ necisque inimici factum videbat. »

(2) *Ibid.* : « Perseveratum in ira est. »

(3) Saint Paul, *aux Corinthiens*, Épître I, chap. iii, 3-7 : « Cum enim sit inter vos zelus, et contentio : nonne carnales estis, et secundum hominem ambulatis? Cum enim quis dicat : *Ego quidem sum Pauli;* alius autem : *Ego Apollo;* nonne homines estis? Quid igitur est Apollo? quid vero Paulus? Ministri ejus cui credidistis, et unicuique sicut Dominus dedit. Ego plantavi, Apollo rigavit : sed Deus incrementum dedit. »

quables paroles : « Tout est à vous, et Paul, et Apollo et Céphas, et le monde, *et la vie, et la mort*, et le présent, et l'avenir. Tout est à vous. Pour vous, vous êtes au Christ, et le Christ est à Dieu (1). »

Les expressions de saint Paul, soit la vie, soit la mort, *sive vita*, *sive mors*, qui doivent être évidemment entendues dans un sens spirituel, prouvent que les membres de l'Église de Corinthe ont le droit de faire vivre des étrangers de leur vie, et de faire mourir à leur vie les coupables, de les excommunier. Le sens de ce passage de saint Paul, qui démontre si clairement la puissance souveraine du corps des fidèles, devient plus évident encore lorsque l'Apôtre recommande aux fidèles de Corinthe de se réunir et d'exercer leur droit souverain et de vie et de mort, en livrant à la puissance infernale, à Satan, l'un de leurs membres qui est fornicateur, afin de faire mourir la chair et de conserver l'esprit (2). « N'est-ce pas à vous, ajoute-t-il, à juger ceux qui sont parmi vous ? Enlevez le mal du milieu de vous (3). »

Enfin, dans les derniers temps de la République et sous l'empire romain, on enlève au père de famille le droit de faire mourir ses enfants à la cité, et même celui de les faire mourir à sa maison et à sa famille sans leur consentement; mais nulle part on ne lui enlève le droit de faire mourir physiquement ses enfants : c'est que la cité n'avait pas à

(1) Saint Paul, *aux Corinthiens*, Épître I, chap. iii, 22, 23 : « Omnia enim vestra sunt, sive Paulus, sive Apollo, sive Cephas, sive mundus, *sive vita, sive mors*, sive præsentia, sive futura; omnia enim vestra sunt. Vos autem Christi; Christus autem Dei. »

(2) *Ibid.*, Épître I, chap. v, 4, 5 : « Congregatis vobis, tradere hujusmodi Satanæ in interitum carnis, ut spiritus salvus sit. »

(3) *Ibid.*, 12, 13 : « Nonne de iis qui intus sunt vos judicatis? Auferte malum ex vobis ipsis. »

ravir au père de famille un glaive qu'elle n'avait jamais mis dans sa main.

Que n'a-t-on pas dit sur le pouvoir qu'avait, chez les Romains, le père de famille de vendre trois fois son fils ? « Romulus, dit Denys d'Halicarnasse, a permis au père de vendre son fils jusqu'à trois fois, et il lui a donné en cela un pouvoir plus grand sur son fils qu'au maître sur son esclave. En effet, lorsqu'un esclave est vendu une fois par son maître, s'il est ensuite affranchi, il devient par là *sui juris*. Mais lorsqu'un fils est vendu par son père, dès qu'il devient libre, il retombe de nouveau sous la puissance paternelle ; s'il est une seconde fois vendu, et ensuite affranchi, il retombe encore au pouvoir de son père : de là, ce n'est qu'après la troisième vente qu'il est libéré de la puissance paternelle (1). » Comme on le voit, Denys d'Halicarnasse, qui vivait dans une époque où les mœurs anciennes, les pratiques religieuses et les antiques associations étaient tombées en désuétude, met sur la même ligne le *mancipium* qui a pour effet la translation de propriété d'un esclave, et le *mancipium* célébré autrefois avec les solennités religieuses et ayant pour effet la dégénération d'un enfant. Cette étrange confusion fait supposer à cet auteur que la loi autorisait le père à exercer plus de barbarie à l'égard d'un fils qu'à l'égard d'un esclave ! Mais, qu'on ne s'y trompe point, la disposition de la loi des Douze-Tables qui est relative au fils, est restrictive de la puissance paternelle : elle est faite

(1) Denys d'Halicarnasse, *Antiquités romaines*. liv. II, 27 : « Τοῦτο συνεχώρησε τῷ πατρὶ, μέχρι τῆς τρίτης πράσεως ἀφ' υἱοῦ χρηματίσασθαι, μείζονα δοὺς ἐξουσίαν πατρὶ κατὰ παιδὸς, ἢ δεσπότῃ κατὰ δούλου. Θεραπόντων μὲν γὰρ ὁ πραθεὶς ἅπαξ, ἔπειτα τὴν ἐλευθερίαν εὑράμενος, αὑτοῦ τὸ λοιπὸν κυριὸς ἔστιν. Υἱῶν δ' ὁ πραθεὶς ὑπὸ τοῦ πατρὸς, εἰ γένοιτο ἐλεύθερος, ὑπὸ τῷ πατρὶ πάλιν ἐγίνετο· κἂν τὸ δεύτερον, ἀπεμποληθεὶς τε καὶ ἐλευθερωθεὶς, δοῦλος, ὥσπερ ἐξ ἀρχῆς, τοῦ πατρὸς ἦν· μετὰ δὲ τὴν τρίτην πρᾶσιν ἀπήλλακτο τοῦ πατρός. »

en faveur du fils lui-même. En effet, après une première vente solennelle et un premier affranchissement, et même après une seconde vente solennelle et un second affranchissement, le fils qui retombe sous la puissance paternelle, n'est point une nouvelle personne, un néophyte : il conserve son ancienne personne ; c'est donc un *senior*, et par conséquent il reste dans la plénitude de ses droits. De là, il conserve son ancienne considération et son ancien rang dans les sacrifices et dans les banquets sacrés de la maison, de la famille, des parents et alliés, du corps d'état, de la curie, de la tribu et du peuple romain. De même qu'il fallait à l'étranger et à l'affranchi trois générations pour vivre de la vie parfaite des Quirites ; ainsi il fallait trois dégénérations ou *mancipia* pour faire mourir complétement un fils à la vie des Quirites. De même que les trois générations étaient des précautions pour que les droits de cité ne fussent pas légèrement conférés ; ainsi, les trois dégénérations et les formes publiques et religieuses dont elles étaient entourées, étaient prescrites afin qu'un fils ne fût pas légèrement privé des droits les plus précieux. Nous trouvons, dans la jurisprudence romaine, un vestige de l'antique disposition : lorsque le père de famille dispose de son hérédité, l'omission du fils vicie complétement le testament ; mais le testament est valable, malgré l'omission de la fille et du petit-fils. En outre, l'exhérédation du fils est nulle si elle n'est point faite d'une manière nominative, tandis que l'exhérédation des filles et des petits-fils peut se faire en termes généraux. Or ne sait-on pas que ces restrictions apportées à la volonté dernière du père de famille ont été introduites dans l'intérêt des enfants et surtout dans celui des fils, et qu'elles prennent leur source dans l'ancienne organisation ?

Denys d'Halicarnasse, qui paraît n'avoir point saisi l'esprit de la loi relative au fils de famille, constate néanmoins à cet

égard un fait qui contredit son appréciation : c'est que le
anciens rois considéraient cette disposition comme l
meilleure de toutes les lois, κράτιστον ἡγούμενοι νόμων. Il
constate, en outre, comme tous les historiens, que les
décemvirs ont inséré cette disposition dans la quatrième
table ; mais la réflexion qu'il fait à cet égard manque complétement de vraisemblance : « Les décemvirs, dit-il, n'ont
pas osé la changer (1). »

Gibbon ajoute encore à la sombre peinture qu'a faite
Denys d'Halicarnasse de la loi relative au fils : « Le chef de
famille indigent ou avare, dit-il, pouvait également disposer de ses enfants et de ses esclaves ; mais la condition
de l'esclave était la moins désavantageuse, puisque le premier affranchissement lui rendait sa liberté. Le fils, au
contraire, rentrait alors sous l'empire d'un père dénaturé
qui pouvait le condamner à la servitude une seconde et une
troisième fois, et ce n'est qu'après avoir été trois fois
vendu et affranchi qu'il était délivré de ce pouvoir dont on
avait abusé si souvent contre lui (2). » La nature, la raison,
la loi et la religion mettaient évidemment, entre l'esclave et
le fils, des différences saillantes dans l'avantage de ce dernier.

Que de déclamations et d'erreurs n'ont pas été faites sur
la loi qui concerne les débiteurs ! Sans doute, cette loi
est rigoureuse et même dure ; mais elle n'est point aussi
barbare que le supposent les auteurs modernes, qui prennent dans un sens littéral et naturel des expressions qui ne
sont que quiritaires. La rigueur de la loi décemvirale trouve
son explication, d'une part, dans la solennité des formes
nécessaires pour faire naître les obligations, et, de l'autre,
dans la nécessité des circonstances. Depuis peu de temps,

(1) Denys d'Halicarnasse, *Antiq. rom.*, liv. II, 27.
(2) Gibbon, *Histoire de la décadence de l'empire romain*,
chap. 44.

le sénat avait prononcé la remise de toutes les dettes, afin de rappeler dans les murs de la cité en péril les plébéiens qui s'étaient retirés en armes sur le Mont-Sacré ; cette remise et le mouvement de la plèbe dirigée par ses tribuns avaient tari les sources de la foi dans les contrats : il était nécessaire que les décemvirs accordassent de grandes garanties aux créanciers pour faire renaître la confiance et la prospérité publique.

D'après cette loi, que les auteurs modernes flétrissent du nom de cruelle, le créancier a des voies d'exécution privée sur la personne de son débiteur qui s'est lié publiquement, *coram populo*. Le débiteur condamné par une sentence, jouit de trente jours francs pour acquitter sa dette. S'il ne se libère pas dans ce délai, son créancier a sur lui la *manus injectio*, par suite de laquelle il peut l'entraîner devant le magistrat, et obtenir l'*addictio ;* ensuite, il peut remplir les formalités nécessaires pour le faire mourir à la cité des Quirites. Pour cela il faut qu'il le conduise sur la place publique pendant trois jours de marchés consécutifs, qui se tiennent tous les neuf jours. Là, en présence du peuple assemblé, il proclame le nom de son débiteur et le montant de la dette. Si personne ne se présente pour revendiquer le débiteur en payant sa dette, celui-ci est complétement dégénéré par le magistrat, et par là il cesse de faire partie de la cité romaine. Son créancier devient propriétaire de ses biens ; il devient aussi propriétaire de son corps et il peut, à son gré, le conserver comme esclave ou le vendre à l'étranger.

Qu'on le remarque bien, les trois expositions publiques qui sont nécessaires pour la dégénération d'un père de famille débiteur, ont le même fondement que les trois *mancipia* qui sont nécessaires pour la dégénération du fils de famille, et elles sont des garanties qu'un bon citoyen,

aimé de ses agnats, de ses gentils et des hommes des diverses corporations dont il est membre, ne subira point la
perte totale de ses droits. Ces trois expositions tirent leur
origine de l'organisation quiritaire et des trois corporations
principales qui sont la curie, la tribu et le peuple romain;
elles ont donc, en sens inverse, le même fondement que
les trois générations qui sont requises pour faire naître un
étranger ou un affranchi à la vie parfaite des Quirites. Il
reste encore, dans le nouveau droit, une image frappante
des trois expositions publiques : pour faire vendre en masse
les biens de leur débiteur, les créanciers se présentent trois
fois, au Forum, devant le préteur (1).

D'après la loi des Douze-Tables, lorsqu'il y a plusieurs
créanciers du même débiteur qui a été condamné et exposé
ensuite trois jours de marchés consécutifs, et qui par là
a été dégénéré, ils peuvent, à leur gré, ou se le diviser ou
le vendre au delà du Tibre : « En cas de division, dit la
loi décemvirale, si les parts ont été plus faibles ou plus
fortes, il n'y a point de fraude, *si plus minusve secuerunt,
se fraude esto.* » La plupart des auteurs modernes soutiennent que la loi des Douze-Tables a conféré aux créanciers le pouvoir de se diviser matériellement le corps de
leur débiteur, c'est-à-dire de le couper en morceaux et
d'en emporter chacun un membre sanglant ; qu'aucun des
créanciers n'a droit d'attaquer le partage consommé, en
prétendant qu'il a un trop faible poids de la chair du débiteur, ou qu'un autre créancier en a un poids trop fort.

Ne suffit-il pas d'exposer cette doctrine des auteurs modernes pour démontrer qu'elle est fausse? N'est-il pas bien
évident que le peuple romain, si facile à émouvoir et à
soulever par le spectacle des tortures de l'un de ses mem-

(1) Gaïus, *Instit. Comm.*, liv. III, 77-80,

bres, dans cette époque où les communions et les incarnations confirmaient, à des époques fréquentes et harmoniques, les liens des nombreuses générations quiritaires qui rendaient tous les sénateurs des Pères pour ainsi dire de chaque citoyen ; n'est-il pas bien évident, disons-nous, qu'une pareille disposition n'aurait point pu être acceptée dans une loi qui a été votée avec des acclamations unanimes, qui est, selon Tacite, « la fin du droit équitable, » et qui a toujours été l'objet de la vénération des Romains ? n'est-il pas évident qu'une disposition aussi cruelle n'aurait pas même été applicable ? n'est-il pas évident, enfin, que cette disposition aurait été clairement et énergiquement flétrie par les tribuns de la plèbe et par tous les historiens et les jurisconsultes ?

Les auteurs modernes, il est vrai, invoquent des textes à l'appui d'une opinion qui tombe devant la raison et le bon sens. Qu'on ne s'y trompe point, ces auteurs ont la lettre des textes ; mais ils n'en ont point l'esprit, car ils n'ont point été initiés aux mystères de l'organisation quiritaire ni au sens de la langue sacrée : ils entendent les paroles des auteurs anciens, sans pouvoir en comprendre l'esprit.

Voici, sans aucun doute, la véritable explication des termes de la loi décemvirale.

Lorsqu'un débiteur a été condamné et qu'il a été ensuite conduit trois jours de marchés consécutifs sur la place publique, il meurt, mais seulement à la vie quiritaire ; il perd cette vie que lui ont conférée les trois grandes générations et incarnations.

L'âme quiritaire de cet ancien débiteur est éteinte, et, par suite de cette extinction, il n'a plus de personne, c'est-à-dire de rôle dans la cité, et par conséquent il n'est même plus un débiteur : ce n'est plus, aux yeux des citoyens, qu'un corps, une chair, une chose.

Les anciens créanciers qui se divisent entre eux les biens de cet ancien débiteur, se divisent également son corps ; par suite de cette division, ils deviennent, chacun dans la proportion de sa créance, copropriétaires de ce corps, de cet esclave. Ils peuvent le posséder eux-mêmes à ce titre ou bien le vendre comme esclave au delà du Tibre.

Après le partage des biens et du corps de l'ancien débiteur, les tiers qui ont été négligents, qui, malgré les trois proclamations, n'ont point fait valoir leurs droits ou qui en auraient omis quelques-uns, ne peuvent plus élever maintenant aucune réclamation. En effet, n'est-il pas évident que la personne de l'ancien débiteur est morte ? n'est-il pas évident que cette personne ne va point se reposer sur la personne d'un héritier pour se confondre avec elle ? n'est-il pas évident, enfin, que par le partage des biens et du corps de l'ancien débiteur, tout se trouve consommé ? Ainsi donc les créanciers qui ne se sont point présentés pour prendre part à cette répartition qui a été solennellement annoncée par trois proclamations, sont victimes de leur propre négligence : ils ne peuvent s'adresser à personne maintenant pour réclamer le paiement de leurs créances ; bien plus, ils ont même cessé d'être créanciers par l'extinction de la personne et de l'âme quiritaire de leur débiteur ; en effet, la créance, dans l'ancien droit, est un lien qui s'accroche activement sur un père de famille et passivement sur un autre père de famille ; or l'âme quiritaire du débiteur étant éteinte, il n'est plus père de famille, il n'est plus citoyen ; il n'est maintenant qu'une chose, et de là il n'y a plus de débiteur et par conséquent il n'y a plus de lien de créance ni de créancier (1).

(1) Ces principes laissent des traces bien visibles dans tous les

Cette interprétation de la loi décemvirale en ce qui concerne les débiteurs, a déjà été tentée par Bynkershoek. Suivant Gibbon, cette interprétation doit être rejetée. Pourquoi ? « Comme cette interprétation, dit-il, n'est qu'une métaphore continuelle, elle ne peut détruire celle des Romains eux-mêmes qui enseignent que les créanciers partageaient le *corps* et non la *valeur* du débiteur insolvable (1). »

L'observation de Gibbon n'est point, en cette matière, pour nous d'un grand poids, et la raison sur laquelle il s'appuie prouve qu'il ignore la nature du partage romain.

Ne savons-nous pas que la vie quiritaire, comme la vie chrétienne, est, dans toutes ses phases, ce que Gibbon appelle une métaphore ? Ne savons-nous pas que Gibbon n'a point saisi le système religieux des associations quiritaires qui s'établissaient seulement au moyen de générations spirituelles ? Ne savons-nous pas enfin que cet auteur a affirmé

ouvrages des jurisconsultes romains et même dans la législation de Justinien. En effet, même dans le droit nouveau, on reconnaît que les dettes, les servitudes personnelles et les liens de famille sont éteints toutes les fois qu'un père de famille subit la grande, la moyenne ou même la petite *capitis deminutio*. D'après les principes du nouveau droit civil, un lien de droit peut reposer passivement sur un fils de famille ; il peut, dans certains cas, reposer aussi sur lui activement ; mais pourtant, en principe, toute *capitis deminutio*, même la petite, éteint la dette, parce que la personne du débiteur est, sinon éteinte, du moins dégradée. Mais souvent le droit prétorien efface les effets de l'extinction de la personne du débiteur ou de sa dégradation, en un mot de l'échange d'un meilleur état, *prioris status commutatio* ; il donne au créancier une formule d'action fictive : dans cette formule il suppose que la *capitis deminutio* est non avenue ; que, s'il y avait dette, elle n'est point éteinte et par conséquent qu'elle doit être acquittée.

(1) Gibbon, *Histoire de la décadence de l'empire romain*, chap. 44.

que l'épouse était, chez les Romains, considérée comme une fille, *à l'aide d'une fiction qui manquait de raison et de délicatesse* (1)? Ne savons-nous pas ainsi d'une manière certaine qu'il a méconnu l'essence du mariage quiritaire, dans lequel le mari générait son épouse à ses choses divines et humaines?

Ainsi que l'affirme Gibbon, c'était le *corps* du débiteur, et non sa *valeur* qui était entre les créanciers l'objet du partage. Mais il ne s'ensuit nullement que l'on coupait le débiteur pour en donner à chacun des créanciers un morceau qu'ils pouvaient conserver sans être inquiétés par d'autres créanciers.

D'ailleurs, tous les jurisconsultes romains nous enseignent, que les seules choses qui sont l'objet du partage entre cohéritiers, ce sont les corps héréditaires, *corpora hereditaria;* ils nous enseignent également que les créances et les dettes, *nomina*, se divisent de plein droit entre les cohéritiers en proportion de leurs parts héréditaires, et par conséquent qu'elles ne sont point dans l'indivision et ne font pas l'objet du partage, de l'*adjudicatio*. Ces principes qui ont été consacrés par la loi des Douze-Tables et qui ont toujours été en vigueur dans la législation romaine, ont été admis par la loi française et par les autres législations modernes. Ces dogmes incontestables étant posés, il est hors de doute que l'esclave laissé par le défunt est un corps, qu'il est dans l'indivision et qu'il est par conséquent l'objet du partage et de la division. Mais divise-t-on matériellement ce corps? le coupe-t-on en morceaux pour en donner un membre à chacun des cohéritiers? Une telle supposition serait ridicule. Or il en faut dire autant du partage matériel du corps du débiteur dégénéré.

(1) Gibbon, *Histoire de la décadence de l'empire romain,* chap. 44.

Enfin, tous les auteurs reconnaissent que le citoyen, père ou fils de famille, qui a été surpris et arrêté en flagrant délit de vol, n'est pourtant point puni, par la loi des Douze-Tables, de la mort naturelle ; tous reconnaissent qu'il est seulement dégénéré, exclu de la communion des fidèles et qu'il devient ensuite l'esclave de celui qui a été volé. Or n'est-il pas logiquement et rigoureusement impossible que la loi des Douze-Tables punisse le voleur manifeste de peines moins sévères que le débiteur qui n'a point pu satisfaire à ses obligations ?

Les auteurs modernes tombent évidemment dans de graves erreurs, lorsqu'ils prennent dans un sens littéral et naturel les expressions quiritaires et spirituelles de la loi des Douze-Tables ; lorsqu'ils flétrissent comme barbare et cruelle à l'excès cette législation qui a été votée par le peuple romain avec des acclamations unanimes, qui a été entourée de vénération et de respect, qui est toujours demeurée la ferme base de la législation, qui a fait l'objet de l'admiration de Cicéron la préférant à tous les livres des philosophes (1), et qui a été appelée par Tacite la fin du droit équitable, *finis æqui juris* (2).

Les reproches inintelligents que les auteurs modernes adressent à la loi des Douze-Tables, ils les adressent également à la Bible. « Dieu dit à Abraham : Vous circoncirez » votre chair, afin que cette circoncision soit la marque de » l'alliance que je fais avec vous. L'enfant de huit jours sera » circoncis.... Tout mâle dont la chair n'aura point été cir- » concise sera exterminé du milieu du peuple. » — « Ces dernières paroles, que la Bible prête à Dieu, dit M. Perdi- guier, représentant du peuple, sont trop barbares pour

_____

(1) Cicéron, *de l'Orateur*, liv. 1, 43.
(2) Tacite, *Annales*, liv. III, 26.

émaner de la Divinité. Elles ne prouvent qu'une chose : l'intolérance et la rudesse des Hébreux (1). » Voici ce que signifient ces termes de la Bible, que M. Perdiguier prend dans un sens littéral et naturel : « Celui qui n'est point circoncis ne fait point partie du peuple de Dieu; il ne peut point communier avec les fidèles (2). » La vérité de cette interprétation apparaît évidente dans ces paroles que les fils de Jacob adressent à Sichem : « La loi nous défend de donner notre sœur en mariage à un incirconcis. Mais si vous devenez semblables à nous, et si vos mâles sont circoncis, nous pourrons former des unions avec vous (3). »

Les mêmes reproches immérités et inintelligents que l'on fait aux Douze-Tables et à la Bible, pourraient également être adressés à l'Évangile et aux usages de l'Église primitive; car l'Évangile et les Épîtres des apôtres emploient les expressions antiques. Mais une tradition plus générale et mieux connue ne permet point de prendre dans un sens naturel et littéral les expressions sacrées du christianisme. De même, il est certain que les expressions bibliques et décemvirales n'étaient point prises dans un sens naturel par les Juifs ni par les Romains : donc par conséquent il faut repousser une interprétation moderne qui ne repose que sur de fausses apparences.

Ainsi, il faut attribuer un sens tout quiritaire au droit de vie et de mort que la loi des Douze-Tables donne au père de famille sur ses enfants, au maître sur ses esclaves, à la

____

(1) M. Perdiguier, *Histoire démocratique des peuples anciens*, tom. 1.

(2) *Genèse*, chap. xvii, 14 : « Et qui non fuerit circumcisus masculus, interibit anima illa de suo genere : quia testamentum meum dissipavit. »

(3) *Ibid.*, chap. xxiv.

personne volée sur le voleur manifeste, et enfin au créancier sur le débiteur insolvable.

Une preuve évidente de la vérité que nous avançons, c'est que, dans ces divers cas, le droit de vie et de mort s'affaiblit lorsque la vie commune disparaît et que les associations quiritaires et les mœurs antiques s'évanouissent. Aussi, à cette époque où les sénateurs ne peuvent plus générer les étrangers à la cité romaine, et où le mari ne peut plus générer la pérégrine à ses choses divines et humaines, on remarque l'accomplissement des cinq phénomènes suivants, qui ont entre eux la plus intime connexion.

1° Au commencement du sixième siècle de Rome, le père de famille perd le droit de faire mourir son fils à la cité romaine ; il ne peut plus le faire mourir qu'à sa maison et à sa famille. Bien plus, à mesure que l'on s'éloigne des mœurs antiques, le droit du père de faire mourir ses enfants à sa maison et à sa famille s'affaiblit. En effet, dans certains cas, le droit prétorien rescinde, c'est-à-dire considère comme non avenue, la petite *capitis deminutio* par laquelle le père a fait mourir son enfant à sa maison : cet enfant est regardé comme ayant toujours été dans la maison, et quoiqu'il en soit réellement sorti par l'émancipation, il obtient une part de l'hérédité paternelle. En outre, pour laisser subsister entre frères et sœurs les droits d'agnation et d'hérédité, l'empereur Anastase considère comme non avenue la *capitis deminutio* par laquelle le père a fait mourir son enfant à sa famille. Enfin, Justinien enlève complétement au père de famille son antique droit de mort : le père ne peut plus faire mourir ses enfants ni à la cité, ni à la famille, ni à la maison ; il ne peut pas le faire passer sous la puissance d'un père adoptif.

2° Au sixième siècle de Rome, en même temps que s'affaiblit, dans la personne du père de famille, le droit de faire mourir ses enfants, on voit que le droit de vie, *jus vitæ*, s'affaiblit également dans la personne du maître. En effet, à cette époque où les sénateurs et les maris ne peuvent plus conférer la vie quiritaire à des corps étrangers, le maître qui affranchit son esclave ne peut point, fût-il sénateur et même consul, lui donner ensuite la plénitude de la vie civile : en effet, il n'y a que les arrière-petits-enfants de l'affranchi qui jouiront entièrement des droits de la cité. Enfin, on voit naître de nouvelles différences entre les affranchis, ainsi que des restrictions à la dation de la vie civile, et aux effets de l'exercice de cette vie, surtout en ce qui concerne les actes de dernière volonté.

3° Au sixième siècle de Rome, le créancier qui, par l'abrogation du *nexum*, avait été dépouillé depuis quelque temps des voies privées et directes d'exécution sur la personne de son débiteur, perd le droit de mort, *jus necis*, qu'il avait sur lui. En effet, l'*addictio* ne peut plus avoir pour conséquence de dégénérer, de faire mourir quiritairement et de réduire en esclavage le débiteur : celui-ci conserve encore la qualité d'ingénu, mais il devient un travailleur domestique de son créancier et subit la note d'infamie. Plus tard, d'après les principes du droit prétorien, le créancier n'a plus absolument aucune voie d'exécution, même indirecte, sur la personne de son débiteur : il ne peut que faire vendre ses biens en masse. Cette vente solennelle imprime une tache infamante sur la personne du débiteur vivant ou décédé, sans conférer sur lui aucun droit au créancier. La législation prétorienne, dont les principes subsistent jusqu'à Justinien et pénètrent dans sa compilation, finissent même par s'affaiblir. Un débiteur insolvable peut, d'après un usage confirmé par la loi Ælia Sentia, conserver la pureté de sa mémoire, en instituant un esclave qui deviendra héritier nécessaire et sous le nom duquel ses biens seront vendus en masse. En outre, d'après une loi Julia, portée dans le commencement du huitième siècle de Rome, le débiteur vivant, qui est malheureux et de bonne foi, peut éviter le péril de la note d'infamie en faisant l'abandon judiciaire de tous ses biens à ses créanciers. Dans une époque d'individualisme où les fortunes demeurent privées et secrètes par suite de la désuétude du cens et par suite de la clandestinité des aliénations et des naissances ou extinctions d'obligations, il devient de plus en plus facile d'alléguer des pertes vraies ou même fictives et d'éviter ainsi la note de l'infamie.

4° Au sixième siècle de Rome, en même temps que le père de famille perd le droit de faire mourir son enfant à la cité, et le créancier celui de dégénérer son débiteur, la juridiction prétorienne enlève au propriétaire qui a surpris un citoyen en flagrant délit de vol, le droit de le faire mourir à la cité et de le réduire en esclavage : il ne peut plus obtenir contre lui qu'une condamnation au quadruple de la valeur de sa chose. Toutefois cette condamnation, qui est purement pénale, et qui n'empêche point le propriétaire d'intenter une action *rei persecutoria* pour obtenir soit sa chose, soit sa valeur ; cette condamnation, disons-nous, imprime sur le voleur la note d'infamie qui, selon l'ancienne règle, lui est essentiellement personnelle et ne laisse aucune trace dans la personne de ses descendants.

Au reste, si la note d'infamie, la dégradation civique, produit de bien faibles effets, surtout dans une époque où tous les pouvoirs législatifs se concentrent dans la main du prince, nous devons remarquer néanmoins que ses effets sont perpétuels : la législation nouvelle ne laisse donc plus de voie au repentir ; en cela elle est inique, et cette iniquité rend plus mauvais et plus dangereux à la société ceux qui sont frappés de la condamnation infamante.

5° Dans l'ancien droit, pour que l'étranger vécût de la

vie parfaite des Quirites, il fallait des sacrifices, des confirmations, des communions et le domicile d'une année dans
la cité romaine. Mais, en sens contraire, le citoyen qui
s'absentait pendant un an du territoire romain et par conséquent des sacrifices et des banquets sacrés, cessait par
là de faire partie de la cité, à laquelle il devenait ainsi étranger. Il perdait donc tous ses droits, ses biens, ses liens
d'obligations et ses rapports de famille. Ce principe général
a promptement souffert une exception. En effet, on a admis
que le citoyen qui est resté plus d'un an au pouvoir de l'ennemi, comme prisonnier de guerre, n'est point exterminé :
la fiction du *postliminium* le fait considérer comme n'ayant
jamais quitté la cité et comme ayant toujours continué à
remplir ses fonctions politiques, religieuses et sacrées. De
là, lorsque le prisonnier de guerre est de retour, il est censé,
à l'aide de la fiction du *postliminium*, avoir conservé l'in-
tégrité de sa personne, et par conséquent ses rapports de
maison, de famille, de corporations, d'obligations et de
biens. Aussi, lorsque le prisonnier de guerre revient dans sa
patrie, ce n'est pas un étranger ; il n'a pas besoin de mourir au vieil homme pour vivre de la vie quiritaire ; ce n'est
point un néophyte, mais un vieillard, *senior*, qui occupe
dans la cité son ancien rang, et qui jouit de ses anciens honneurs. Quelle est la date de cette fiction ? Il est difficile de
la préciser ; mais il semble, d'après Tite-Live et les autres
historiens, d'après l'histoire des mœurs et de la jurisprudence, qu'il faut la placer au milieu du sixième siècle, à
l'époque où les *gentes* sont dissoutes et où les Romains commencent à occuper l'Afrique (1). Quoi qu'il en soit relativement à la date de la fiction du *postliminium*, il est du

(1) Le discours prononcé par Manlius au sénat l'an 536 de Rome
démontre que la fiction du *postliminium* n'existait pas encore.
Voyez Tite-Live, liv. XXII, 60.

moins bien certain que les anciennes associations quiritaires auraient flétri la conduite du citoyen aimant mieux conserver sa vie naturelle et devenir esclave de l'ennemi que de mourir les armes à la main. Ainsi donc le Romain qui devenait prisonnier de guerre était lésé dans son honneur et dans sa réputation. Cette lésion s'aggravait sans doute chaque jour de son esclavage, et, en s'aggravant pendant un an, elle le faisait mourir à la vie quiritaire. Si, après un an, le prisonnier de guerre revient dans la cité, il pourra, comme conséquence du droit d'asile, vivre de la vie quiritaire ; mais, pour cela, il devra choisir un patron parmi les Pères ; il faudra que, par les sacrifices, il meure au vieil homme et naisse à une vie nouvelle. De telles dispositions et les anciennes mœurs nous révèlent l'une des plus puissantes causes des triomphes de Rome ; elles nous expliquent aussi la conduite du sénat lorsqu'il refuse de racheter les soldats qui, après la bataille de Cannes, sont tombés au pouvoir d'Annibal (1).

(1) Ces principes sont confirmés par les écrits des historiens et entre autres par Tite-Live. Ce dernier auteur rapporte qu'Annibal ayant proposé, l'an 536 de Rome, aux prisonniers qu'il avait faits après la bataille de Cannes, de les rendre à leur patrie moyennant un prix, ceux-ci choisissent parmi eux dix commissaires qui se rendent à Rome auprès du sénat. Junius, chef de la commission, commence son discours par ces remarquables paroles : « Pères-Conscrits, personne de nous n'ignore que, parmi toutes les cités, c'est la nôtre qui méprise le plus ses guerriers tombés au pouvoir de l'ennemi. » Lorsque Junius eut terminé son discours, les pleurs et les lamentations partent de la foule qui est au Comice. Chacun tend au sénat ses mains suppliantes, en demandant que des fils, des frères, des parents lui soient rendus A la foule des hommes étaient mêlées les femmes en proie aux sentiments de crainte et d'amour. Le sénat, qui commence à délibérer, est partagé. Alors T. Manlius Torquatus, observateur de l'ancienne discipline, *priscæ severitatis*, combat la proposition : il dit que ces prisonniers sont

Au reste, le militaire qui combat, pendant plus d'un an, sur le territoire ennemi et sous les ordres d'un consul, continue néanmoins à rester Romain ; car Rome n'est pas alors toute dans Rome ; elle est aussi avec son consul et son armée.

L'ancien principe qui considère comme dégénéré et comme mort à la cité des Quirites, quiconque, en s'absentant pendant plus d'un an de l'*ager romanus*, ne renoue et ne raffermit pas dans les banquets sacrés les liens de la fraternité spirituelle ; ce principe, disons-nous, s'affaiblit principalement au commencement du sixième siècle de Rome, à cette époque où les *gentes* et autres corporations quiritaires tombent en désuétude, où les *peregrini* ne peuvent plus naître à la vie quiritaire, et où, enfin, la cité romaine commence à entretenir des relations plus nom-

morts à la cité, *capite deminuti*, qu'ils sont devenus étrangers par le droit des citoyens, *abalienati jure civium*, et qu'ils ne sont maintenant que des esclaves des Carthaginois, *servi Carthaginensium facti*. « Vous reviendriez donc, dit-il aux commissaires, par de l'argent, dans cette cité que vous avez perdue par votre lâcheté et votre manque de cœur ? » Il termine ainsi : « Je ne pense pas plus que l'on doive racheter les prisonniers, que je ne pense qu'il faille livrer à Annibal les citoyens qui sont sortis de leur camp, qui ont traversé les rangs ennemis et qui se sont conservés à leur patrie en faisant ainsi des prodiges de valeur. » (*Tite-Live*, liv. xxii, 59-61.) « Le sénat, ajoute Tite-Live, refuse le rachat, suivant en cela l'exemple donné par la cité, qui jusqu'alors n'avait point eu de faveur pour les citoyens se rendant à l'ennemi, *Præter exemplum civitatis minime in captivos jam inde antiquitus indulgentis.* » Alors le besoin de nouvelles troupes engage à faire une levée inusitée : on demande aux jeunes esclaves s'ils consentent à faire la guerre ; la cité en achète et en arme huit mille. Le sénat aime mieux employer cet expédient que de racheter les captifs pour un prix plus faible, *hic miles magis placuit, quum pretio minore redimendi captivos copia fieret.* »

12

breuses et plus durables avec les autres parties de l'Italie et du monde, et notamment avec l'Afrique qu'elle vient de soumettre à ses lois. A cette époque, en effet, les sociétés se dissolvent parce que leurs membres, qui ne sont plus unis ni par la religion dégénérant en mythes, ni par les Pères dégénérant en conscrits, se dispersent dans les diverses parties du monde.

Or, à cette époque, de nouvelles mœurs établissent que le citoyen n'est plus dégénéré, quelque longue que soit son absence des murs de la cité et de l'*ager romanus*, surtout s'il conserve encore l'esprit de retour. Rome alors a jeté les yeux sur le monde ; elle ne met plus de *terme* à son ambition ; et dès lors le citoyen ne devait plus être *exterminé*, lorsqu'il habitait longtemps dans un pays lointain. Le culte du dieu Terme commence à être abandonné, et les limites de l'*ager romanus* ne sont plus qu'un vain nom.

Ainsi, selon les nouvelles mœurs, le citoyen qui s'absente pendant plus d'un an n'est plus dégénéré ; il conserve sa personne et par là ses liens de cité, de famille, de maison et d'obligations actives et passives ; car maintenant il n'a plus à remplir à Rome de fonctions sacrées, les associations quiritaires étant dissoutes et les pratiques religieuses étant tombées en oubli pour la plupart des citoyens. Mais on continue néanmoins à conserver l'ancienne règle en ce qui concerne les rapports de personne à choses. De là, le citoyen perd ses biens meubles par un an d'absence, et, par deux ans, il perd ses biens immeubles.

Bientôt on apporte encore de larges exceptions à cet ancien principe. D'abord, puisque celui qui s'absente conserve maintenant la condition de citoyen, il reste propriétaire de sa chose laissée dans la cité tant qu'un autre ne l'a pas encore usucapée, et il en reste possesseur tant qu'un autre ne s'en est pas encore emparé avec l'intention d'en être propriétaire. Bientôt le cens, qui révélerait de grandes richesses et de grandes pauvretés, de grandes fortunes et de grandes misères, est négligé par les magistrats et tombe ensuite en oubli; enfin, il est complétement abrogé l'an 586 de Rome, après la conquête de la Macédoine : les Romains sont alors dispensés de l'impôt; les nombreux tributs des provinces conquises et le butin enlevé à l'ennemi suffisent pour subvenir aux dépenses de l'État.

Lorsque le cens est abrogé, on voit s'introduire de nouveaux principes qui laissent la porte ouverte aux plus saillantes inégalités de fortune.

Il n'y a plus de solennité dans les acquisitions et aliénations, ni dans les naissances et extinctions d'obligations; par conséquent la lumière publique ne pénètre plus en aucune manière dans les patrimoines particuliers.

Ensuite, on admet de nouveaux principes et de nouveaux moyens à l'aide desquels un citoyen peut être propriétaire et possesseur de domaines nombreux et éloignés les uns des autres. En effet, lorsqu'un citoyen remet sa chose à une personne, il reste propriétaire et même possesseur, si la tradition n'a pas une cause juste, c'est-à-dire si le propriétaire n'a pas voulu abdiquer ses droits sur sa chose au profit de celui qui la reçoit. De là naissent les contrats de commodat, de dépôt, de gage, et de louage. Alors celui qui livre sa chose à une personne qui en devient commodataire, dépositaire, créancier gagiste, locataire ou fermier, reste lui-même possesseur civil : les détenteurs, dit-on, sont *in possessione*, mais ils ne possèdent pas; c'est celui qui leur a fait la tradition qui possède civilement par eux; de là l'usucapion ne peut point courir contre lui au profit de ceux qui détiennent d'après une cause qui n'est point juste. Cette cause qui n'est point juste s'appelle en France *cause précaire*.

On a bientôt fortifié les droits nouveaux de celui qui avait livré sa chose en vertu d'une cause non juste : en effet, l'an 557 de Rome, la loi Atinia qualifie du nom de vol l'acte du commodataire, du dépositaire, du créancier gagiste, du locataire ou du fermier qui se sert ou qui dispose de la chose contrairement à l'intention de celui qui lui en a fait la tradition. De là le propriétaire aura contre celui qui a disposé de sa chose l'action *furti*, qui est pénale et infamante ; en outre, il pourra toujours revendiquer sa chose, même entre les mains de celui qui, après l'avoir reçue de bonne foi et en vertu d'une juste cause, l'a possédée pendant le temps fixé par la loi des Douze-Tables pour l'usucapion: en effet, cette chose étant, d'après la loi Atinia, infectée du vice de vol, elle ne peut jamais être usucapée.

On voit quelle est la force des garanties nouvelles qui sont établies en faveur des riches et des grands propriétaires ; on voit par là que l'esprit de l'égalité des biens n'existe plus dans la législation ni parmi les citoyens.

Ces nouveaux principes, qui sont si contraires à l'esprit et aux mœurs des premiers temps, prennent de rapides accroissements. Les préteurs introduisent les actions rescisoires de l'usucapion en faveur de celui qui s'est absenté pendant un long temps, qui n'a confié à personne l'administration de ses biens, et qui a cessé d'en être propriétaire, par la raison qu'ils ont été possédés et usucapés par l'un des membres de la cité : il lui suffit, pour triompher dans son action rescisoire, nommée Publicienne, de prouver que son absence avait quelque cause juste ; or, dans l'état de la société actuelle, cette preuve est facile à administrer.

Tandis que les principes de l'usucapion s'affaiblissent, le droit honoraire introduit la prescription, dont les effets sont moins favorables au possesseur que l'usucapion. Enfin Justinien, qui supprime les derniers vestiges de l'organisation quiritaire, confond les règles de l'usucapion avec celles de la prescription.

Ainsi, peu de temps après la désuétude des *gentes* et des corporations quiritaires, dont les institutions tendaient à conserver l'égalité de fortune parmi les citoyens, on voit naître une foule de règles établies dans l'intérêt des grands propriétaires. Maintenant un citoyen peut conserver la possession par des personnes libres et n'étant point soumises à sa puissance ; bientôt, il peut même acquérir par ces personnes la propriété. La loi Atinia et ses interprétations sanctionnent ces nouvelles règles, destructives de l'égalité, en donnant de larges extensions à l'action de vol. On voit par là naître et se développer le germe du colonat ; le colonat engendrera le servage de la glèbe ; le servage de la glèbe, qui disparaîtra au réveil de la doctrine chrétienne, sera remplacé par le fermage et par l'exploitation industrielle de l'homme par l'homme, jusqu'au temps où l'Esprit de Dieu métamorphosera l'homme en chrétien et formera du peuple un seul corps, dont les membres seront solidaires et vraiment fils de Dieu et frères par les actes d'amour.

Cette exposition succincte et sommaire du droit de vie et de mort, nous révèle les mystères, maintenant si inconnus, de l'organisation quiritaire et de sa dégénération ; elle nous révèle par là les changements profonds qui s'opèrent dans les mœurs, dans le mariage et dans toutes les associations quiritaires. Puisse cette exposition contribuer en quelque chose à épargner à la France et à l'Europe des tâtonnements pénibles, des souffrances et des malheurs ! Qu'on ne s'y trompe point, le travail et l'inquiétude des esprits ne s'arrêteront point, tant qu'il n'y aura pas une organisation nouvelle et ferme, qui soit en harmonie avec les principes du christianisme et de l'humanité.

CHAPITRE IX.

DES CONSÉQUENCES DE LA DISSOLUBILITÉ
DU MARIAGE ROMAIN.

Nous avons vu qu'au sixième siècle de Rome, les *gentes*, les corps d'état, et généralement toutes les associations quiritaires tombent en ruines ; nous avons vu qu'alors la vie publique, solidaire et morale disparaît, que l'individualisme prend racine et brise tous les liens sociaux, que les citoyens, qui ne vivent plus de la vie commune, perdent leur personne pour devenir des hommes, des individus.

Or, au sixième siècle de Rome, ces déplorables phénomènes se produisent dans la famille qui perd son unité et sa force. Le mariage, cette institution publique et sacrée, cette conjonction de l'homme et de la femme, établissant une association de toute la vie et une communication du droit divin et humain ; le mariage, disons-nous, dégénère et se dégrade. Il se forme maintenant sans l'emploi d'aucune solennité publique ; la religion ne vient plus sanctionner l'union des époux, qui se forme actuellement sans la consultation des auspices. De là il ne produit plus ni la dégénération ni l'ingénération de l'épouse : celle-ci conserve son nom, ses biens et sa famille, et elle reste par conséquent une individualité distincte et même étrangère à son mari.

Aussi les nouveaux mariages qui se contractent entre citoyens romains négligeant volontairement les formes sacramentelles de la *confarreatio* et de la *coemptio*, ne diffèrent plus de l'union naturelle qui s'établissait autrefois entre un citoyen romain et une étrangère. Ils ont même moins d'effet que l'ancienne union naturelle. Cette dernière union deve-

naît publique, sacrée et indissoluble par l'expiration d'une
année non interrompue, et elle produisait par là entre les
époux la communion du droit divin et humain, et la génération par le mari de son épouse qui était ainsi sa fille
spirituelle : tandis que les nouveaux mariages n'ont plus la
puissance, non-seulement de générer une étrangère et ses
enfants à la cité, mais de générer une Romaine à la famille
du mari. Cette impuissance des nouveaux mariages a sa
cause dans la mysticité de la vie privée et dans la négligence
des pratiques religieuses et sacrées des ancêtres. De là les
nouvelles noces ne deviennent jamais des unions fortes et
indissolubles ; par l'expiration d'une année non interrompue, l'épouse ne passe plus sous la *manus* ni dans la famille
de son mari : la religion ne purifiant plus les époux, il
existe entre eux mille éléments hétérogènes qui s'opposent
à une confusion parfaite.

Les nouveaux mariages, qui sont si contraires aux anciennes lois, qui se forment sans publicité et sans consultation des auspices, et qui se constituent par le fait d'une
cohabitation impuissante à produire la communication du
droit divin et humain, prennent pourtant le nom de mariages légitimes, de justes noces (*justum matrimonium,
justæ nuptiæ*), par la raison qu'ils se sont promptement
généralisés et qu'il a bien fallu les régler alors par des lois
générales.

Dès que le mariage tombe ainsi dans la dégradation, on
voit naître une union plus dégradée, qui est permise par
les nouvelles mœurs et qui prend en peu de temps des accroissements rapides : cette union s'appelle concubinat,
concubinatus.

Les mariages du nouveau droit civil et le concubinat se
forment également par la tradition de la femme au mari,
sans intention d'acquérir la *manus.* Ces deux unions, qui

existent par le simple fait de la cohabitation de personnes
de différents sexes, et qui sont dissolubles au gré des parties,
ne se distinguent entre elles que par l'intention expresse
ou tacite. Elles ont pourtant des effets bien différents soit
relativement aux conjoints, soit relativement aux enfants
nés de ces mariages.

Dans les justes noces du nouveau droit civil, la femme
participe à la condition de son mari : cet effet, il est vrai,
n'a guère de sens dans une époque où tous les citoyens sont
égaux et où la femme n'entre plus dans la communauté des
biens et de la famille de son mari. En outre, les enfants
conçus durant le mariage naissent dans la famille et sous la
puissance de leur père. Mais il s'opère ici une chose bien
étrange, par suite de la dérogation aux anciens effets du
mariage. Comme il est de principe que l'on ne peut pas ap-
partenir à deux familles, et comme la femme conserve son
ancienne famille, les enfants qui naissent de cette union que
l'on appelle légitime, par opposition au concubinat, sont
civilement et religieusement étrangers, non-seulement aux
parents de leur mère, mais encore à leur mère : chose impie !

Dans le concubinat, la femme ne participe absolument
en rien à la condition de son mari. Cette espèce d'union n'a
rien d'honorable pour la femme. Aussi on ne prend guère
pour concubine que des affranchies, des femmes qui sont
de basse extraction, des prostituées ou des condamnées
pour délits infamants. Les enfants qui naissent d'une pareille union sont religieusement et civilement étrangers et
à leur mère, et à leur père, et entre eux : chose trois fois
impie ! Ils naissent *sui juris*, c'est-à-dire pères de famille :
aux yeux de la religion et du droit de la cité ils n'ont aucun
parent, aucun agnat.

L'union des époux, qui était autrefois si solennelle et si
digne, qui produisait entre le mari et la femme, entre le père

et ses enfants, entre la mère et ses enfants, entre les frères et sœurs et entre les autres agnats, de si forts liens d'amour, est, ainsi que les lois et les contrats, dépouillée de son caractère auguste et sacré, et par là de ses effets si salutaires aux conjoints, aux enfants et à la cité, et elle tombe dans la dégradation et dans l'avilissement.

Maintenant le mariage devient insupportable. De là pour le favoriser et pour exciter à la procréation des enfants qui naîtront citoyens romains, les nouvelles mœurs donnent aux époux des facilités et des commodités de tous genres. Mais, chose bien digne de remarque ! plus ces facilités et ces commodités augmentent, plus aussi le nombre des personnes mariées diminue. C'est que l'on ne fait par là qu'ouvrir au libertinage et à la corruption des portes plus larges !

Ainsi que le remarque l'auteur de l'*Esprit des lois*, « Il y a tant d'imperfections attachées à la perte de la vertu dans les femmes, toute leur âme en est si dégradée, ce point principal ôté en fait tomber tant d'autres, que l'on peut regarder dans un état populaire l'incontinence comme le plus grand des malheurs (1). »

Gibbon dit avec grande vérité que « la matrone qui ose se livrer en cinq ans aux embrassements de huit maris, ne peut plus avoir de chasteté (2). » Ajoutons que, dans une cité où se produisent impunément de pareils exemples, il ne peut plus y avoir de vertu.

Il est possible de concevoir qu'à l'époque de la dégénération des Romains, les femmes comptent, ainsi que le dit Sénèque, leurs années, non par le nombre des consuls, mais par le nombre de leurs maris (3). Mais peut-on croire

(1) Montesquieu, *Esprit des lois*, liv. VII, 8.
(2) Gibbon, *Histoire de la décadence de l'empire romain*, chap. 44.
(3) Sénèque, *des Bienfaits*, liv. III, 16.

qu'une femme ait huit maris en cinq ans, ce qui ne ferait qu'un intervalle de sept mois et demi d'un mariage à l'autre? « Quoique cette succession rapportée par Juvénal (1) soit bien rapide, dit Gibbon, toutefois elle est croyable (2). » Puis il ajoute : « Mais les dix maris en un mois du poëte Martial (3) font une hyperbole extravagante (4). » Cette appréciation faite par Gibbon n'est point fondée. Le délai de dix mois avait, il est vrai, été fixé par Numa Pompilius pour que la femme pût convoler à de nouvelles noces ; mais ce délai ne concernait que la veuve dont l'union, formée selon les lois sacrées, avait été dissoute par le prédécès du mari ; il ne concernait en rien les nouvelles unions dans lesquelles les parties avaient volontairement négligé de remplir les formalités antiques. Comme ces nouvelles unions, qui ne sont ni publiques ni sacrées, n'étaient point réglées par les lois, comme elles étaient dissolubles, ainsi que toutes les nouvelles associations, au gré des parties, rien n'empêchait le mari ou l'épouse de répudier son conjoint le lendemain de l'union, et rien n'empêchait la femme de former un nouveau mariage le lendemain même de la répudiation. Les expressions de Martial ne sont pas plus hyperboliques que celles de Juvénal et de Sénèque. « Une chose cesse d'être honteuse, dit Sénèque, dès qu'elle

(1) Juvénal, satyr. vi, 20 :

> « . . . . . Sic fiunt octo mariti
> Quinque per autumnos. »

(2) Gibbon, *Histoire de la décadence de l'empire romain*, chap. 44.

(3) Martial, *Epigram.*, liv. vi, 5 :

> « . . . . . Tricesima lux est
> Et nubit decimo jam Thelesina viro. »

(4) Gibbon, *Histoire de la décadence de l'empire romain*, chap. 44.

devient commune, et l'on ne se pique plus d'un reproche que l'on peut faire à tout le monde. On ne voit maintenant aucune femme qui ait honte du divorce. N'est-ce pas par la raison que certaines femmes illustres et nobles ne comptent plus leurs années par le nombre des consuls, mais par le nombre de leurs maris, et qu'elles ne répudient que pour se marier, et ne se marient que pour répudier (1) ? » On voit, d'après ces dernières paroles, qu'à une certaine époque, c'est-à-dire depuis le sixième siècle et l'introduction des contrats qui se forment par une simple remise, on pouvait répudier le lendemain du mariage, et se marier le lendemain de la répudiation. Mais, sous Auguste, les lois Julia et Papia Poppéa font des efforts, demeurés inutiles, pour rendre quelque stabilité à l'union conjugale.

CHAPITRE X.

DES CONSÉQUENCES DE LA DISSOLUBILITÉ DU MARIAGE.—
Suite.

Dans le siècle même de la chute des *gentes*, des corps d'état et de toutes les corporations quiritaires ; dans le siècle où les mœurs antiques et les habitudes religieuses dégénèrent ; dans le siècle où les Romains deviennent iniques à l'égard des étrangers qui se fixent à Rome et à l'égard des esclaves qui sont affranchis ; dans le siècle où les Romains, victorieux de l'Afrique, s'enrichissent des nombreuses dé-

---

(1) Sénèque, *des Bienfaits*, liv. III, 16 : « Pudorem enim rei tollet multitudo peccantium, et desinet esse probri commune maledictum. Numquid jam ulla repudio erubescit? Postquam illustres quædam ac nobiles feminæ, non consulum numero, sed maritorum annos suos computant, et exeunt matrimonii causa, nubunt repudii? »

pouilles des peuples vaincus ; dans le siècle où les citoyens s'individualisent et où l'on voit s'introduire parmi eux les différences les plus saillantes de fortunes privées ; dans le siècle où le père de famille est presque entièrement dépouillé de sa personne quiritaire s'étendant, dans un but de lucre et de cupidité, sur ses enfants et sur ses esclaves qui peuvent jouer un rôle dans les actes de droit, mais seulement pour rendre sa condition meilleure ; dans le siècle où les formes d'un mariage essentiellement dissoluble laissent subsister entre les époux les plus saillantes différences, nous ne disons pas de culte, car il n'y en a plus, mais de famille et de biens : dans ce siècle d'iniquité et de corruption, le sexe faible, autrefois si entouré de vénération et de respect, devait nécessairement perdre son prestige dans la cité, et son influence dans la famille ; il devait être opprimé ensuite par les lois. C'est, en effet, ce qui ne tarde pas à se réaliser.

L'an de Rome 578, on porte la loi Voconia, qui établit entre les deux sexes une différence inique.

A cette époque, les Romains, poussés par un esprit d'égalité extrême, ont déjà dépouillé le sénat, les magistrats et les pontifes de leur autorité sacrée. En proie à cette agitation fiévreuse qui suit la destruction des anciennes institutions, qui accompagne les excès de la licence, et qui précède la sanction des abus, c'est-à-dire les horreurs de la guerre civile et l'asservissement, ils imputent iniquement le mal qui les travaille aux femmes, à leurs richesses et à leur luxe. Maintenant, dégénérés et corrompus, les hommes qui ne peuvent plus purifier et générer leurs épouses ; qui ne veulent plus former avec elles une union de toute la vie ; qui ne mettent plus en elles leur cœur et leur bonheur, veulent les avilir, les asservir et en faire les instruments dociles de leurs passions.

Le passage de Tite-Live, en ce qui concerne la loi Voconia, est vraiment curieux et du plus grand intérêt.

« Jusqu'alors, dit cet historien, les femmes avaient été admises, aussi bien que les hommes, à recueillir les hérédités. De là il arrivait que souvent les biens d'illustres familles passaient dans des maisons étrangères, avec grand dommage pour la République, à laquelle il importe que les héritiers des noms illustres possèdent des richesses suffisantes pour orner la splendeur d'une origine qui, sans cela, deviendrait pour eux une charge plutôt qu'un honneur. — En outre, tandis que l'empire romain s'étendait, on voyait aussi s'accroître les richesses des particuliers. De là on craignait que les femmes, dont la nature est si portée au luxe et à la recherche des toilettes élégantes, ne commençassent à y être encore excitées par l'affluence des richesses, qu'elles ne tombassent dans des dépenses immodérées et ne finissent par perdre ainsi leur antique sainteté, et que par là le changement des mœurs ne fût pas en elles moindre que celui des vêtements. — Dans le but de prévenir de pareils malheurs, Q. Voconius Saxa, tribun de la plèbe, présenta au peuple cette proposition : — « Que personne de ceux qui seront » recensés après la censure de A. Posthumius et Q. Flavius, » n'institue pour héritière ni une vierge ni une femme ; et » qu'aucune vierge ou femme ne puisse recueillir, d'une » hérédité quelconque, une valeur de plus de cent mille » sesterces. » — Cette proposition, qui écartait complétement les femmes des hérédités de tous les citoyens, soulevait de vives oppositions. Mais M. Caton a fait pencher les esprits en sa faveur : déjà, en défendant la loi Oppienne, il avait été le plus intrépide adversaire des femmes ; et maintenant, ce citoyen de soixante-cinq ans, à la voix sonore et aux larges épaules, fait admettre cette proposition, plus contraire aux femmes que la loi Oppia. Avec sa véhémence ordinaire, il attaque les déréglements du sexe et son intolérable fierté dans l'opulence. Il flétrit le faste et l'arrogance des riches matrones. Il dit qu'après avoir apporté à leur mari une forte dot, elles conservaient encore beaucoup d'argent qu'elles prêtaient ensuite à leur époux ; que toutes les fois qu'elles étaient irritées, elles chargeaient aussitôt leur esclave de demander avec instance et chaque jour leur paiement, et qu'ainsi elles mettaient leur mari, comme un étranger, dans la nécessité de s'acquitter de sa dette dans un moment inopportun. — Caton porta ainsi l'indignation dans l'esprit des citoyens qui votèrent ensuite la proposition telle que Voconius l'avait présentée (1). »

Les prétextes allégués pour faire introduire dans la cité romaine la loi Voconia déguisent la plus énorme iniquité : aussi cette loi n'a produit que de mauvais fruits. D'abord, est-ce par des richesses qui les corrompent, que les héritiers de noms illustres peuvent orner une origine que leurs ancêtres ont rendue resplendissante par leurs vertus et par le mépris des richesses ? Que les expressions de Tite-Live, « *Reipublicæ interest clarorum nominum heredibus suppetere opes, quibus splendorem generis tutari et exornare possint,* » peignent bien les nouvelles mœurs et l'injuste avarice des Romains dégénérés ! Enfin, en faisant arriver aux hommes les richesses, en dépouillant iniquement les femmes de leurs droits, et en établissant contre elles des lois oppressives, peut-on raisonnablement espérer de leur conserver leur antique sainteté ? L'expérience n'a que trop prouvé que ces voies iniques, loin de prévenir le mal, n'ont fait que le hâter et l'aggraver.

Au reste, les expressions de Tite-Live nous révèlent qu'à l'époque où est faite la loi Voconia, la femme ne passe géné-

_____

(1) Tite-Live, liv. XLI, *Suppl.*

ralement plus dans la main de son mari, *in manum mariti*, que celui-ci ne l'engendre plus à ses choses divines et humaines, et que par là le mariage n'est plus ni sacré ni indissoluble. Alors une dot, qui est déterminée par le père de l'épouse ou par l'épouse elle-même autorisée de son tuteur, est livrée au mari, qui en devient propriétaire et qui promet de la restituer en cas de dissolution du mariage par son prédécès ou par le divorce. L'épouse conserve donc, dans sa maison et dans sa famille, l'ensemble de ses droits ; si elle est *sui juris*, c'est-à-dire libérée de la puissance paternelle, elle conserve la propriété et l'administration de tous les biens qu'elle n'a pas constitués en dot. Ce sont principalement les meubles et les sommes d'argent, que la femme aime à garder en propriété ; elle fait, avec l'argent qui lui reste propre, des prêts à son mari, qu'elle met ainsi sous une espèce de dépendance humiliante, ce qui est entre les époux une cause de troubles et de discordes.

Le mal auquel la loi Voconia veut remédier n'avait point lieu dans l'ancien temps. En effet, comme le dit M. Caton dans son discours en faveur de la loi Oppia, la femme était toujours autrefois sous la main de son père, de son frère ou de son mari (1). Tous les actes juridiques s'accomplissaient alors d'une manière publique et avec les solennités *per æs et libram;* et la femme ne pouvait figurer dans cet acte solennel, même en ce qui la concernait personnellement, qu'avec l'*auctoritas* de celui sous la main duquel elle se trouvait, ainsi que nous le révèlent les historiens et les jurisconsultes (2). Alors la position de la femme était toujours bien dessinée : à la *manus* du père de famille décédé

_____

(1) Tite-Live, liv. xxxiv, 2 : « Majores nostri feminas voluerunt in manu esse parentum, fratrum, virorum. »

(2) *Ibid.* : « Nullam ne privatam quidem rem agere feminas sine tutore auctore voluerunt. »

succédait sur la femme la *manus* du frère ; à la *manus* du père ou du frère succédait la *manus* du mari qui avait généré son épouse, qui était devenu son père quiritaire et qui par là lui avait communiqué son droit divin et humain ; à la *manus* du mari décédé, la veuve tombait sous la *manus* de son fils, qui était quiritairement son frère, puisqu'elle avait le même père civil et les mêmes dieux paternels.

On conçoit par là que, dans l'ancien état de choses, il n'y avait absolument aucun inconvénient pour la cité ni pour la famille, à établir que les femmes viendraient, aussi bien que les hommes, recueillir les hérédités. Mais, vers la fin du sixième siècle de Rome, à l'époque où est portée la loi Voconia, et où toute autorité est dissoute ou du moins relâchée, on voit se révéler des inconvénients par suite de la perte et des anciennes institutions et des garanties que ces institutions contenaient. En effet, à cette époque la surveillance du patron n'existe plus, la *manus* du mari s'efface. En outre la *manus* du frère tuteur va sans cesse s'affaiblissant ; car, d'une part, une foule de contrats se sont introduits récemment, et la femme en tutelle peut figurer sans l'*auctoritas* de son tuteur dans ces nouveaux contrats qui se forment sans publicité et sans solennité.

Montesquieu prétend à tort que les anciennes institutions de la cité romaine avaient laissé la porte ouverte au luxe des femmes.

« Les lois des premiers Romains sur les successions, dit-il, n'ayant pensé qu'à suivre l'esprit du partage des terres, elles ne restreignirent pas assez le luxe des femmes, et elles laissèrent par là une porte au luxe qui est toujours inséparable des richesses. Entre la seconde et la troisième guerre Punique, on commence à sentir le mal (1). »

(1) Montesquieu, *Esprit des lois*, liv. XXVII, chap. 1.

Cette assertion de l'auteur de l'*Esprit des Lois* ne repose sur aucun fondement. Bien certainement les anciennes institutions mettaient au luxe des femmes de fortes barrières ; elles en mettaient même, ainsi que les mœurs, au luxe des hommes. Or, pour être convaincu que *les lois des premiers Romains ne laissèrent pas une porte au luxe des femmes*, il suffit de bien peser les effets de la combinaison de ces trois institutions : d'abord, la *manus* sur le sexe est perpétuelle ; ensuite, dans tous les actes juridiques, le peuple est fictivement représenté ; enfin, la femme ne peut point se présenter devant le peuple, même pour un acte juridique qui la concerne, sans l'*auctoritas* du citoyen sous la *manus* duquel elle se trouve.

Ainsi, les anciennes institutions étaient complètes. Mais lorsqu'elles tombent en désuétude, lorsque le *nexum* est abrogé, lorsque les contrats et les autres actes juridiques cessent d'être publics et solennels, lorsque la *manus* du mari disparaît et que la *manus* du tuteur s'affaiblit, on voit alors s'ouvrir une porte au luxe des hommes et des femmes. A cette époque, les censeurs, les préteurs, les tribuns et les jurisconsultes, qui ne peuvent plus étayer l'ancien édifice social tombant en ruines, font des efforts pour remédier au mal qui résulte de la perte des institutions quiritaires ; ils veulent opposer des barrières au vice : mais leurs efforts demeurent impuissants, par la raison que leurs moyens, souvent iniques, ne fécondent pas les germes de justice et d'amour qui périssent au fond des cœurs.

En établissant l'innovation inique que la femme ne pourra plus à l'avenir être instituée héritière, et qu'elle ne pourra jamais recueillir d'une hérédité, soit à titre d'héritière légitime, soit à titre de légataire, plus de cent mille sesterces, la loi Voconia a donc voulu faire arriver les biens aux héritiers des noms illustres et empêcher le luxe des femmes et

leur arrogance insupportable au mari ; elle a voulu que
l'épouse ne mît plus son conjoint, en lui faisant des prêts,
dans une espèce de dépendance humiliante et tracassière qui
devenait pour les familles une source de troubles et de discordes, pour les conjoints une cause de divorce, et pour
les hommes en général un prétexte de célibat licencieux.

Peu de temps après l'iniquité de la loi Voconia, la jurisprudence marche dans les mêmes voies ; elle établit que les
femmes ne pourront plus recueillir cent mille sesterces en
qualité d'héritières légitimes, que lorsqu'elles seront filles
du défunt ou au moins ses sœurs consanguines, c'est-à-dire
ses agnates du deuxième degré (1).

L'expérience a prouvé surabondamment que les hommes
qui ont ainsi affaibli les liens qui les attachaient à la femme,
se sont dégradés eux-mêmes, et n'ont fait par là que hâter
la ruine des mœurs et de la République.

CHAPITRE XI.

DES CONSÉQUENCES DE LA DISSOLUBILITÉ DU MARIAGE ROMAIN. — *Suite.*

M. Giraud pense que la loi Voconia a introduit le régime
des dots (2). Nous n'avons point à attaquer cette assertion
erronée : il suffit, en effet, d'examiner les termes de la loi
Voconia, pour demeurer convaincu qu'elle n'a eu absolument aucune influence sur le régime dotal.

M. Giraud ajoute ces paroles :

(1) Justinien, *Instituts*, liv. III, 2.
(2) M. Giraud, *Introduction à l'étude du droit romain*,
page 142.

« L'histoire *intérieure* et *extérieure* de cette loi présente de grandes difficultés à résoudre.

» Cette loi, en privant les femmes du droit de succéder, a-t-elle introduit un droit nouveau ?

» Quels étaient les citoyens auxquels il n'était pas permis de disposer au profit de leurs femmes ?

» Cette prohibition ne concernait-elle que les riches ?

» Quelle était la quotité de fortune inscrite au cens qui produisait cette prohibition ?

» Toutes ces questions ont exercé et exercent encore la sagacité des jurisconsultes et des historiens (1). »

L'exposé même de ces questions démontre combien M. Giraud a mal saisi la loi Voconia. Résolvons-les en peu de mots.

1° « La loi Voconia, en privant les femmes du droit de succéder, a-t-elle introduit un droit nouveau ? »

Toute loi, chez les Romains, n'introduit-elle pas un droit nouveau ? Lorsqu'une proposition est rejetée, ne dit-on pas que l'on s'en tient à l'antique, *antiquo* ? Lorsque les citoyens perdent le courage de révéler publiquement leur opinion, ne remet-on pas à chaque votant deux bulletins, dont l'un, qui porte la lettre A (*antiquo*), est déposé dans l'urne électorale par celui qui rejette la proposition ? Ne suit-il pas évidemment de là que *toute loi nouvelle* est une *innovation* ?

D'ailleurs, Tite-Live emploie des termes péremptoires : « Jusqu'alors, dit-il, les femmes n'avaient pas moins de droit aux hérédités que les hommes, *Hactenus feminas non minus quam viros ad hereditates admitti jus fuerat* (2). »

Enfin Justinien nous révèle, comme Tite-Live, que la loi des Douze-Tables n'avait établi aucune distinction quant aux

(1) M. Giraud, *Introduction à l'étude du droit romain*, page 142.

(2) Tite-Live, liv. XLI, 2.

droits héréditaires entre les personnes des deux sexes ; il nous révèle que cette loi a adopté une simplicité amie des lois, *simplicitatem legibus amicam amplexa ;* qu'elle a appelé les agnats, à l'exemple des héritiers siens, à recueillir les hérédités, sans établir aucune différence entre les hommes et les femmes, et que c'est la jurisprudence intermédiaire qui a introduit des différences iniques (1).

2° « Quels étaient les citoyens auxquels il n'était point permis d'instituer leurs femmes ? »

Cette question est restreinte dans des limites vraiment inconcevables ! Évidemment la loi Voconia n'est point resserrée dans les rapports seulement qui existent entre un mari et son épouse : elle est générale. Les termes de Tite-Live (2), de Justinien (3) et de Cicéron (4) ne peuvent laisser à cet égard subsister aucun doute. « Que personne, dit cette loi, n'institue pour héritière une vierge ou une femme, *Ne quis heredem virginem, neve mulierem faceret.* »

3° « Cette prohibition ne concernait-elle que les riches ? »

Le simple exposé que nous venons de faire démontre très-clairement que la loi Voconia, dont les termes généraux et absolus sont rapportés identiquement par Tite-Live (5) et par Cicéron (6), ne permet à personne d'instituer une vierge ou une femme. Un père ne pouvait pas même instituer sa fille unique, ainsi que le rapportent Cicéron (7) et saint Augustin (8).

(1) Justinien, *Instit.*, liv. III, tit. 2, § 3.
(2) Tite-Live, liv. XLI, 2.
(3) Justinien, *Instit.*, liv. III, tit. 2, § 3.
(4) Cicéron, 2ᵉ harangue *contre Verrès.*
(5) Tite-Live, liv. XLI, 2.
(6) Cicéron, 2ᵉ harangue *contre Verrès.*
(7) *Ibid.*
(8) Saint Augustin, *de la Cité de Dieu*, chap. 3.

4° « Quelle était la quotité de fortune inscrite au cens qui produisait cette prohibition ? »

Cette question se trouve complétement résolue : *personne*, quelle que soit la quotité de son hérédité, quels que soient les liens de famille, *personne* ne peut instituer une vierge ou une femme.

La sagacité des jurisconsultes et des historiens ne saura jamais détruire ni ébranler l'iniquité générale de la loi Voconia.

Ainsi les femmes ne pouvaient, dans aucun cas, être choisies pour représenter la personne d'un père de famille. Les citoyens dégénérés, orgueilleux et corrompus, flétrissent et avilissent le sexe, et ensuite ils ne jugent plus les femmes dignes d'être leurs héritières, de soutenir le rôle d'une personne quiritaire, qu'eux-mêmes ils déshonorent !

Toutefois, il existe encore une autre cause dont la révélation peut contribuer à expliquer l'inique innovation de la loi Voconia.

Lorsque le mariage était une union sacrée, lorsqu'il établissait essentiellement entre les époux une association de toute la vie et une communauté universelle, alors, il est vrai, l'épouse mourait à sa maison et à sa famille, et elle était générée à la maison et à la famille de son mari, dont elle devenait la fille quiritaire. Mais elle ne mourait pourtant pas complétement au culte de ses ancêtres. En définissant le mariage, une communication entre époux du droit divin et humain, Modestin révèle que la femme qui apporte des biens en dot à la communauté universelle, y apporte aussi quelque chose du culte de ses ancêtres.

Les vestiges de la communication que l'épouse fait, du culte de ses ancêtres, à son mari et à ses enfants, semblent se perdre dans la nuit des temps, et j'ignore si quelque historien à cherché à en suivre la trace; mais pourtant ils se révèlent visiblement. En effet, l'épouse conserve son nom paternel, auquel vient s'ajouter celui de son mari ; l'époux est, ainsi que ses enfants, allié, *affinis*, des parents de son épouse, et par conséquent ils ont tous la race, *stirps*, de l'épouse, de la mère ; de là ils figurent , en cette qualité, dans les sacrifices que l'on fait aux auteurs de la *stirps*, et par là ils prennent place au banquet de la charistie, qui a été institué par les anciens, et dont font partie, comme nous le révèle Valère-Maxime , les cognats et alliés (1).

Aussi il paraît certain que, lorsque le mariage opérait entre les époux la communication du droit divin et humain, la femme qui se mariait et qui procréait des enfants conservait et communiquait le culte de ses ancêtres ; de là , si elle était la dernière tige de sa famille, elle empêchait , par son mariage et la procréation d'enfants, l'extinction du culte paternel.

D'ailleurs , n'est-ce pas à l'image de ce qui se forme dans l'association conjugale que le peuple romain , lorsqu'il s'associe à une nation, d'une part, prend les dieux de celle-ci et les place dans le Capitole ; et , de l'autre, communique à cette nation les dieux de la cité quiritaire? Ne sait-on pas qu'il a voulu aussi placer, dès l'origine de la prédication de l'Évangile , le Christ au Capitole, mais que les chrétiens ont refusé la communication des dieux du paganisme, que par là l'association est devenue impossible, et que la persécution s'en est suivie ?

Mais lorsque le mariage n'opère plus entre les époux la communication du droit divin et humain , lorsque la femme qui prend un mari conserve sa famille et sa maison, qu'elle reste étrangère à la famille et à la maison de son mari, et qu'elle ne communique plus à son époux ni à ses enfants

(1) Valère-Maxime, liv. ii, 1.

son culte paternel, elle devient la fin de sa famille ; si elle est seule de sa tige, avec elle s'éteint le culte de ses ancêtres. De là ces paroles des jurisconsultes, « La femme est la tête et la fin de sa famille, *Caput atque finis familiæ suæ.* » D'ailleurs, comme nous l'enseignent tous les jurisconsultes romains, il n'y point de puissance paternelle ni de lien de famille par les femmes : aussi, lorsque la femme, qui n'est point unie à un homme par les justes noces, a des enfants, ceux-ci naissent indépendants, *sui juris;* si, au contraire, elle met au monde des enfants conçus pendant les justes noces, ils tombent sous la puissance et dans famille de leur père, et sont civilement et religieusement étrangers à leur mère et à tous les membres de la famille maternelle.

Qu'on ne s'y trompe pas, les changements profonds qui se sont opérés dans la nature du mariage sont en grande partie les causes pour lesquelles la loi Voconia défend aux citoyens d'instituer une vierge ou une femme pour continuer leur personne. Cette personne, en effet, mourrait avec la femme instituée héritière.

D'après la loi Voconia, les femmes sont donc écartées, sans exception, de toutes les hérédités testamentaires.

Toutefois, elles peuvent recueillir dans les hérédités légitimes, ou en qualité de légataires d'une personne quelconque, une valeur de cent mille sesterces. Ensuite, d'après le droit prétorien, la femme qui a été instituée pour une part qui n'excède point la valeur déterminée par la loi Voconia, obtient la possession de biens selon les tables du testament.

Mais, d'après une jurisprudence postérieure à la loi Voconia et introduite dans le même esprit d'iniquité, les femmes ne peuvent arriver aux hérédités légitimes, pour y prendre une valeur ne débordant pas la limite fixée, que dans le cas où elles sont les filles ou , au moins, les sœurs consanguines et agnates du défunt.

Cette jurisprudence intermédiaire ne doit point être confondue avec la loi Voconia , dont elle est une extension inique.

Montesquieu commet, à l'égard de cette jurisprudence intermédiaire , une erreur de la plus haute gravité , et cette erreur est reproduite par presque tous les auteurs : « Rome, dit-il, abîmée par les richesses de toutes les nations, avait changé de mœurs. Il ne fut plus question d'arrêter le luxe des femmes. Aussi trouvons-nous dans les *Sentences* de Paul et dans les *Fragments* d'Ulpien, que les sœurs du côté du père pouvaient succéder, et qu'il n'y avait que les parents d'un degré plus éloigné qui fussent dans le cas de la prohibition de la loi Voconia (1). »

Il y a, dans ces paroles de Montesquieu, de graves erreurs et des choses entièrement incohérentes. D'abord les sœurs du côté du père , c'est-à-dire les sœurs consanguines et agnates du défunt, ont toujours été admises à prendre part dans son hérédité légitime. L'iniquité , non pas comme le suppose Montesquieu , de la loi Voconia qui est muette à cet égard , mais de la jurisprudence intermédiaire qui lui est postérieure de peu d'années et qui renchérit sur elle par l'iniquité , consiste à exclure les femmes des hérédités légitimes dans le cas où elles sont les plus proches agnates du défunt, mais d'un degré inférieur au second ; et cela , pour déférer la succession à un agnat du sexe masculin d'un degré souvent très-éloigné. Voilà l'iniquité que Justinien révèle clairement et flétrit dans ses *Instituts;* voilà l'iniquité qu'il fait disparaître en restituant aux femmes les droits qui résultent du lien de l'agnation (2).

(1) Montesquieu , *Esprit des lois*, liv. xxvii.
(2) Justinien, *Inst.*, liv. iii, tit. 2, § 3.

On voit par là combien est grande l'erreur incohérente de l'auteur de l'*Esprit des lois* : il affirme que lorsque Rome est abîmée par les richesses, il n'est plus question d'arrêter le luxe des femmes ; tandis que c'est à cette époque que le sexe féminin est accablé par les lois les plus oppressives ! La preuve qu'il donne de cette affirmation, c'est que les *sœurs du côté du père peuvent succéder*, et non les femmes d'*un degré plus éloigné*. Mais cette exposition prouve surabondamment que la loi Voconia et même son extension par la jurisprudence intermédiaire sont en pleine vigueur !

M. Giraud reproduit l'erreur de Montesquieu : « Le droit d'agnation, dit-il, est étendu aux sœurs ; le droit de gentilité est en déclin (1). »

Ce laconisme contient deux grandes erreurs. Comme nous l'avons vu, d'après la loi des Douze-Tables, lorsqu'une personne décédée intestat ne laissait pas d'héritier sien, son plus proche agnat, à quelque degré qu'il fût, du sexe masculin ou féminin, venait recueillir l'hérédité. Mais la jurisprudence intermédiaire a limité les droits des femmes, en décidant qu'elles ne pourraient recueillir l'hérédité légitime du défunt que si elles étaient ses sœurs consanguines, c'est-à-dire ses agnates du deuxième degré. Ainsi cette jurisprudence n'étend point, mais restreint dans les plus étroites limites, les droits des femmes aux hérédités légitimes. En outre, lorsque la loi Voconia et la jurisprudence restrictive des droits des femmes apparaissent, le droit de gentilité est non-seulement en déclin, mais il a complétement disparu depuis près de quatre-vingts ans.

Montesquieu et après lui une foule d'auteurs commettent une erreur vraiment étrange sur ces mots de Cicéron, *census non erat*. Selon l'auteur de l'*Esprit des lois*, la loi Voconia

____

(1) Giraud, *Introduction à l'étude du droit romain*.

ne concerne que ceux qui font partie du cens; elle n'est applicable ni aux prolétaires, ni à ceux qui sont *capite censiti*, ni à ceux qui, pour cause d'infamie, sont *ærarii*, c'est-à-dire placés sur les tables des Cérites. « Telle était la force de la nature, ajoute-t-il, que des pères, pour éluder la loi Voconienne, consentaient à souffrir la honte d'être confondus dans la sixième classe avec les prolétaires et ceux qui étaient taxés pour leur tête ou peut-être même à être renvoyés dans les tables des Cérites (1), » afin de laisser toute leur hérédité à leurs filles.

Cette réflexion de Montesquieu manque de vérité. D'abord la loi Voconia, qui défend d'instituer pour héritière une vierge ou une femme, et qui ne permet pas à une vierge ou à une femme de recueillir dans une hérédité quelconque plus de cent mille sesterces, s'exprime en termes généraux et absolus qui ne souffrent aucune exception. Elle reçoit donc son application, quel que soit le lien qui attache le défunt à la femme, quelle que soit la quotité de la fortune du testateur, quel que soit le rang qu'il occupe dans les tables du cens.

D'ailleurs, n'est-il pas évident que les prolétaires, les *capite censiti* et les *ærarii* ne jouissent point, dans les actes de dernière volonté, d'un privilége qui troublerait la loi générale? Ne sait-on pas que ceux qui ont été placés sur les tables des Cérites, soit par suite de leurs mauvaises mœurs qui les font noter par le censeur, soit par suite de condamnation, sont par là notés d'infamie? De là, ils ne font plus partie ni des curies, ni des centuries, ni des tribus; il sont *intestabiles*, c'est-à-dire indignes de disposer de leurs biens par testament.

Mais ceux qui sont placés sur la table des Cérites et qui

____

(1) Montesquieu, *Esprit des lois*, liv. xxvii.

sont par là *intestabiles*, ne peuvent point laisser à une femme, leur héritière légitime, c'est-à-dire à leur fille ou à leur sœur, une succession qui dépasserait cent mille sesterces. Les termes absolus de la loi Voconia ne souffrent à cet égard aucun doute.

Voyons ce qui a induit Montesquieu dans l'erreur.

« Un certain Annius Asellus, dit-il, avait institué sa fille pour unique héritière. Il le pouvait, dit Cicéron ; la loi Voconia ne l'en empêchait pas, parce qu'il n'était pas dans le cens, *census non erat*. Verrès étant préteur, avait privé la fille de la succession. Cicéron soutient que Verrès avait été corrompu, car autrement il n'aurait point interverti un ordre que les censeurs avaient suivi (1) »

Voici l'espèce citée par Cicéron.

« P. Annius Asellus décède. Comme il avait une fille unique et n'avait pas le cens, il a obéi aux enseignements de la nature et n'a violé aucune loi en laissant par testament ses biens à sa fille... Il a substitué L. Annius... La fille était héritière : tout concourait en sa faveur, l'équité des lois, la volonté du père, les édits des préteurs et les coutumes établies... Néanmoins, Verrès appelle à l'hérédité L. Annius qui n'était institué qu'après la fille... Un père donne à sa fille, et toi, Verrès, tu le défends ; les lois le permettent, et cependant tu t'y opposes ; il donne de ses biens une valeur telle qu'il ne s'écarte pas du droit, que trouves-tu à reprendre (2) ? »

Les expressions « il n'avait pas le cens, *census non erat*, deviennent bien claires par ces paroles : « il donne de ses biens une valeur telle qu'il ne s'écarte pas du droit, *de suis bonis dat ut ab jure non abeat.* » Elles signifient que le

(1) Montesquieu, *Esprit des lois*, liv. XXVII.
(2) Cicéron, 2ᵉ harangue *Contre Verrès*, liv. I.

père ne laisse pas à sa fille instituée une valeur de plus de cent mille sesterces.

Toutefois, entre les termes de la loi Voconia et les expressions de Cicéron, il y a une apparence de contradiction. La loi Voconia défend d'instituer pour héritière une vierge ou une femme; et pourtant Cicéron déclare que l'institution de la fille de P. Annius Asellus était valable.

Celui qui teste ne peut point, il est vrai, faire venir à son hérédité une vierge ou une femme qui n'y serait point appelée par la loi générale, ou qui, dans l'ordre des successions légitimes, serait primée par une autre personne; en d'autres termes, il ne peut point suspendre ou intervertir, au profit d'une vierge ou d'une femme, l'ordre des hérédités légitimes. Mais si l'ordre légal des hérédités appelle une vierge ou une femme en première ligne, et si le testateur confirme dans son testament la loi générale, lorsque d'ailleurs la valeur de son hérédité ou de ce qu'il laisse à la vierge ou à la femme, ne dépasse point le taux fixé par la loi Voconia, il serait évidemment inique de refuser les biens à la vierge ou à la femme instituée, pour les donner au substitué; on mettrait, en effet, un père dans la nécessité ou de violer les lois de la nature pour avoir un héritier susceptible de faire adition, ou bien de décéder intestat, ce qui était chez les Romains un déshonneur. Dans l'espèce dont il s'agit, en donnant les biens au substitué, on violerait la volonté sacrée du défunt, qui a évidemment voulu que sa fille recueillît dans l'hérédité testamentaire la valeur qu'elle eût recueillie dans l'hérédité légitime.

Ainsi, les termes rigoureux de la loi Voconia, qui repousse les vierges ou femmes des hérédités testamentaires, ont dû promptement fléchir dans la circonstance qui nous occupe. La considération que le père ne viole point la loi Voconia dans la valeur des biens qu'il laisse par testament à sa fille;

la probabilité qu'il n'aurait point testé ou du moins substitué s'il eût su que sa fille survivante et instituée ne recueillerait rien ; le désir de ne point apporter d'entraves à l'exercice d'un droit politique et à la volonté dernière, et une foule d'autres motifs tirés principalement de la mysticité souvent prudente des testaments : voilà les graves raisons qui ont déterminé les préteurs à publier dans leurs édits une législation qui était déjà passée en usage lors de la mort de P. Asellus, *edicta prætorum, consuetudo juris ejus quod erat tum, quum Asellus est mortuus.* La fille du testateur, qui était appelée à recueillir les biens par la loi des hérédités légitimes, par la volonté expresse du défunt, par les édits des préteurs et par la jurisprudence en vigueur, devait donc succéder à son père. De là, en donnant la possession de biens au substitué, Verrès a commis une iniquité flagrante.

Il est par là évident que les expressions *census non erat,* ont.été mal comprises par Montesquieu.

CHAPITRE XII.

DES CONSÉQUENCES DE LA DISSOLUBILITÉ DU MARIAGE.— *Suite.*

L'iniquité de la loi Voconia et de la jurisprudence intermédiaire, à l'égard des femmes, révèle la source de grands malheurs : « Que faut-il dire ou penser, demanderons-nous avec saint Augustin, de cette époque où Rome, *peu à peu changée,* comme le rapporte Salluste, Rome, *très-belle et très-pure,* tombe dans un profond abîme d'avilissement et de corruption après la ruine de Carthage. *Depuis lors, ajoute Salluste, ce n'est plus insensiblement comme autre-*

fois, mais à la manière d'un torrent, que tombent les mœurs des ancêtres ; la jeunesse est si corrompue par le luxe et par la cupidité que les jeunes citoyens ne peuvent plus ni avoir de biens ni souffrir que d'autres en possèdent. Salluste ajoute une foule de choses sur les vices de Sylla et sur les hontes de la République, et les autres historiens demeurent d'accord avec lui (1). »

Les funestes et rapides changements qui s'opèrent, au sixième siècle de Rome, dans les mœurs et dans toute la République, ont pour cause la désuétude des associations quiritaires, du patronage, des *gentes*, des corps d'état, des curies, et principalement des formes sacrées du mariage.

Comme le remarque Tertullien : « Les institutions des ancêtres qui dirigeaient les femmes dans les voies de la modestie et de la sobriété sont aussi tombées en désuétude... Où se trouve, ajoute-t-il, dans les mariages cette félicité des époux, si favorisée autrefois par les mœurs, que, pendant près de six cents ans à partir de la fondation de Rome, aucune femme ne souscrivit le libelle de la répudiation ? Maintenant la répudiation est le vœu et comme le fruit du mariage (2). »

(1) Saint Augustin, *de la Cité de Dieu*, liv. II, 19 : « Quid de consequenti ætate dicendum aut cogitandum arbitramur, *cum paulatim mutata*, ut Sallustii verbis utar, *ex pulcherrima atque optima, pessima ac flagitiosissima facta est*, post Carthaginis videlicet, ut commemoravit, excidium...? *Ex quo tempore*, ut ait Sallustius, *majorum mores non paulatim, ut antea, sed torrentis modo præcipitati; adeo juventus luxu atque avaritia corrupta, ut merito dicatur genitos esse qui neque ipsi habere possent res familiares, neque alios pati.* Dicit deinde Sallustius de Syllæ vitiis cæteraque fœditate Reipublicæ, et alii scriptores consentiunt. »

(2) Tertullien, *Apologétique* : « Circa feminas quidem etiam illa majorum instituta ceciderunt, quæ modestiæ, quæ sobrietati pa-

Constatons maintenant l'existence des anciennes institutions si utiles, auxquelles Tertullien fait allusion, et qui répandaient dans le cœur des époux la concorde, la paix et la félicité.

1° Dans l'ancien droit romain, les fiancés qui désiraient s'unir par les liens de l'hymen devaient avoir préalablement cette pureté de bonnes mœurs qui est si nécessaire pour que la fusion des cœurs, des esprits et des corps devienne complète et absolue. Le mariage était donc précédé d'un sacrifice purificateur.

Les formes de l'union conjugale étaient publiques et sacrées : elles se célébraient en présence du peuple et des dieux, témoins augustes des promesses solennelles et réciproques des conjoints et vengeurs du parjure.

Un banquet sacré, célébré publiquement par les époux, était le symbole de leur communion et de la génération par le mari de sa femme.

2° Le mariage ne peut, certes, réaliser de véritable bonheur que lorsqu'il est une union forte, que lorsqu'il produit entre les conjoints les plus fermes liens d'amour. Le principe proclamé par Moïse et par Jésus, que les époux sont une seule chair, qu'ils ne sont plus deux, mais une seule chair, et le principe proclamé par les anciens Romains, qu'il y a entre les époux une communion absolue, et que la femme est générée par son mari ; ces deux principes, disons-nous, qui ont entre eux la plus intime connexion, contiennent la plus haute, la plus sublime et la plus pure philosophie ; ils sont empreints du cachet de la divinité

trocinabantur... Ubi est illa felicitas matrimoniorum de moribus utique prosperata, qua per annos ferme sexcentos ab Urbe condita nulla repudium domus scripsit? Repudium jam votum est, quasi matrimonii fructus. »

même, et ils sont le meilleur ciment du bonheur des époux, des familles et de la cité.

3° Mais, en proclamant le principe de la purification et de la communion des époux, il est encore très-nécessaire de faire disparaître les autres germes de discorde ; il est nécessaire de faire fonctionner des institutions qui conservent, qui confirment et qui rétablissent l'harmonie, la paix et la félicité parmi les conjoints. Or, en cela, l'ancienne législation de Rome surpasse celles de tous les autres peuples : elle a été admirable et parfaite, et elle a produit les meilleurs fruits, ainsi que le rapportent tous les historiens romains, et que le démontrent les faits.

D'abord, après la purification des fiancés et après la génération par le mari de son épouse, il n'existe plus entre eux de différence qui puisse faire naître des sujets de brouille. En effet, il y a communication du droit divin : de là les conjoints ont le même culte du dieu Lare, des dieux de la famille, des dieux de la *gens* et des autres dieux. Il y a, en outre, communication du droit humain : de là, d'une part, les conjoints ont les mêmes liens de maison, de famille et de gentilité ; de là encore, d'autre part, ils ont les mêmes biens et les mêmes intérêts à la prospérité du patrimoine commun.

. Ainsi, l'union des époux est aussi intime et aussi complète qu'il est possible de la concevoir : on ne peut apercevoir parmi eux aucun sujet de brouille ni sous le rapport religieux, ni sous le rapport de famille, ni enfin sous le rapport du patrimoine. Il arrive par là que les deux époux, selon les expressions de Cicéron et de Pythagore, ne font plus qu'un, *ut unus fiat ex pluribus* (1).

4° Il ne suffit même pas, pour opérer une confusion par-

____

(1) Cicéron, *des Devoirs*, liv. 1, 17.

faite entre les époux, que l'union soit actuellement ferme, générale et complète; il ne suffit point de faire disparaître dans le temps présent tous les germes de brouilles et de discordes. Il faut encore, pour opérer entre les époux une fusion solide et durable, que l'esprit ne puisse pas même concevoir la pensée d'une séparation et d'une union nouvelle.

Or, telle est encore la législation des anciens Romains. En effet, l'union des époux est perpétuelle et unique, et, comme le rapportent leurs historiens, rien ne peut la briser. Cette disposition, si pleine de sagesse, produit les effets salutaires qui sont ainsi signalés par Denys d'Halicarnasse : « La loi de Romulus mit la femme mariée dans la nécessité d'accommoder son genre de vie aux habitudes de son mari, puisqu'il ne lui restait aucun autre parti à prendre. Mais, de son côté, le mari était aussi forcé, d'après la même loi, de traiter son épouse avec bienveillance, puisqu'elle était pour lui une compagne nécessaire dont il ne pouvait point se séparer (1). »

5° Bien plus, les mœurs étendaient encore, après la mort du conjoint, les conséquences de la promesse du survivant. En effet, ainsi que le rapporte Valère-Maxime, « les matrones qui n'avaient contracté qu'un seul mariage étaient les seules qui fussent honorées de la couronne de la pudeur. Les anciens pensaient que le cœur, et surtout celui d'une matrone, doit rester fidèle et sincère à la première promesse, et qu'après avoir déposé sa virginité, il ne convient point de former un nouveau mariage ; ils enseignaient par là que le convol à de nouvelles noces est la preuve d'une intempérance illégitime (2). »

Le principe de l'indissolubilité du lien conjugal et les

(1) Denys d'Halicarnasse, *Antiquités romaines*, liv. II, 25.
(2) Valère-Maxime, liv. II, 1.

mœurs qui considéraient le convol à de secondes noces, après le décès du conjoint, comme étant le signe d'une intempérance illégitime, protégeaient dans les femmes la vertu et les bonnes mœurs, et éteignaient dans les cœurs les désirs coupables. « Aucun époux, dit Valère-Maxime, ne craignait d'être supplanté par un rival : les dames regardaient chastement, et elles étaient pareillement regardées; la vertu était ainsi protégée par une mutuelle pudeur (1). »

6° Les institutions qui concernaient l'administration des biens de la communauté conjugale et celles qui concernaient les rapports des époux entretenaient et confirmaient les liens de l'union conjugale.

D'un côté, le mari gérait, et devait naturellement gérer, les affaires du dehors; il figurait comme partie dans les actes solennels qui s'accomplissaient au moyen des formes solennelles *per æs et libram;* c'est lui par conséquent qui, dans le *mancipium* et dans le *nexum,* jouait le rôle de *venditor* ou d'*emptor*. Le mari pouvait donc disposer comme maître des choses qui composaient la communauté conjugale. Mais cette puissance, qui paraît exorbitante au premier coup d'œil, trouvait des limites dans les mœurs publiques, dans la solennité et la publicité des actes, dans la révélation des patrimoines par le cens et dans l'interdiction; et ces limites étaient pour l'épouse et pour toute la famille de précieuses et de sûres garanties contre les abus.

D'un autre côté, la femme gérait, et naturellement aussi devait gérer, les affaires du ménage. Lors du mariage, le mari remettait à son épouse les clés de sa maison, comme un symbole de l'administration perpétuelle qui lui était confiée. Quoique le mari, lorsqu'il n'est point sous les or-

____

(1) **Valère-Maxime**, liv. ii, 3.

dres du consul, soit le surveillant de l'administration de son épouse, comme le peuple et les magistrats sont les surveillants du mari, on peut dire néanmoins, avec Denys d'Halicarnasse, qu'une femme sage est aussi maîtresse dans la maison commune que son mari (1).

7° Les autres institutions qui fonctionnaient dans le but de maintenir, de fortifier ou de raffermir les bonnes relations entre les époux sont admirables et nombreuses ; voilà surtout en quoi excelle la législation romaine ; voilà surtout ce qui doit être l'objet principal d'une organisation républicaine.

Celui des époux qui viole essentiellement les relations que fait naître entre eux la génération spirituelle, meurt par là à la vie quiritaire.

Or c'est ce qui a lieu, 1° si la femme abandonne le domicile conjugal, ou si le mari repousse son épouse ; 2° si la femme fait mourir les enfants par le poison, ou si le mari tue les enfants nés viables ; 3° si la femme commet un adultère. On ne voit point, dans la législation romaine, que l'adultère de la part du mari, dont les conséquences paraissent moins funestes à la famille que celui de la femme, soit sanctionné autrement que par les mœurs, par la diminution de la considération, par l'affaiblissement du bonheur intérieur et de l'influence morale sur les membres de sa famille, et enfin par la dégradation et la note même d'infamie. Toutefois Aulu-Gelle rapporte une disposition très-ancienne dont les effets, dans une époque où la vie était en quelque sorte publique, ont été, sans aucun doute, d'un grand poids pour maintenir chez le mari l'observation de la fidélité.

« La femme, dit Aulu-Gelle, qui entretient des relations

____
(1) Denys d'Halicarnasse, *Antiq. rom.*, liv. II, 24.

avec un homme qui en a une autre sous sa main ou *in mancipio* pour cause de mariage, est appelée *pellex* ; elle est déshonorée. Voilà ce qui résulte de cette loi très-ancienne, et que la tradition attribue à Numa :

« QUE LA PELLEX NE TOUCHE POINT L'AUTEL DE JUNON ; SI ELLE LE TOUCHE, QU'ELLE SACRIFIE, LES CHEVEUX ÉPARS, UNE JEUNE BREBIS A JUNON (1). »

8° Lorsque la femme commet des crimes ordinaires, c'est-à-dire ne violant pas essentiellement les rapports qui découlent de sa génération quiritaire aux choses divines et humaines de son mari, c'est le tribunal domestique qui en connaît et qui inflige la peine. Or le tribunal domestique qui juge l'épouse se trouve composé de cinq de ses plus proches parents et de son mari, ainsi que l'attestent Denys d'Halicarnasse (2) et Plutarque (3).

Montesquieu fait sur ce tribunal des réflexions qui sont de la plus grande justesse et que nous aimons à rapporter :

« Le tribunal domestique, dit-il, maintenait les mœurs dans la République. Mais les mêmes mœurs maintenaient ce tribunal. Il devait juger non-seulement de la violation des lois, mais aussi de la violation des mœurs. Or, pour juger de la violation des mœurs, il faut en avoir.

» Les peines de ce tribunal devaient être nécessairement arbitraires, et l'étaient en effet. Car tout ce qui regarde les règles de la modestie ne peut guère être compris dans un

______

(1) Aulu-Gelle, *Nuits attiques*, liv. IV, 3 : « Pellicem autem appellatam, pro brosamque habitam eam quæ juncta consuetaque esset cum eo in cujus manu mancipioque alia matrimonii causa foret, hac antiquissima lege ostenditur quam Numæ regis fuisse accepimus :

PELLEX. ARAM. IUNONIS. NE. TAGITO. SI. TAGET. IUNONI. CRINIBUS. DEMISSIS. ARNUM. FEMINAM. CAIDITO.

(2) Denys d'Halicarnasse, *Antiq. rom.*, liv. II, 24.

(3) Plutarque, *Vie de Romulus*.

Code de lois. Il est aisé de régler par des lois ce qu'on doit aux autres ; il est difficile d'y comprendre tout ce qu'on se doit à soi-même (1). »

La composition des membres du tribunal domestique contenait pour la femme les plus sûres garanties : elle était jugée par ceux qui la connaissaient le mieux , qui l'aimaient le plus , et qui tenaient à elle par les liens les plus énergiques et les plus tendres. L'arbitraire des peines était donc à la fois prudence et sagesse de la part du législateur, puisque ce tribunal de parents tendait surtout à conserver ou à rendre à l'épouse son honneur, sa dignité et sa sainteté.

Quiconque connaît bien le cœur humain et surtout celui de la femme pourra seul comprendre quels nombreux et salutaires effets produisait une pareille institution dans la cité romaine. Un tel tribunal, surtout dans un gouvernement populaire, est le type de la suprême perfection : il surpasse autant , par la fécondité et la bonté de ses fruits, nos tribunaux criminels, que le ciel s'élève au-dessus de la terre.

L'épouse craint un simple blâme qui lui serait infligé par les personnes chéries et nécessaires qui composent le tribunal domestique ; sensible à l'honneur, elle s'efforce continuellement de bien régler sa conduite. Si elle se relâche, et si, par hasard, elle fait quelque manquement, le blâme qui lui est infligé dans l'intérêt de son honneur et de sa dignité, suffit pour la remettre dans la bonne voie, et pour lui inspirer les meilleurs sentiments.

Chez nous , au contraire, trop souvent les peines endurcissent et dégradent les coupables : lorsqu'un tribunal correctionnel ou criminel sévit contre un homme qui a été un instant égaré, il porte contre lui une sentence imprimant sur

(1) Montesquieu, *Esprit des lois*, liv. VII, 10.

lui une note infamante et ineffaçable ; par cette iniquité ir-
réparable , il le rend mille fois pire , et il en fait , selon l'expression vulgaire , un gibet de potence.

Tandis que , chez les Romains , le tribunal domestique du
mari veillait sur la conduite de la femme et corrigeait les
manquements aux mœurs , on voyait fonctionner une ma-
gistrature , celle des censeurs , qui veillait à son tour sur la
conduite des pères de famille. Or, suivant la gravité des
cas , le censeur se contentait d'infliger un simple blâme ;
quelquefois il inscrivait celui qui avait manqué aux bonnes
mœurs dans une centurie ou même dans une classe inférieure ; d'autres fois , enfin , il imprimait sur le coupable la
note d'infamie, en d'autres termes . il rayait son nom des
centuries, des classes et des tribus, et il le plaçait sur la table
des Cérites, des *œrarii;* il le privait ainsi , mais temporaire-
ment , de tous ses droits et avantages politiques , tout en lui
laissant supporter ses anciennes charges , et notamment
celles de l'impôt.

Dans une époque où les Romains ont une personne publique et même commune sous plusieurs rapports ; dans
cette époque où les corporations, unies par les plus forts
liens , rendent chacun de leurs membres étroitement solidaires ; dans cette époque où il existe dans les banquets sacrés de prudentes et sages distinctions, qui excitent parmi
tous les citoyens une émulation d'honneur et une rivalité de
gloire ; dans cette époque enfin où chaque membre de la
cité préfère la mort à l'ignominie , n'est-il pas facile de
comprendre toute l'efficacité d'un blâme infligé par le magistrat nommé par le peuple romain pour veiller sur les
mœurs et sur l'honneur des citoyens, des corporations et
de la cité entière? La sentence du censeur est évidemment
aux pères de famille ce que la sentence du tribunal domestique est aux épouses.

9° Outre ces admirables institutions, principalement destinées à faire régner les bonnes mœurs et l'union parmi les époux et dans les familles, il y en a d'autres encore qui ne leur sont point inférieures sous le rapport des utiles effets.

Ces dernières institutions entretiennent, confirment et renouent, à des époques périodiques et fréquentes, les liens de l'affection et de l'amour qui existent entre les conjoints et même entre leurs parents et alliés. Or, de ce nombre sont les banquets qui sont célébrés les jours consacrés au culte du dieu Lare ou du dieu de la famille, au culte du dieu de la *gens*, et enfin au culte du dieu de la *stirps*.

10° Nous ne parlerons que du banquet célébré en l'honneur du dieu de la *stirps*; c'est lui, en effet, qui semble le plus spécialement destiné à rétablir l'harmonie entre les conjoints et à détruire les semences de discorde provenant des membres de la famille du mari ou des membres de l'ancienne famille de la femme. C'est ce banquet qui porte le nom doux de charistie. « Nos ancêtres, dit Valère-Maxime, ont institué un *convivium* solennel auquel ils ont donné le nom de charistie, *charistia*. On ne peut y prendre part que si l'on est du nombre des personnes unies entre elles par les liens du sang ou par ceux de l'alliance. » Valère-Maxime ajoute ces paroles remarquables qui précisent si bien l'intention du législateur : « D'après le but de l'institution, si une querelle s'est élevée entre les personnes nécessaires, alors, au milieu des sacrifices de la table et de la gaîté des esprits, elle est apaisée par les fauteurs de la concorde (1). »

Ce banquet des parents et alliés, cette charistie a évidemment pour but principal d'entretenir, de confirmer et de rétablir entre les époux la concorde et la bonne harmonie. En effet, ces expressions de Valère-Maxime, « si une querelle

____

(1) Valère-Maxime, liv. II, 1.

s'est élevée entre les personnes nécessaires, *si qua inter necessarios querela esset orta*, désignent surtout les époux : le mari et la femme sont entre eux, dans toute la force de l'expression, des personnes nécessaires dans une époque où le mariage est indissoluble ; c'est d'ailleurs ce que signale, en termes les plus exprès, l'auteur des *Antiquités romaines* (1),

Ainsi, le *convivium* solennel de la charistie, qui réunit, entre autres, tous ceux qui sont aptes à faire partie du tribunal domestique, servira à rétablir la bonne harmonie des époux, dont la brouille sera apaisée par les fauteurs de la concorde au milieu du festin et de la gaieté des esprits. Le tribunal domestique ne sera point convoqué pour connaître de la conduite de l'épouse ; le censeur ne sera point averti, pour qu'il ait à examiner la conduite du mari.

11° Au reste, il est une foule de circonstances où il importe aux époux que le tribunal domestique ne soit point convoqué, et que le censeur des mœurs ne soit point averti ; il est même un grand nombre de cas où il est utile de ne point instruire de la brouille les parents et alliés qui viendront prendre part au *convivium* solennel de la charistie; il est souvent d'une très-grande importance d'arracher, aussitôt qu'ils naissent, les plus petits germes de discorde, de crainte qu'ils ne prennent racine dans les cœurs.

Or, sous ce rapport, les institutions romaines ont atteint le plus haut point de perfection.

Écoutons à cet égard Valère-Maxime, dont nous aimons à citer encore le passage :

« Toutes les fois, dit-il, que quelque sujet de brouille, quelque léger nuage s'était élevé entre le mari et l'épouse, les conjoints se rendaient dans le sanctuaire de la déesse *Viriplaca*, dont le temple est situé sur le mont Palatin ; et

_____

(1) Denys d'Halicarnasse, *Antiq. rom.*, liv. II.

là, après avoir déposé l'irritation des esprits, ils s'expliquaient mutuellement ce qu'ils avaient voulu ; ils s'en retournaient ensuite d'accord. La déesse, comme on le rapporte, est ainsi appelée parce qu'elle apaise les maris : elle doit certainement être vénérée, et je ne sais si elle doit être honorée par les plus grands sacrifices, mais elle doit l'être du moins par les plus assidus. Elle est, en effet, la gardienne de la paix quotidienne et domestique, et, comme l'indique son nom, elle rend ce qui est dû à la dignité des maris, et aux épouses leur honneur, et elle remet ainsi les conjoints sous le joug égal de la charité (1). »

12° Dans les temps primitifs, ainsi que nous venons de le voir, la pureté des mœurs était maintenue et augmentée par un grand nombre d'institutions qui fonctionnaient harmoniquement. Les enfants qui naissaient de l'union étaient un sujet de joie, de bonheur et même d'honneur et de gloire dans la cité pour les époux ; ces enfants devenaient ainsi de nouveaux et de fermes liens qui rattachaient plus étroitement encore les époux l'un à l'autre : aucun nuage ne s'élevait alors pour venir obscurcir la présomption de paternité.

Le mari est deux fois le père de ses enfants, d'après la nature et le droit quiritaire ; car il les a générés et naturellement et quiritairement. Quant à l'épouse, elle est la mère de ses enfants selon les liens de la nature, et elle est leur sœur selon les liens quiritaires, car elle a le même générateur spirituel que ses enfants. L'épouse réunit donc en sa personne, à l'égard de ses enfants comme à l'égard de son mari, les deux liens les plus énergiques et les plus tendres.

Les enfants recevaient de leur mère et de leur père une éducation qui, loin d'être ensuite démentie, était solennel-

____

(1) Valère-Maxime, liv. II, 1.

lement confirmée dans les assemblées de la famille, des parents et alliés, des *gentes*, des curies, des tribus et généralement de toutes les autres corporations quiritaires.

Faut-il maintenant s'étonner que la cité romaine ait été une pépinière d'hommes illustres par les talents militaires, par la sagesse dans les conseils, par la patience, par la persévérance et par les plus héroïques dévouements ? Faut-il s'étonner du courage que les citoyens montraient dans les revers, de leur modération dans la victoire, et de la rapidité avec laquelle ils ont marché à la conquête de l'univers ?

Telles sont les anciennes institutions qui, selon les expressions de Tertullien, « dirigeaient les femmes dans les voies de la modestie et de la pudeur, *quæ modestiæ, quæ sobrietati patrocinabantur*, et qui répandaient sur les mariages une si grande félicité, augmentée par les mœurs, *illa felicitas matrimoniorum de moribus utique prosperata* (1). »

« Telle est la législation qui, d'après Denys d'Halicarnasse, était simple, embrassait tout, et était supérieure à toutes les autres législations des divers peuples, et qui, comme l'expérience l'a démontré, faisait avancer les épouses dans les voies de la modestie et de l'honneur, ἕνα δὲ μόνον ὑπὲρ ἁπάντων εὖ ἔχοντα, ὡς αὐτα ἔργα ἐδήλωσε, καταστησάμενος· εἰς εὐκοσμίαν καὶ πολλὴν σωφροσύνην ἤγαγε τὰσ γαμετάς (2). »

Telle est enfin la législation devant laquelle sont informes et ternes toutes les législations des peuples modernes. Ces législations, il est vrai, conservent le dogme sublime de l'incarnation des époux ; mais ce dogme, dont il faudrait tirer les conséquences logiques et vraiment philosophiques et sociales, demeure une lettre morte, et il disparaît étouffé sous une masse incohérente de lois qui doivent leur

(1) Tertullien, *Apologétique.*
(2) Denys d'Halicarnasse, *Antiq. rom.*, liv. II, 25.

naissance aux époques de dégradation , de corruption et de barbarie.

CHAPITRE XIII.

DES CONSÉQUENCES DE LA DISSOLUBILITÉ DU MARIAGE.—
Suite.

Comment tombent les anciennes institutions relatives au mariage? Comment , en tombant, ces institutions entraînent-elles dans leur ruine la paix et la félicité des époux , des enfants, des familles et de la cité entière? Comment enfin Rome, « cette cité si belle et si pure, selon les expressions de Salluste et de saint Augustin , est-elle tout-à-coup précipitée dans un abîme de fange et de corruption, *ex pulcherrima atque optima, pessima ac flagitiosissima facta est* (1)? »

Dans le sixième siècle de Rome , lorsque la religion est mise en oubli , on voit à la fois disparaître la purification des époux , la consultation des auspices, les formes sacrées et publiques de l'union conjugale, le banquet mystique des époux et enfin la communication de leur droit divin et humain.

Le mariage se forme maintenant par une simple tradition, par une remise de la femme au mari ; il n'est plus nécessaire d'employer aucune solennité.

Or , comme il n'y a plus de purification des époux, chacun d'eux , dans cette époque de dégradation et de corruption générale, conserve des éléments hétérogènes et impurs qui s'opposent d'une manière absolue à la fusion complète

(1) Salluste, *Conjuration de Catilina ;* Saint Augustin, *de la Cité de Dieu.*

et si nécessaire des cœurs, des esprits et des corps. Ces éléments hétérogènes et impurs germent, s'enracinent et se développent promptement. L'épouse, en effet, n'est plus spirituellement générée par son mari; elle ne lui communique plus rien du culte de ses ancêtres, ni de ses biens; elle ne passe plus, ni dans la maison, ni dans la famille, ni dans la *gens* de son époux; elle ne participe en aucune manière, ni à son culte, ni à ses biens.

Ainsi donc, malgré son mariage, la femme ne subit aucune métamorphose, aucun changement : elle conserve son culte, sa famille, ses biens et son indépendance vis-à-vis de son mari; elle demeure complétement étrangère au culte, à la famille et aux biens de son mari.

Dans une pareille union, que de germes de troubles, de discordes et de ruptures!

1° Comme les époux ne sont plus unis par la communauté de culte du dieu Lare, des dieux paternels, ni des dieux de la *gens*; comme la femme reste étrangère à la maison, à la famille et à la *gens* de son mari, elle ne figure plus dans les banquets sacrés que les anciens avaient institués pour confirmer et pour rétablir les sentiments de l'affection et de l'amour.

Dès que l'épouse, la mère, a commencé à être considérée comme une étrangère et une profane dans les banquets de la maison et de la famille de son mari et de ses enfants, la religion est tombée complétement; les sacrifices et les banquets sacrés ont disparu; les membres des familles ont perdu leur union et leur harmonie, et ils ont été abandonnés au torrent des passions les plus effrénées.

2° Les institutions spéciales que les ancêtres avaient destinées à fortifier l'union des époux et à rétablir parmi eux la charité et la concorde, cessent d'exister dès qu'il n'y a plus entre eux communication du droit divin.

De là les époux n'offrent plus de sacrifices à la déesse *Viriplaca;* ils ne vont plus dans son temple apaiser leurs brouilles et se remettre sous le joug égal de la charité.

De là encore le banquet sacré des parents et alliés, appelé du doux nom de charistie, s'évanouit pour toujours : il n'y a plus de fauteurs de la concorde pour éteindre, au milieu de la joie du festin et de la gaieté des esprits, les discordes nées entre les époux et les autres personnes nécessaires. En effet, lorsqu'il n'y a point entre les conjoints de forts liens, il devient impossible que leur union, maintenant si faible et si fragile, ait la puissance de réunir les deux familles en un seul faisceau ; tandis qu'autrefois elle était si forte, comme le dit Plutarque, qu'elle attachait étroitement à Rome les peuples eux-mêmes (1).

3° Dès que le mariage n'opère plus la génération spirituelle de l'épouse, celle-ci conserve une entière indépendance dans ses rapports avec son mari ; elle n'est plus en aucune manière soumise à ses lois ; elle ne passe plus sous sa puissance, *in manum.* On voit ainsi disparaître le tribunal domestique du mari. En effet, le tribunal domestique n'était qu'un tribunal paternel, restreint dans son organisation par la présence et par l'autorité des parents de la femme qui en faisaient partie, comme ils faisaient partie des convives réunis dans le banquet de la charistie. Or, dès que la femme et sa famille demeurent entièrement étrangers au mari et à sa famille, on a vu nécessairement disparaître l'institution du tribunal domestique qui avait si utilement fonctionné, depuis l'origine de Rome, pour le maintien des bonnes mœurs et pour le rétablissement entre les époux de la concorde et de l'harmonie.

---

(1) Plutarque, *Vie de Romulus :* « Οὕτω συνέμιξεν ἀλλήλοις καὶ συνέπηξε τὰ γένη, καὶ παρέσχε πηγὴν τῆς εἰς αὖθις εὐνοίας καὶ δυναμέως τοῖς πράγμασιν. »

Montesquieu attribue la désuétude du tribunal domestique du mari à une cause qui diffère essentiellement de celle que nous signalons; mais l'auteur de l'*Esprit des lois* qui n'a point saisi toute l'importance des changements qui commencent à s'opérer dans le mariage au sixième siècle de Rome, n'est certainement point à cet égard dans la vérité.

« L'établissement des questions perpétuelles, dit-il, affaiblit l'usage du tribunal domestique du mari (1). »

Non, ce n'est point l'établissement des questions perpétuelles qui a affaibli le tribunal domestique; ce tribunal, en effet, est tombé et a dû nécessairement tomber dès que le mari a perdu toute son ancienne puissance et toute espèce d'autorité sur son épouse, c'est-à-dire, dès qu'il ne l'a plus générée à ses choses divines et humaines, et qu'il ne l'a même plus eue *in mancipio* pour cause de mariage; en un mot, le tribunal *domestique* a disparu dès que la femme n'a plus fait partie de la *domus* de son mari, et que, par conséquent, elle n'est plus devenue sa fille de famille. C'est là une vérité qui renferme la plus haute évidence.

L'établissement des questions perpétuelles n'est point, comme le suppose l'auteur de l'*Esprit des lois*, une cause de l'affaiblissement des anciennes institutions; il en est au contraire bien plutôt un effet. Lorsque les anciennes institutions religieuses et politiques relatives aux patronages, aux *gentes*, aux corps d'état, aux familles, aux maisons, aux mariages et aux *stirpes* s'affaiblissent; lorsque tous ces corps quiritaires dont les membres étaient étroitement unis par des liens d'affection et d'amour tombent en ruines, un vide immense se fait alors dans les esprits et dans les cœurs des citoyens qui s'individualisent, et ce vide est bientôt occupé par une foule de passions déréglées qui enfantent des crimes

(1) Montesquieu, *Esprit des lois*, liv. vii, 11.

nombreux et effrayants. On voit alors sévir une contagion, une peste qui désole la cité, *contagio, quasi pestilentia, invasit, civitas immutata* (1); le pouvoir, autrefois si juste et si bon, devient cruel et intolérable, *imperium ex justissimo atque optimo, crudele intolerandumque factum est* (2). « La richesse, selon Salluste, est seule en honneur, c'est elle qui obtient la gloire, l'autorité et les magistratures; la vertu s'émousse et la pauvreté devient un opprobre; on voit, avec les richesses, la luxure, l'avarice et l'orgueil s'emparer de la jeunesse, qui pille et dissipe, et qui méprise à la fois les choses divines et humaines (3). » Or, à cette époque où les crimes se multiplient dans une effrayante proportion, les questions perpétuelles sont établies pour suppléer au vide des anciennes institutions, et pour infliger aux coupables une peine exemplaire.

4° Il n'y a plus entre les époux la communauté universelle de biens. Maintenant la femme remet à son mari, à titre de dot, une certaine quotité de sa fortune. Celui-ci promet de restituer cette dot lorsque les faibles liens de l'union seront dissous par son décès, par le divorce ou par la répudiation. Les fruits de la dot que la femme remet ainsi à son mari pour lui aider à supporter les charges du mariage, servent à payer ses propres dépenses, l'écot journalier qu'elle fait dans la maison étrangère de son mari. Quant aux biens qu'elle n'a point constitués en dot, elle en conserve à la fois la propriété et l'administration.

(1) Salluste, *Conjuration de Catilina.*
(2) *Ibid.*
(3) *Ibid.* : « Postquam divitiæ honori esse cœpere, et eas gloria, imperium, potentia sequebatur; hebescere virtus, paupertas probro haberi. Igitur ex divitiis juventutem luxuria atque avaritia cum superbia invasere; rapere, consumere, divina atque humana promiscuo habere. »

Comme il n'y a plus entre les conjoints de communauté de biens, de même qu'il n'y a plus entre eux communauté de culte, de cœur, de sentiments ni d'intérêts, le mari ne remet plus à son épouse les clés de sa maison, qui étaient un symbole de l'administration qui lui était confiée. Maintenant chacun d'eux fait ses propres affaires, soit dans le ménage, soit au dehors ; chacun d'eux a un patrimoine distinct qui devient son trésor et sur lequel il place ses pensées et son cœur, *ubi thesaurus, ibi et cor ;* chacun d'eux a une administration distincte dont les intérêts sont complétement opposés et en discorde.

Les désordres si graves et si nombreux qui naissent d'un pareil état de choses, font introduire, l'an 578 de Rome, l'iniquité de la loi Voconia et de la jurisprudence intermédiaire, par lesquelles les femmes sont exclues des hérédités testamentaires et d'un grand nombre d'hérédités légitimes, sans qu'elles puissent jamais, ni à un titre quelconque, recueillir plus de cent mille sesterces. Le passage de Tite-Live prouve clairement que cette loi et cette jurisprudence sont introduites à l'effet de calmer les querelles qui naissent au sein de l'union conjugale, et dont la vive peinture faite par Caton a porté l'indignation dans l'esprit des citoyens.

5° Lorsqu'il naît un enfant, comment est-il accueilli dans la vie ? Ainsi que nous l'avons dit, l'épouse n'a plus maintenant ni le même culte, ni la même maison, ni la même famille, ni les mêmes biens, ni la même administration, ni les mêmes intérêts, ni les mêmes affections, ni les mêmes volontés que son mari ; en un mot, elle lui reste étrangère. Or, comme l'enfant naît dans la famille du mari, la femme qui est spirituellement et civilement étrangère à cette famille, est aussi par conséquent spirituellement et civilement étrangère à ses enfants : aussi l'on voit alors une foule de mères qui négligent de remplir les devoirs que leur impose la nature, et qui refusent d'allaiter leurs propres enfants, ainsi que le prouve le discours de Favorinus, rapporté par Aulu-Gelle (1). D'un autre côté, l'enfant qui naît est considéré par le père, dans la famille duquel il tombe, comme une charge; d'autant plus qu'au milieu de la corruption si générale et de tant de divorces, mille soupçons s'élèvent dans son esprit sur le lien réel de la paternité. N'est-ce pas d'ailleurs pour se débarrasser d'une pareille charge, que l'on voit les hommes s'unir aux femmes, seulement par les liens du concubinat, qui fait naître des enfants civilement et religieusement étrangers à leur mère, à leur père et même entre eux?

Ainsi donc, les enfants qui naissent de l'union conjugale ne resserrent plus maintenant les faibles liens qui existent entre leurs père et mère; ils ne sont même la plupart du temps qu'une cause de querelles, de désunion et de rupture du mariage. Lorsque les époux forment ainsi une *union divisée*; lorsque le mariage qui est destiné à placer les conjoints sous le même joug de la charité, est ainsi livré de toutes parts à la désolation, les germes de discordes se développent rapidement avec l'individualisme et la corruption des mœurs qui brisent tous les liens sociaux; on voit s'étendre comme une peste sur toute la cité, « cette incontinence qui, selon les expressions de Montesquieu, est dans un état populaire le plus grand des malheurs (2). »

6° Est-il nécessaire de dire que les mœurs nouvelles ne proclament plus les anciens principes sur l'observation de la foi conjugale? Est-il nécessaire de faire connaître que des principes et des habitudes diamétralement opposés sont mis partout en pratique? Nous pourrions à cet égard multiplier à l'infini des citations.

(1) Aulu-Gelle, *Nuits attiques*, liv. xxi, 1.
(2) Montesquieu, *Esprit des lois*, liv. vii, 8.

« Maintenant, dit Sénèque, les femmes ne se marient plus
que pour répudier ; elles ne répudient plus que pour se
marier, *nubunt repudii causa, et exeunt matrimonii
causa* (1). » Selon les expressions de Tertullien, « la répudiation est maintenant le vœu et comme le fruit du mariage,
repudium jam votum est, quasi matrimonii fructus (2). »

« Autrefois, dit encore Tertullien, l'épouse ne portait
point d'or, si ce n'est cependant l'anneau nuptial que son
mari lui avait mis au doigt. Mais maintenant il n'y a plus
aucun de ses membres qui ne soit chargé d'or (3). »

Quel est le prix de tous ces cadeaux? Sénèque nous le
révèle.

« Y a-t-il encore, dit ce philosophe, quelque honte de
l'adultère, depuis qu'aucune femme ne se marie que pour
irriter à l'adultère? La pudicité est devenue une preuve de
laideur ; car il faut être bien chétive et bien difforme pour
n'avoir qu'une paire d'amants. La plupart en ont pour toutes
les heures, et quelquefois la journée ne suffit plus à tous ;
si l'une manque à un rendez-vous, c'est pour se trouver à
un autre. Celle qui ne fait pas du mariage un adultère continuel, est regardée comme une sotte et comme une femme
du vieux temps (4). »

(1) Sénèque, *des Bienfaits*, liv. iii, 16.
(2) Tertullien, *Apologétique*.
(3) *Ibid.* : « Aurum nulla norat præter unico digito quem
sponsus oppignerasset. Nunc in feminis præ auro nullum leve est
membrum. »
(4) Sénèque, *des Bienfaits*, liv. iii, 16 : « Numquid jam ullus
adulterii pudor est, postquam eo conventum est ut nulla virum
habeat, nisi ut ad adulterium irritet. Argumentum est deformitatis
pudicitia, quia juvenes tam miseram, tam sordidam ut illi satis
sit unum adulterorum par ? Nisi singulis divisit horas, et non suf-
ficit dies omnibus ; nisi apud alium gestata est, apud alium mansit.
Infirmata et antiquata est, quæ nesciat matrimonium vocari unum
adulterum. »

« Si un homme, dit encore Sénèque, n'est pas publiquement connu pour avoir une amante ou pour faire la cour à une épouse, les matrones l'appellent un homme vil, aux passions abjectes et serviles. L'adultère est devenu la garantie ordinaire de la promesse de mariage (1). »

Ainsi, dès que les anciennes institutions du mariage disparaissent, avec elles disparaît le bonheur conjugal. Aucun des époux ne fait plus d'efforts, au milieu des divisions qui surgissent de toutes parts, pour harmoniser son caractère, ses goûts et ses volontés sur le caractère, les goûts et les volontés de son conjoint. Comme le signale Gibbon, « pendant trois siècles de prospérité et de corruption, les passions, l'intérêt ou le caprice excitaient chaque jour à demander la dissolution du mariage : un mot, un signe, un message, la bouche d'un affranchi déclaraient la séparation, et la plus tendre des liaisons humaines devenait une union passagère d'argent et de plaisir. Suivant les diverses conditions de la vie, cet arrangement nuisait tour à tour aux deux sexes. Une femme inconstante portait ses richesses dans une autre famille; elle abandonnait à son époux un grand nombre d'enfants qui peut-être n'étaient point de lui. Une femme qui avait été belle se trouvait, à l'époque de sa vieillesse, rejetée sans ressource et sans ami. Cette théorie si libre et si complète des Romains démontre, malgré la théorie si spécieuse formée sur cet objet, que la liberté du divorce ne contribue pas au bonheur et à la vertu. La facilité des séparations détruit la confiance et aigrit les disputes les plus minutieuses (2). »

_____

(1) Sénèque, *des Bienfaits*, liv. I, 10 : « Si quis nulla se amica fecit insignem, nec alienæ uxori æmulum præstat, hunc matronæ humilem, et sordidæ libidinis et ancillariolum vocant. Hinc decentissimum sponsaliorum genus, adulterium.

(2) Gibbon, *Hist. de la décad. de l'empire romain*, chap. 44.

Voyons maintenant se dérouler cette série de lois sans énergie, sans dignité et sans cohérence par lesquelles le législateur semble plutôt chercher à pallier le mal qu'à en extirper les racines.

CHAPITRE XIV.

DES CONSÉQUENCES DE LA DISSOLUBILITÉ DU MARIAGE ROMAIN. — *Suite.*

Le mariage est maintenant une union sans adhérence et fragile. Mille barrières demeurent et s'élèvent entre les époux. La femme, d'une part, perd son ancienne influence dans la famille de son mari, et par conséquent dans la cité; d'autre part, le mari perd sur son épouse son autorité et sa puissance. L'individualisme et les passions qui, après la chute de toutes les institutions quiritaires, surgissent d'un tel état de choses, font disparaître chez les hommes et chez les femmes la modération, la sainteté et le dévouement de l'amour. Grosse d'iniquité à l'égard des femmes, la loi Voconia fait affluer les richesses chez les hommes. « Mais, comme le dit Salluste, semblables à un poison, ces richesses ne servent qu'à efféminer à la fois leur corps et leur âme (1). » Ce n'est pas maintenant la valeur, le courage et la vertu, « mais la fortune qui obtient l'honneur, la gloire et le commandement (2). » Alors, comme le dit Sénèque, « pour obtenir des richesses, l'avarice entraîne l'homme dans la fange et dans la honte des vices (3). » Les Romains,

(1) Salluste, *Conjuration de Catilina* : « Avaritia pecuniæ studium habet; ea quasi venenis malis imbuta, corpus animumque virilem effeminat. »
(2) *Ibid.*
(3) Sénèque, *Épître* 119 : « A divina contemplatione, ab-

alors riches et corrompus, communiquent leurs vices aux femmes et, en les dégradant, ils leur font perdre les priviléges et les charmes de leur sexe (1).

« Et voilà que bientôt, comme le signale Montesquieu, une infinité de gens riches et voluptueux se portent à fuir le joug du mariage pour la commodité de leurs déréglements. Ils prennent pour eux les plaisirs et laissent les peines aux misérables (2). »

La cité, menacée dans son existence, sent la nécessité urgente d'apporter des remèdes au mal qui la mine. On engage alors les hommes et les femmes au mariage soit par la honte, soit par des peines, soit enfin par des récompenses. On s'efforce en même temps d'affaiblir les causes de discordes et de ruptures qui naissent au sein du mariage.

Dès l'année 622 de Rome, cent ans environ après la première répudiation, et quarante ans après la loi Voconia, Métellus le Numidique cherche à exciter les hommes au mariage qui, selon les expressions de Montesquieu, « n'a que des peines pour ceux qui n'ont plus le sens des plaisirs de l'innocence (3). » Ce fait, et principalement les termes du discours de Métellus, démontrent pleinement qu'à cette époque le célibat licencieux et la corruption des hommes, auxquels la loi Voconia attribuait les hérédités, surtout parce qu'ils avaient la charge de l'éducation et de la nourriture des enfants nés du mariage, faisaient alors déjà de rapides et effrayants progrès.

« Métellus le Numidique, homme grave et éloquent, dit Aulu-Gelle, adressa, pendant sa censure, un discours aux

ductum animum in sordida et humilia pertraximus, ut avaritiæ serviret. »

(1) Sénèque, *Épître* 95.
(2) Montesquieu, *Esprit des lois.*
(3) *Ibid.*, liv. xxi, 1.

citoyens sur le mariage, pour les engager à contracter les
liens de l'union conjugale. On trouve dans ce discours ces
paroles : « Si nous pouvions, Quirites, rester sans épouse,
» tous nous nous affranchirions d'un tel embarras. Mais,
» puisqu'il n'est point possible, d'après les lois de la nature,
» de vivre à son aise avec les femmes, et qu'elles sont pour-
» tant nécessaires à la conservation de l'humanité, il faut
» que nous veillions au salut perpétuel de la République
» plutôt qu'à la satisfaction de notre volupté (1). »

« Ce grand homme avoue, au commencement de son discours, des embarras qui sont très-connus de tous ; par la
franchise de cet aveu, il se concilie l'attention des citoyens.
Ensuite il persuade sans peine, ce qui était son but principal, que la cité ne peut être conservée que par la fréquence des mariages. Métellus termine ainsi son discours :
« La puissance des dieux immortels est très-étendue ; mais
» ils ne doivent point avoir à notre égard plus de bien-
» veillance que nos parents : or ceux-ci nous exhérèdent si
» nous persévérons dans nos égarements. Que devons-nous
» donc attendre des dieux, si nous ne mettons pas de terme
» à nos désordres ? Il est équitable que la divinité protège
» seulement ceux qui ne violent point leurs lois. Ils doi-
» vent couronner la vertu, et non pas la donner (2). »

(1) Aulu-Gelle, *Nuits attiques*, liv. i, 6 : « Oratio Metelli Nu-
midici, gravis ac diserti viri, quam in censura ad populum de
ducendis uxoribus, cum eum ad matrimonia capescenda adhorta-
retur. In ea oratione ita scriptum fuit : « Si sine uxore, Quirites,
» possemus esse, omnes ea molestia careremus : sed quoniam ita
» natura tradidit, ut nec cum illis satis commode, nec sine illis
» ullo modo vivi possit ; saluti perpetuæ potius quam brevi volup-
» tati consulendum. »

(2) *Ibid.* : « De molestia igitur cunctis hominibus notissima
confessus, eaque confessione fidem sedulitatis veritatisque comme-
ritus ; tum denique facile et procliviter quod fuit rerum omnium

Ce discours de Métellus, qui nous révèle la grandeur du mal, devait rester impuissant : aussi la contagion s'étend et les vices se multiplient. Les censeurs qui n'avaient jusqu'alors veillé que sur les pères de famille, étendent leur surveillance sur les mariages et sur les femmes : les mauvaises mœurs de celles-ci les font noter de l'infamie, qui consiste, pour elles, à ne pouvoir point contracter de justes noces. Mais cette extension et le torrent de la contagion affaiblissent et détruisent la censure. « La corruption des mœurs, dit avec raison Montesquieu, détruisit la censure établie elle-même pour détruire la corruption des mœurs ; mais lorsque la corruption devient générale, la censure n'a plus de force (1). »

CHAPITRE XV.

DES CONSÉQUENCES DE LA DISSOLUBILITÉ
DU MARIAGE ROMAIN. — *Suite*.

Il n'y a plus entre les époux de communauté du feu et de l'eau. La femme constitue en dot une partie de sa fortune pour aider son mari à supporter les charges du mariage, et elle conserve la propriété et l'administration libre et indépendante de ses paraphernaux.

validissimum atque verissimum persuasit, civitatem salvam esse sine matrimoniorum frequentia non posse... Verba Metelli hæc sunt : « Di immortales plurimum possunt ; sed non plus velle » nobis debent quam parentes. At parentes, si pergunt liberi » errare, exheredant. Quid ergo nos a Dis immortalibus divinitus » expectemus, nisi malis rationibus finem faciamus ? His demum » Deos propitios esse æquum est, qui sibi adversarii non sunt. » Di immortales virtutem approbare, non adhibere debent. »
(1) Montesquieu, *Esprit des lois*, liv. XXIII, 21.

Mais à cette époque de dissolution générale, les citoyens, qu'aucune institution ne dirige maintenant vers la modération et la vertu, ne peuvent ni conserver leurs biens, qu'ils dissipent dans le luxe et dans la débauche, ni souffrir que d'autres en possèdent. On voit alors la distinction des intérêts et l'avarice faire naître parmi les époux mille causes de querelles, de discordes et de ruptures.

Alors, chose bien remarquable, tandis qu'il y avait autrefois une confusion absolue des biens des époux, image de la fusion de leur esprit et de leur cœur, il a été nécessaire au législateur de jeter un abîme entre les deux administrations du mari et de la femme, dès que leur union n'a plus été qu'une association d'intérêt et d'argent. Il a été également nécessaire de multiplier les dispositions pour assurer à la femme la restitution des choses dotales.

Voyons brièvement cette double innovation.

1° *Prohibition de donations entre époux.*

Les deux administrations opposées du mari et de la femme deviennent pour les époux une source féconde de captation et de ruine, et une pépinière de discordes. En effet, comme nous le révèle le jurisconsulte Ulpien, souvent l'un des époux ne garde plus aucune mesure dans les libéralités qu'il fait à son conjoint, ni dans les dépenses qu'ils font en commun : de là sa prodigue facilité, qui semble trouver quelque excuse dans un sentiment d'amour, le dépouille bientôt de toute sa fortune (1). Une pareille conduite excite bientôt des regrets ; lorsque le moment de la passion est passé, lorsque l'on pense à soi-même et à ses enfants dont on a follement ruiné l'avenir et le bonheur, on se livre à des récriminations et à des discordes,

(1) *Digeste*, liv. xxiv, tit. 1, l. 1.

qui amènent une triste rupture de l'union conjugale (1).

La possibilité pour les époux de se faire des libéralités avait même, comme le rapporte le jurisconsulte Paul, rendu le mariage un objet de spéculation, *ea ratione eventurum ut venalitia essent matrimonia* (2). Le lien de cette union formée uniquement par intérêt ne plaît et ne dure qu'autant de temps qu'il réalise les avantages espérés (3).

Lorsque l'un des époux est dans un besoin, dans un embarras qui a souvent pour cause sa mauvaise conduite, il ne manque pas de s'adresser à son conjoint ; si celui-ci n'écoute point sa demande, s'il refuse de venir à son secours, soit par des libéralités, soit par des prêts, soit en se portant caution du paiement d'une obligation, des altercations surviennent et rompent le lien si fragile de l'union conjugale (4). Souvent en cédant aux obsessions croissantes de son conjoint, on ne fait qu'acheter, au prix de toute sa fortune, quelques jours de durée du mariage.

Une loi établie par les mœurs a apporté quelque remède à ces maux, en frappant d'une nullité absolue les libéralités entre époux. « Il a été reçu par les mœurs, dit Ulpien, que les donations entre un mari et son épouse n'auraient aucune valeur, *moribus apud nos receptum est, ne inter virum et uxorem donationes valerent* (5).

Ce principe général comprend toutes les donations directes ou même indirectes. Ainsi, non-seulement un conjoint ne peut point faire à l'autre donation de sa chose ; mais encore il ne peut pas le libérer directement en lui faisant

(1) *Digeste*, liv. xxiv, tit. 1, l. 2.
(2) *Ibid.*
(3) Sénèque, *Épître* 9.
(4) *Digeste*, liv. xxiv, tit. 1, l. 2.
(5) *Ibid.*, l. 1.

acceptilation de sa dette, ni même indirectement en allant payer sa dette à un créancier. Bien plus, il ne peut pas, par son silence ou son inaction, laisser éteindre les servitudes personnelles ou réelles dont sont grevées à son profit les propriétés de son conjoint. En un mot, il y a donation prohibée et nulle de plein droit, toutes les fois qu'il y a enrichissement de l'un des conjoints aux dépens de l'autre.

Montesquieu n'a point compris l'esprit de cette loi, qui est établie par les mœurs à une époque où la dégradation et la corruption minent la société dans ses bases.

« La loi romaine, dit-il, donnait la liberté de se faire des dons avant le mariage; après, elle ne le permettait plus. Cela était fondé sur les mœurs des Romains qui n'étaient portés au mariage que par la frugalité, la simplicité, la modestie, mais qui pouvaient se laisser séduire par les soins domestiques, les complaisances et le bonheur de toute une vie (1). »

Cette loi prohibitive n'existait certainement point dans l'ancien droit, puisque tout ce qui appartenait à l'un des époux appartenait également à l'autre, et que, dans leur communauté universelle du droit divin et humain, le *mien* et le *tien* étaient impossibles parmi eux. Cette loi est introduite vers l'an 650 de Rome, à l'époque de la dégénération des Romains, de la dégradation du mariage, et du déchaînement de toutes les passions qui sapent à coups redoublés les bases de la République. A cette époque, les Romains n'*étaient* certainement pas, comme le suppose Montesquieu, *portés au mariage par la frugalité, la simplicité et la modestie*, mais plutôt par les vices opposés; à cette époque, il ne s'agissait plus de *séductions par les soins domestiques*, car le mari et la femme ne faisaient plus partie de la même

(1) Montesquieu, *Esprit des lois*, liv. XIX, 25.

domus; à cette époque enfin il ne s'agissait plus pour les époux, au milieu de tant de divorces, du *bonheur de toute une vie.*

Au reste, vers l'an 806 de Rome, un sénatusconsulte mitige la rigueur de la prohibition de donations entre époux. D'après ce sénatusconsulte, de telles donations ne sont plus frappées d'une nullité radicale et absolue : elles sont valables, mais seulement comme donations à cause de mort; elles n'opèrent pas, en faveur du donataire, le dépouillement de la propriété; la donation ne produit ses effets et ne devient irrévocable que par le décès du donateur.

La disposition de ce sénatusconsulte a toujours été conservée dans la législation romaine; elle a passé dans les législations modernes et dans notre code civil avec de légères modifications.

Enfin, d'après un édit porté par Auguste et ensuite par Claude, la femme ne peut point intercéder pour son mari, c'est-à-dire garantir les dettes qu'il a contractées. Le sénatusconsulte Velléien, porté peu de temps après l'abrogation de la tutelle perpétuelle du sexe, généralise cette disposition prohibitive, en décidant que les femmes ne pourront jamais garantir valablement la dette contractée par une personne quelconque.

2° *Dispositions relatives à la restitution de la dot.*

Lorsque la femme était spirituellement générée par son mari, il n'y avait jamais lieu à la restitution des choses dotales, qui étaient confondues dans la communauté universelle de biens. Mais lorsque cette génération a cessé, que l'union se forme, comme les contrats réels, par une tradition non solennelle de la femme au mari, on stipule de celui-ci la restitution des choses dotales; et, lors même que cette stipulation n'aurait pas eu lieu, le mari ou ses héritiers pourraient être poursuivis en restitution de la dot, par la femme intentant l'action *rei uxoriæ*.

Mais ces deux actions, dont la première, qui est de droit strict, passe aux héritiers du stipulant, et dont la seconde, qui est de bonne foi, reste personnelle à la femme, ne sont pourtant point des garanties suffisantes.

En effet, la femme peut craindre que le mari ne consomme la dot et ses propres biens, et que son action en répétition de la dot, qu'elle ne peut intenter qu'après la dissolution du mariage, ne devienne par là illusoire. Les craintes et les perplexités de la femme sont d'autant plus vives que les formes solennelles du *nexum*, qui donnaient à la naissance et à l'extinction des obligations une grande publicité, sont tombées en désuétude; que le cens, qui révélait tous les cinq ans la fortune réelle des citoyens, a disparu; que les obligations secrètes se multiplient à cause du système tout nouveau et se généralisant des accessions personnelles, qui sont les sponseurs, les fidépromisseurs, les fidéjusseurs et autres; que l'on voit bientôt surgir le système entièrement secret des garanties réelles qui assurent un rang de préférence aux créanciers au profit desquels elles sont constituées. Enfin, ce qui aggrave encore les craintes de la femme, souvent répudiée après que ses biens dotaux ont été dissipés, c'est que le mari n'a guère à redouter les colères de la femme répudiée, par la raison qu'elle a une action moins énergique que celle de tout autre créancier; en effet, après la répudiation ou le divorce, la femme ne peut pas entièrement dépouiller son mari, de manière à le réduire au dénuement; et, en général, elle ne peut pas faire imprimer sur son mari insolvable la note d'infamie.

Par tous ces motifs si graves, les législateurs ont dû s'efforcer d'introduire des dispositions qui soient de nature à calmer les inquiétudes de la femme.

Le jurisconsulte Paul expose ainsi le grand principe proclamé par le droit nouveau :

« *Reipublicæ interest mulieres dotes salvas habere, propter quas nubere possunt* (1). »

Les modernes restreignent dans les plus strictes limites le sens de ce principe général : « Il est de l'intérêt de l'État, dit M. Pellat dans la traduction de ce passage, que les femmes conservent leur dot, afin qu'elles puissent se remarier (2). » — Voici évidemment le sens du passage de Paul : « Il importe à la République que les femmes aient une dot, *dotes habere*, et qu'elles la conservent, *salvas*, afin qu'elles puissent se marier, *nubere*, ou rester mariées, *nubere*. » Ainsi, la jurisprudence romaine proclame qu'il est d'utilité publique : 1° que les femmes obtiennent une dot, afin qu'elles trouvent à se marier, et 2° que cette dot soit garantie, afin que des craintes inspirées par des prévisions fondées ou non ne viennent pas exciter l'épouse à briser les liens de son union.

Le jurisconsulte Pomponius proclame le même principe.

« La cause de la dot, dit-il, doit être toujours et partout préférable ; et il importe à la République que les dots des femmes soient conservées, car il est très-nécessaire que les épouses soient dotées, pour qu'elles enfantent et remplissent la cité de leurs enfants (3). »

Énumérons brièvement les conséquences diverses qui ont été tirées de ce principe général.

(1) L. 2, tit. *de Jure dotium.*

(2) M. Pellat, *Textes de la dot, traduits et annotés.*

(3) L. 1, *Soluto matrimonio :* « Dotium causa semper et ubique præcipua est : nam et publice interest, dotes mulieribus conservari, cùm dotatas esse feminas ad sobolem procreandam replendamque liberis civitatem maxime sit necessarium.

1° Dans une époque d'avarice, de luxe et de corruption, qui sévissent comme une peste dans toute la cité, les intérêts pécuniaires deviennent le grand mobile et la cause, sinon unique, du moins déterminante des associations, des amitiés et principalement du mariage. Aussi une Romaine qui serait alors sans dot, demeurerait toujours sans époux; elle pourrait tout au plus devenir une concubine. Or, comme il importe beaucoup à la République de favoriser les mariages, puisqu'elle impose des lois à l'univers et qu'elle se trouve par là dans la nécessité d'avoir des armées nombreuses, la loi romaine met le père ou l'ascendant paternel dans la nécessité de doter sa fille ou sa petite-fille, afin que cette dot puisse lui faire avoir un mari, *propter quas nubere possunt.* Dès lors, si le père ne veut point que sa fille se marie, ou bien, ce qui revient au même, s'il ne veut pas lui constituer une dot suffisante, la fille peut faire intervenir l'autorité du magistrat qui, selon les cas, permet le mariage ou détermine le montant de la dot.

D'une part, comme le père ne peut plus contraindre sa fille à rester dans un célibat perpétuel, la jurisprudence tire de là cette conséquence : le père ne peut pas briser à son gré le lien de l'union formée par sa fille (1). D'autre part, comme le père est tenu de constituer une dot, il ne peut répéter la dot contre son ancien gendre, après la dissolution du mariage, qu'avec le consentement et l'adjonction de sa fille, qui conserve peut-être encore l'espoir d'une réunion. Ce sont là de bien graves atteintes portées à l'autorité paternelle, dont l'affection et la tendresse sont évidemment mises en suspicion par le législateur. On craint que le père ne brise le mariage de sa fille pour recouvrer la dot! on

(1) Paul, *Sentences*, liv. II, tit. 19, § 2.

(2) *Digeste*, liv. XXIII, tit. 4, 1. 1 *et passim*; liv. XXIV, tit. 3, 1. 2 *et passim.*

craint qu'il ne dissipe la dot recouvrée, ainsi que tous ses autres biens, et qu'il ne se trouve ainsi bientôt dans l'impossibilité de fournir à sa fille des moyens pécuniaires de former une nouvelle union !

2° Lorsque le législateur manifeste de telles inquiétudes à l'égard du père, il en manifeste de plus grandes encore à l'égard du mari. Il multiplie les garanties pour calmer les craintes de la femme et de sa famille, au sujet de la restitution que le mari doit faire des choses qu'il a reçues en dot.

« La cause de la dot est préférable, *dotium causa præcipua est.* » Ce principe, énoncé par Pomponius, contient virtuellement les dispositions qui vont se produire.

Au reste, depuis que le *nexum* est abrogé, que les contrats et les aliénations continuent à perdre de leur publicité antique, que le cens est tombé en désuétude, et que le luxe et la corruption dissipent souvent en peu de temps les plus brillantes fortunes, ceux qui font alors des prêts d'argent, ou qui deviennent créanciers d'une manière quelconque, ne peuvent plus, d'une part, connaître la véritable situation des affaires de leur débiteur, ni, de l'autre, s'en référer, pour leur paiement, à une bonne foi et à une fidélité qui n'existent plus. Cela est si vrai qu'il a été nécessaire au législateur d'augmenter les garanties de ceux qui font des commodats, des dépôts où des gages, et de leur donner, outre l'action personnelle contre le débiteur, l'action réelle contre les tiers détenteurs des choses remises en commodat, en dépôt ou en gage, et l'action de vol, qui est du double et infamante, contre celui qui a trompé leur confiance. Aussi, à cette époque, pour faire des prêts d'argent ou pour accorder terme aux débiteurs, les créanciers veulent que plusieurs personnes viennent intercéder pour le débiteur, promettent d'acquitter la dette et se placent ainsi sous la dépendance du créancier qui peut, à son gré, poursuivre le débiteur ou l'un des intercesseurs.

Or, la femme qui va s'unir par les liens du mariage et qui constitue des biens en dot, peut stipuler, il est vrai, de son mari les mêmes garanties que tout autre créancier; elle peut ne former son union que si plusieurs personnes solvables viennent intercéder et promettre la restitution de la dot. Mais, en fait, est-il convenable de préluder à l'union conjugale par de pareilles exigences? Les débats intéressés sur le montant de la dot ne sont-ils pas déjà, entre les futurs époux, de trop grandes entraves à la conclusion du mariage, et surtout à une union parfaite des époux? Et, d'ailleurs, la promesse de restituer la dot ne peut-elle pas excéder les bons offices que le mari pourrait espérer d'une amitié qui, à cette époque où l'épouse manque de confiance même en celui auquel elle s'unit, est à la fois rare, faible et fragile? Cette vérité n'apparaît-elle pas saillante, si l'on considère, d'une part, la valeur souvent très-considérable de la dot, et, d'autre part, le long délai d'inquiétudes qui pourraient tourmenter l'intercesseur de la promesse d'une dot qui ne peut être réclamée qu'après la dissolution du mariage? Or pourtant, dans un pareil état de choses, il était nécessaire de favoriser la conclusion du mariage; il était nécessaire de calmer, au sujet de la dot, les inquiétudes de la femme, de son père et des autres membres de sa famille. Autrement, l'union conjugale n'aurait point pu, dans plusieurs cas, se réaliser, et, la plupart du temps, les inquiétudes auraient fait rompre le mariage, dans le but unique de faire naître l'action en répétition de la dot; or, cette rupture et cette action auraient souvent, dans des moments critiques, précipité la ruine du crédit et de la fortune du mari.

Toutes ces considérations ont déterminé les jurisconsultes

à poser cette règle générale : « La cause de la dot est toujours et partout préférable, *dotium causa semper et ubique
præcipua est* (1). » Or, la première conséquence que l'on
tire de cette règle, est que la femme aura, pour la restitution de sa dot, un privilége sur les biens de son mari, c'est-
à-dire, qu'elle sera payée sur le prix de ces biens, par préférence aux autres créanciers.

Dès lors, afin que l'action en répétition de la dot ne pré-
cipite plus, dans un moment critique, la ruine du mari, on
établit que celui-ci aura, après la dissolution du mariage,
des délais pour la restitution des sommes dotales et des
choses fongibles. Il paie un tiers après la première année
de la dissolution ; un tiers après la deuxième année, et,
enfin, l'autre tiers après la troisième année, ainsi que nous
le révèlent les jurisconsultes (2).

Lorsque la dot consiste en corps certains et déterminés,
le mari, qui ne peut point en disposer et qui est tenu de
les restituer identiquement, est obligé de les rendre immédiatement après la dissolution du mariage. Mais, cependant,
s'il lui est dû quelque chose à raison des impenses nécessaires ou utiles qu'il aurait faites, il a le droit de retenir les
choses dotales jusqu'à son remboursement intégral. Au reste,
si, par son fait ou par sa faute, les biens dotaux se trouvent
détériorés, il est tenu, à l'égard de sa femme, de payer la
diminution de valeur.

Les époux, pendant leur union dissoluble au gré de chacun d'eux, se font bien certainement, soit quant aux impenses, soit quant aux fautes, dont ils ont soin de prendre
note, ces mille petites observations qui les ramènent sans
cesse à la pensée de leur individualité complétement dis-

(1) *Digeste*, l. 1. Pomponius, *Soluto matrimonio.*
(2) Ulpien, *Règles*, liv., tit. 6, § 8 : « Dos si pondere, numero,
mensura contineatur, annua, bima, trima die redditur.

16

tincte, et qui doivent singulièrement contribuer à éteindre dans leur cœur les sentiments d'affection.

3° Quoique la femme puisse, dans quelques cas, obtenir des accessions personnelles, c'est-à-dire, des cautions qui s'engagent avec le mari à la restitution de la dot, et quoique la loi accorde toujours à la femme, pour la réclamation de sa dot, une action privilégiée, c'est-à-dire primant celle des autres créanciers, on a reconnu bientôt que toutes ces garanties demeuraient encore insuffisantes. En effet, d'une part, le mari peut disposer de tous ses propres biens et, par conséquent, des choses qui lui ont été données en dot, puisqu'elles font partie de sa propre fortune ; d'autre part, les aliénations deviennent de plus en plus secrètes, car les formes *per æs et libram*, qui exigeaient la manifestation de l'intention des parties en présence de six témoins citoyens romains et pubères, ne sont plus employées ; même lorsqu'il s'agit de ventes de choses *mancipi*. Pour qu'il y ait lieu à la translation de propriété, il est vrai que la tradition, c'est-à-dire la dessaisine de la possession de la part de celui qui aliène, et la saisine de la possession de celui qui acquiert, demeure encore nécessaire. Mais cette tradition n'est plus pour la femme une garantie et un avertissement suffisant ; car cette tradition peut n'avoir ni pour but ni pour effet la transmission de la propriété ; elle peut avoir lieu seulement à titre de dépôt, de commodat, de louage ou de fermage. Or, comme la tradition peut être faite en vertu d'une cause juste, c'est-à-dire translative de la propriété, ou, au contraire, en vertu d'une cause non juste ; et comme cette cause peut rester cachée dans l'esprit des parties, la femme peut se tromper et être induite en erreur sur les effets de traditions qui lui enlèvent successivement toutes ses garanties ; elle peut donc perdre ainsi sa dot et être réduite au dénuement, par suite des désordres de son mari.

Or, la loi Julia, portée sous l'empereur Auguste, a introduit, en faveur de la femme, de nouvelles garanties.

En général, à cette époque où la tutelle perpétuelle sur les femmes subsiste encore et où la distinction des choses *mancipi* et *nec mancipi* conserve encore de la force, l'épouse constitue ordinairement en dot ses fonds et ses autres choses *mancipi*, dont elle ne pourrait pas disposer sans l'autorisation de l'agnat qui est son tuteur perpétuel, et elle aime à conserver dans son patrimoine paraphernal l'argent et les autres choses *nec mancipi* dont elle peut disposer librement et sans l'autorisation de son tuteur. Dans un pareil état de choses, la loi Julia a, pour ainsi dire, frappé d'inaliénabilité le fonds dotal qui, parmi les choses *mancipi*, a la plus grande valeur. Elle décide que le mari, qui est devenu propriétaire du fonds dotal, ne pourra plus l'aliéner sans le consentement de sa femme; elle décide, en outre, qu'il ne pourra jamais hypothéquer ce fonds, lors même qu'il aurait obtenu le consentement de sa femme.

4° A mesure que la femme obtient de nouvelles garanties légales de la restitution de sa dot, les créanciers qui contractent avec un citoyen marié ou sur le point de se marier, conçoivent des craintes plus grandes au sujet du payement de la dette. On voit alors se multiplier les garanties réelles ou gages; on voit aussi s'introduire les gages prétoriens et les hypothèques spéciales et même générales.

Le législateur trouve alors insuffisantes, pour calmer les inquiétudes de l'épouse et de sa famille, les garanties conventionnelles et légales. Alors s'introduit la coutume des donations anté-nuptiales, *ante nuptias donatio*. Le mari, d'après les institutions impériales, transfère à son épouse la propriété de certains biens qui deviennent, dans les mains de celle-ci, une garantie de la restitution de sa dot.

5° Justinien étend les anciennes garanties introduites en

faveur de l'épouse, et il en établit de nouvelles et vraiment exhorbitantes.

D'abord, il étend la loi Julia, qui ne concernait que les immeubles italiques, aux immeubles situés en province. Puis il place l'aliénation du fonds dotal sur la même ligne prohibitive que l'hypothèque.

« Nous avons, dit cet empereur dans ses *Instituts*, apporté des améliorations à la loi Julia et nous l'avons corrigée. Cette loi ne s'appliquait qu'aux immeubles dotaux de l'Italie ; elle défendait au mari de les aliéner sans le consentement de son épouse, et de les hypothéquer même avec son consentement. Nous avons corrigé ces deux dispositions. Nous voulons que l'aliénation et l'hypothèque des immeubles dotaux soient également prohibées, lors même que ces immeubles seraient situés en province ; de pareils actes ne seront jamais valables, même lorsqu'ils seraient faits du consentement de la femme ; car autrement la faiblesse de son sexe pourrait tourner à sa ruine (1). »

Ensuite, Justinien permet d'augmenter, et même de constituer pendant le mariage, la donation destinée à garantir la restitution de la dot.

« Voulant compléter les règles concernant cette matière, dit-il, et, en outre, approprier les noms aux choses, nous avons établi que ces donations pourront non-seulement recevoir une augmentation, mais encore prendre naissance durant le mariage ; qu'elles ne s'appelleront plus anté-nuptiales, *ante nuptias*, mais à cause de noces, *propter nuptias*, et qu'elles seront assimilées aux dots ; car ainsi que la dot s'augmente et même se constitue pendant le mariage, les donations à cause de noces pourront non-seulement précéder le mariage, mais encore être augmentées

____

(1) Justinien, *Instit.*, liv. ii, tit. 8, *pr.*

et même constituées après la formation du mariage (1). »

Ensuite, Justinien accorde à la femme une hypothèque générale et tacite sur tous les biens meubles et immeubles, présents et à venir de son mari. Cette hypothèque, chose exhorbitante! prime même les hypothèques antérieures en date.

« Nous avons accordé, dit Justinien, une hypothèque tacite à la femme sur tous les biens de son mari. L'épouse sera même préférée aux autres créanciers antérieurs à elle en date, lorsqu'elle agit en reprise de sa dot; mais c'est à elle seule que nous accordons ce privilége (2). »

Ainsi, Justinien porte la perturbation dans les garanties qui résultent des conventions; il brise les droits légitimement et antérieurement acquis aux tiers, afin d'apaiser les inquiétudes de la femme au sujet de sa dot; afin que de pareilles craintes ne l'engagent pas, soit à fuir le mariage, soit à en briser les liens.

Qu'on le remarque bien, Justinien, qui donne à la femme de si grandes garanties de la conservation de sa dot, et qui est inspiré par les principes de la religion chrétienne maintenant dominante, s'efforce, par une foule de dispositions, de rendre au mariage son antique indissolubilité; en outre, il ne voit point avec faveur le convol de la veuve à de secondes noces. Ces considérations historiques sont une preuve bien certaine que nous avons rendu le véritable sens de l'adage : « *Interest reipublicæ mulieres salvas dotes habere, propter quas nubere possunt.* »

(1) Justinien, *Instit.*, liv. ii, tit. 7, § 3.
(2) *Ibid.*, liv. iv, tit. 6, § 29.

CHAPITRE XVI.

DES CONSÉQUENCES DE LA DISSOLUBILITÉ DU MARIAGE.— *Suite.*

Peu de temps après que le mariage est devenu dissoluble ; les femmes se marient pour répudier, répudient pour se marier, et les adultères deviennent pour elles de nouvelles espèces de fiançailles, ainsi que nous le révèlent Martial, Juvénal, Sénèque et Tertullien.

Dans cette époque de dégradation et de corruption, où se multiplient les répudiations suivies de nouvelles noces, où subsistent des obstacles nombreux et insurmontables à la fusion parfaite du cœur des époux, et où l'on ne goûte plus les plaisirs et les joies de la famille, on voit s'élever les questions les plus graves sur la légitimité des enfants, qui ne sont plus guère considérés maintenant par leurs père et mère que comme une charge.

Ainsi que le remarque Montesquieu, « la mère à qui souvent reste l'obligation naturelle de nourrir et d'élever ses enfants, trouve mille obstacles, par la honte, les remords, la gêne de son sexe, la rigueur des lois ; la plupart du temps elle manque de moyens (1). » En effet, outre que la plupart des mères ont, à cet époque, des mœurs incompatibles avec les soins que réclament les enfants, elles sont encore religieusement et civilement étrangères à leurs enfants, qu'ils aient été conçus d'une union illicite, ou du concubinat, ou même enfin des justes noces du nouveau droit. Or une pareille législation tend, aussi bien que les mauvaises

______

(1) Montesquieu, *Esprit des lois*, liv. XXIII, 2.

mœurs, à étouffer en elles presque tous les mouvements de l'affection maternelle ; comme nous le révèle Aulu-Gelle, elles arrivent à un tel point, qu'elles ne veulent plus allaiter leurs propres enfants (1) !

D'ailleurs, la mère est soumise à son plus proche agnat, qui est son tuteur perpétuel et qui la met la plupart du temps dans l'impossibilité de remplir envers ses enfants les devoirs sacrés que lui impose la nature. En effet, ce n'est point à ses enfants, qui lui restent civilement étrangers, mais à son plus proche agnat, c'est-à-dire à son tuteur, que la femme laisse son hérédité légitime. Or la mère ne peut faire presque aucune disposition pour adoucir le sort de ses enfants : il lui faut l'autorisation de son tuteur pour aliéner ses choses *mancipi* ou pour faire son testament ; mais le tuteur, qui est l'héritier présomptif, a intérêt à refuser et refuse d'autoriser des actes qui tendent à diminuer la valeur de l'hérédité ou à le dépouiller de ses espérances légales.

Enfin, la mère manque souvent des moyens nécessaires pour alléger le malheur de ses enfants ; car la loi Voconia écarte les femmes des hérédités testamentaires et fixe dans de strictes limites la valeur qu'elles peuvent recueillir comme légataires ou comme héritières légitimes ; et la jurisprudence intermédiaire ajoute encore à la rigueur de cette loi.

Toutes ces considérations ont déterminé le législateur à établir des présomptions servant à diriger le juge dans les questions de paternité, et à fortifier ces présomptions en introduisant une action publique contre la femme adultère et en comprimant par des peines le torrent des mauvaises mœurs.

1° *Présomptions de paternité.* — La législation romaine

____

(1) Aulu-Gelle, *Nuits attiques*, liv. XXI, 1.

établit deux règles servant à déterminer le père de l'enfant.

D'après la première de ces règles, « L'enfant conçu est considéré comme né, *conceptus pro nato habetur.* » De là, si l'enfant est conçu lors de la répudiation, du divorce ou du prédécès du mari, il ne restera pas à la charge de la mère, mais naîtra dans la famille et sous la puissance du père présumé.

D'après la deuxième règle, « Celui-là est le père que les noces indiquent comme tel, *pater is est quem nuptiæ demonstrant.* »

Mais ces deux règles, qui forment des présomptions si douteuses au milieu des mœurs les plus corrompues, rencontrent encore mille difficultés dans l'application.

D'abord, comme toutes les solennités du mariage sont tombées en désuétude, il devient difficile de préciser l'époque où les noces ont commencé et celle où elles ont fini. Il est difficile aussi de décider si la cohabitation, qui n'a duré que quelques mois ou même quelques jours, a eu lieu avec intention de la part des parties de rester perpétuellement ensemble ; s'il n'en était point ainsi, l'union serait illicite et les enfants n'auraient point de père certain. Il est difficile encore de déterminer si l'union licite constitue les justes noces qui font tomber les enfants sous la puissance et dans la famille de leur père, ou bien si elle constitue le concubinat. On s'en réfère, sur tous ces points, à l'intention expresse ou tacite des parties, et à la preuve littérale ou testimoniale.

Enfin, le temps de la conception ne se manifeste point par des signes extérieurs ; il peut varier du dixième mois au sixième mois qui précède la naissance de l'enfant. Des sénatus-consultes fixent à cet égard quelques règles.

Lorsque la femme est enceinte au moment de la dissolution du mariage, son intérêt et celui de son enfant demandent l'observation de certaines formalités. « La femme qui croit être enceinte de celui qui a été son mari , dit le sénatus-consulte Plancien , ou bien son père à la puissance duquel elle est soumise , peut dénoncer, dans les trente jours qui suivent la rupture du lien conjugal, le fait de sa grossesse au mari ou à son père de famille (1). » L'intérêt personnel de la mère à faire cette dénonciation dans le délai prescrit , consistera pour elle à faire peser sur le mari les frais de nourriture et d'éducation de l'enfant. Au reste, lorsqu'elle a omis de faire cette dénonciation , elle peut encore agir contre son mari en reconnaissance du part , *de partu agnoscendo* (2). Or, remarquons que cette action, qui est préjudicielle et réelle , est d'origine prétorienne ; ce qui prouve bien évidemment qu'elle a été introduite au plus tôt vers la fin du sixième siècle de Rome , et qu'il n'y avait point anciennement, à l'époque de l'indissolubilité du mariage , de pareilles contestations.

Lorsque la femme a rempli la formalité introduite par le sénatus-consulte Plancien , le mari peut faire de trois choses l'une : ou envoyer près de la femme des gardiens, *custodes;* ou faire une dénonciation que l'enfant conçu n'est point le fruit de ses œuvres ; ou enfin rester dans l'inaction et le silence. Or, dans les deux premiers cas , il n'existera point contre lui la présomption qu'il est le père de l'enfant. La mère peut néanmoins être admise à prouver que son ancien mari est le père ; mais l'enfant restera à sa charge jusqu'à ce qu'elle ait obtenu une sentence en sa faveur, et c'est elle qui, dans cette action, supportera le fardeau si lourd en cette matière de la preuve. Dans le troisième cas , c'est-à-dire si l'ancien mari , après avoir reçu la dénonciation de la

(1) *Digeste*, liv. xxv, tit. 3, l. 1.
(2) Justinien , *Instit.*, liv. iv, tit. 6, § 13; *Digeste*, liv. xxv, tit. 3.

femme, n'a lui-même rien fait, il est présumé le père de l'enfant, qui reste par conséquent à sa charge. Il pourra pourtant agir encore en desaveu ; mais son silence ayant été en quelque sorte considéré comme un aquiescement à la qualité de père, c'est lui qui sera tenu de prouver que l'enfant n'a point été conçu de ses œuvres (1).

Enfin, il s'élève aussi très-souvent des contestations sur la légitimité des enfants nés pendant le mariage. Un sénatus-consulte, porté sous le règne d'Adrien, trace les règles que doit suivre la mère pour faire reconnaître son part (2).

Évidemment, lorsque de pareilles contestations s'élèvent et deviennent nombreuses dans une cité entre le mari et la femme, lorsque des lois générales tracent froidement les règles à suivre pour se débarrasser de ce que l'on appelle maintenant *la charge des enfants*, il n'y a plus ni famille ni mœurs ; la société chancelle et tombe dans l'abîme.

2° *Dispositions servant à justifier la présomption de paternité.* — Cette présomption légale, « Celui-là est le père que les noces indiquent comme tel, » était devenue incertaine et douteuse à cette époque de dissolution complète des mœurs où les femmes, selon les expressions de Sénèque, ne se marient qu'afin d'irriter les désirs et de se procurer ainsi des amants pour chaque heure de la journée. Aussi cette présomption mettait la plupart du temps à la charge du mari un grand nombre d'enfants qui n'étaient point de lui.

Dans l'état actuel de la législation, le mari qui est instruit de la conduite criminelle de son épouse ne passant plus sous sa puissance, n'a absolument aucun moyen de s'opposer à ses déportements. Rappelons-nous, en effet, que la

(1) *Digeste*, liv. xxv, tit. 3.
(2) *Ibid.*, l. 3.

désuétude de la *manus mariti* a nécessairement entraîné la ruine des institutions qui tendaient si efficacement à maintenir dans l'épouse la pureté et la sainteté des mœurs, ainsi que celle du tribunal domestique qui prévenait les crimes en punissant les manquements et les simples violations aux règles de la morale ; rappelons-nous enfin que la censure a été emportée par le torrent des mauvaises mœurs. Or, à cette époque, le mari qui est mécontent de la conduite criminelle de son épouse ne peut que la répudier. Or, cette rupture, devenue si fréquente, met le mari dans la nécessité de restituer la dot qu'il a reçue pour lui aider à supporter les charges du mariage, et pourtant elle laisse subsister encore presque entièrement ces charges ; car c'est lui qui demeure exclusivement tenu de nourrir et d'élever tous les enfants conçus pendant le mariage ; ils restent en effet sous la puissance paternelle.

Le vide causé par la chute des anciennes institutions relatives à l'union conjugale, se remplissait ainsi de plantes empoisonnées. Les riches qui, au milieu de la passion du luxe, possédaient tant de moyens de séduction, demeuraient dans un célibat licencieux, et, selon les expressions de Montesquieu, « ils prenaient pour eux les plaisirs et laissaient les peines aux misérables (1). »

Il était devenu nécessaire de remédier à un aussi grand mal, et de sévir rigoureusement contre les femmes adultères et leurs complices. Or la loi Julia sur les adultères, plébiscite porté l'an 736 de Rome, punit la femme adultère et son complice de la peine de la relégation et de la confiscation du tiers de leurs biens. D'après une loi de Constantin, qui ajoute à la rigueur de la loi Julia, les coupables périssent par le glaive.

____

(1) Montesquieu, *Esprit des lois*, liv. xxi, 1.

Au reste, la loi Julia donne non-seulement au mari le droit d'intenter l'accusation, elle l'accorde encore à tous citoyens ; en un mot l'accusation d'adultère est publique.

Cette même loi Julia porte en outre les peines les plus sévères contre toutes les graves atteintes aux mœurs (1). L'une de ces dispositions, qui démontre que l'abus des plaisirs sensuels a multiplié les crimes contre nature, punit de la déportation et de la confiscation des biens, les hommes qui ont avec les hommes des relations criminelles.

Ensuite le sénatus-consulte Claudien permet de faire tomber en esclavage la citoyenne qui entretient des relations avec l'esclave d'autrui et qui persévère dans ses relations, malgré l'avertissement du maître.

Détournons nos regards de ce foyer de corruption.

CHAPITRE XVII.

DES CONSÉQUENCES DE LA DISSOLUBILITÉ DU MARIAGE.— *Suite.*

Lorsque le mariage n'opère plus la génération de l'épouse par son mari, et que par là il n'y a plus entre eux une union éternelle du droit divin et humain ; lorsque les étroits rapports qui résultaient de cette génération spirituelle entre le mari et son épouse et entre les ascendants et les descendants, ne se forment plus, et qu'enfin les anciennes institutions qui établissaient, confirmaient et augmentaient la force de ces rapports d'affection et d'amour, sont tombées en désuetude ; alors il ne suffit point, pour faire renaître la tranquillité et la paix parmi les époux et dans les familles,

____

(1) *Digeste*, liv. xlviii, 5 ; Paul, *Sentences*, liv. ii, 26.

d'établir des prohibitions de libéralités entre époux ni d'introduire de fortes et nombreuses garanties de la restitution de la dot ; il ne suffit même pas de fixer d'une manière plus certaine, à l'aide de présomptions, l'état et la condition des enfants, ni de porter, afin de fortifier ces présomptions, des dispositions pénales contre les épouses adultères et leurs complices. Non : tout cela est demeuré insuffisant pour remédier au mal.

Voici ce qu'il a été, en outre, nécessaire de faire :

1° Fortifier les rapports quiritaires subsistant encore après la ruine presque complète des institutions ;

2° Établir des rapports prétoriens là où les rapports naturels n'étaient plus confirmés par le droit quiritaire ;

3° Élever les rapports prétoriens, dans certains cas, au rang de rapports civils ;

4° Établir entre les époux des rapports prétoriens ;

5° Enfin, exciter par des récompenses et par des peines les hommes et les femmes au mariage et à la procréation des enfants.

§ Iᵉʳ. — *Moyens employés pour fortifier les rapports quiritaires.*

N'oublions pas la situation de la famille dans le nouveau droit.

Il n'y a jamais aucun rapport quiritaire entre la mère et ses enfants, ni entre l'épouse et les membres de la famille de son mari. Cette proposition générale est vraie non-seulement lorsque les enfants sont conçus d'une union illicite ou même du concubinat, mais encore lorsqu'ils sont conçus des justes noces. De là, entre la mère et ses enfants, entre la femme et son mari, il n'y a jamais de droit d'hérédité.

Si les enfants n'ont point de père certain, évidemment

il n'y a pas pour eux de parents paternels. Mais, bien plus,
si les enfants sont conçus du concubinat et ont par là un
père certain et des parents paternels certains, ils ne sont
unis ni à leur père, ni à leurs parents paternels, ni entre
eux par aucun rapport quiritaire, et par conséquent par aucun droit d'hérédité. C'est donc dans le cas unique où
l'union constitue de justes noces, que la génération attache
les enfants par un lien quiritaire soit à leur père, soit entre
eux, soit aux membres de la famille paternelle. Or, dans ce
cas seulement il existe des droits d'hérédité légitime, résultant de la communauté du dieu Lare et de la communauté
du dieu des ancêtres paternels.

Or, dans ces temps d'un individualisme et d'une corruption qui brisent tous les liens sociaux, qui enfantent parmi
les époux mille méfiances et mille discordes multipliant les
répudiations, le père de famille brise souvent tous les rapports qui l'unissent à ses enfants, soit parce que les déportements de la mère jettent la plus grande obscurité sur la présomption légale de la paternité, soit parce qu'il cède aux
sollicitations d'une marâtre, soit enfin parce qu'une vie de
passions déréglées détruit en lui les sentiments déjà si affaibli de la paternité. Mais, en repoussant solennellement ses
enfants, il les fait non-seulement mourir à sa maison et à sa
famille, mais encore à la cité romaine ; en d'autres termes,
il les rend esclaves.

I. — La législation corrige une partie de ces abus d'une
puissance qui n'offre plus les anciennes garanties.

1° La jurisprudence décide que « les pères qui manci-
pent leurs enfants, ne préjudicient plus à leur état d'ingénus, par la raison qu'un homme libre n'est point estimable
à prix d'argent (1). » Ainsi l'enfant mancipé par son père,

____

(1) Paul, *Sentences*, liv. v, tit. 1, § 1 : « Qui filios suos ven-

reste maintenant ingénu et ne tombe plus en esclavage ; il n'y a nullement à distinguer si le père, qui épuise sa puissance, a pour but ultérieur de laisser son fils *in mancipio*, ou de le rendre *sui juris*, ou enfin de le faire passer en qualité d'enfant dans une autre famille. Mais l'enfant mancipé perd le dieu Lare et le dieu paternel, c'est-à-dire sa maison et sa famille, et par là il n'est plus attaché quiritairement à son père ni à ses agnats et ne peut plus arriver à leur hérédité légitime.

2° Les effets du *mancipium* ont encore été adoucis. En effet, d'après le droit prétorien, l'enfant qui, à l'époque du décès de son père, ne se trouve plus ni *in mancipio* ni sous la puissance paternelle d'un père adoptif, est censé avoir conservé ses rapports de maison et de dieu Lare, et, à l'aide de cette fiction, il est admis à recueillir la succession paternelle. Cette fiction n'a point lieu si l'enfant dégradé se trouve *in mancipio* ou en puissance d'un adoptant lors du décès de son père, car alors, comme il ne peut rien avoir en propre, ce n'est pas à lui qu'elle profiterait personellement, mais à celui sous la puissance duquel il se trouve.

3° L'empereur Anastase décide que le *mancipium* ne brisera plus le rapport de famille ni le droit d'hérédité entre celui qui est émancipé et ses frères ou sœurs restés dans la famille.

4° Justinien qui supprime les formes quiritaires du *mancipium*, efface presque tous les effets de l'émancipation et de l'adoption, pour lesquelles il introduit des formes nouvelles qui n'opèrent plus de dégradation. De là, notamment, l'enfant qui est donné en adoption reste dans sa maison et dans sa famille, où il conserve par conséquent ses droits

diderint, statui ingenuitatis eorum non præjudicant : homo enim liber nullo pretio æstimatur. »

d'héritier sien ou légitime; et néanmoins il acquiert des droits à l'hérédité légitime du père adoptif.

II. — Il n'a point suffi de restreindre, en faveur des enfants, les effets du *mancipium*; il a aussi été nécessaire, dans cette époque où les sentiments de famille sont si affaiblis, d'apporter des restrictions à la volonté dernière du père de famille. Celui-ci, en effet, soit par circonspection, soit par d'autres motifs tirés de son utilité personnelle, ne brise point par un acte solennel et entre vifs les droits et l'espoir de ses enfants; mais, ce qui est pour eux encore plus dangereux et plus déplorable, il les prive de son hérédité en les omettant dans son testament et en instituant une autre personne.

Remarquons bien que, vers la fin du sixième siècle, à cette époque de luxe, de corruption, d'individualisme, de haines, de discordes et de guerres civiles, les dispositions testamentaires ne se révèlent plus aux témoins et qu'elles deviennent entièrement secrètes et mystiques. Remarquons bien que l'acheteur de la famille ne figure absolument que pour la forme, pour la validité du testament; qu'il n'est plus le véritable héritier, mais un fiduciaire ou intermédiaire. Remarquons bien que le vendeur ou testateur consigne ses véritables intentions dans les tables dont le contenu est inconnu, non-seulement des témoins qui figurent dans l'acte, mais encore de l'acheteur lui-même.

Or on voit surgir bientôt de la mysticité du testament une foule innombrable d'abus, qui causent l'inquiétude et la perturbation dans les familles et dans la République, et qui appellent des remèdes.

1° La jurisprudedce déclare que tous les enfants immédiatement soumis à la puissance paternelle sont communistes, c'est-à-dire co-propriétaires par indivis des biens de la *domus*, et que le père de famille n'est plus considéré que comme un administrateur des biens de la *domus* : la propriété s'appelle dès lors *dominium*.

Cette fiction de copropriété des enfants avertit le père de les instituer pour héritiers, et elle le met dans la nécessité, pour les exclure valablement, de les exhéréder, c'est-à-dire de les dépouiller de leurs biens, avant que d'en disposer à leur préjudice.

2° Cette jurisprudence établie en faveur des enfants directement soumis à la puissance du testateur, qui, par là, font partie de sa *domus* et de sa famille, a été ensuite étendue, par le droit prétorien, aux enfants émancipés, car ils sont, à l'aide d'une fiction, considérés comme se trouvant encore soumis à la puissance paternelle.

3° La fiction de copropriété qui impose au père de famille la nécessité d'exhéréder ses enfants restés dans sa famille ou même émancipés, n'a point produit des effets bien salutaires ; ce n'est là qu'une simple formalité que l'on ne craint point de remplir dans des tables dont les dispositions demeurent secrètes et ne se révèlent qu'après le décès du testateur. De là, la jurisprudence a introduit une fiction nouvelle qui considère comme ayant été égaré par la passion, ou comme fou, le père de famille qui a exhérédé sans cause ses enfants directement soumis à sa puissance ou devenus par l'émancipation *sui juris*. A l'aide de cette fiction, les enfants qui peuvent prouver que leur exhérédation est sans cause et inique, triomphent dans l'action en plainte d'inofficiosité ; ils font par là tomber le testament : ce qui donne lieu à l'ouverture de l'hérédité légitime, dans laquelle ils viennent au premier rang.

4° Enfin, Justinien veut que tous les enfants soient toujours institués héritiers à peine de nullité du testament. Ils peuvent pourtant être exhérédés s'ils se trouvent dans l'un des quatorze cas spéciaux d'indignité qu'il détermine ; dans cette hypothèse, chaque cas spécial doit être exprimé en termes formels par le testateur.

§ II. — *Établissement de rapports prétoriens.*

Les rapports quiritaires auxquels étaient attachés les droits d'hérédité résultaient uniquement, en premier lieu, de la communauté du dieu Lare ; en second lieu, de la communauté des dieux paternels ; et enfin, en troisième lieu, de la communauté du dieu de la *gens*. Dans les temps primitifs de Rome et jusqu'à la fin du sixième siècle, la vie publique et religieuse de tous les citoyens ne faisait attacher presque aucune valeur aux liens qui n'étaient point confirmés par la cité : ils ne produisaient aucun droit successif.

Mais, au sixième siècle de Rome, les anciennes institutions tombent, et alors tous les rapports quiritaires se relâchent, et même ils se brisent en grand nombre. En effet, d'après les nouveaux principes, les mariages n'établissent jamais de liens quiritaires entre le mari et son épouse, ni entre la mère et ses enfants ; le concubinat n'en établit pas non plus entre le père et ses enfants, ni entre les enfants eux-mêmes ; il ne peut donc y avoir quelques rapports quiritaires que lorsqu'il y a justes noces. Mais ces derniers rapports et les droits héréditaires qui y sont attachés se brisent encore souvent selon le bon plaisir du père de famille. Enfin, dès le commencement du sixième siècle, les rapports de patrons et de clients et par conséquent les *gentes* disparaissent.

Or, à cette époque de désuétude générale des institutions et des mœurs des ancêtres, il arrive très-fréquemment qu'un défunt ne laisse absolument aucun héritier, que sa personne s'éteint et que ses biens deviennent la proie du premier occupant, ce qui donne lieu à des collisions. Le préteur a établi, conformément aux principes de l'équité, que le plus proche cognat recueillera la succession ; il attache ainsi des droits

aux purs liens du sang et les élève au rang de rapports con-
férant quelque espoir de recueillir les biens. Mais ces nouveaux rapports ne produisent en réalité de droit à la succession qu'à défaut des rapports quiritaires résultant soit de
la communauté du dieu Lare, soit de la communauté des
dieux paternels; ils établissent donc un troisième ordre de
successeurs qui viennent à défaut des gentils, dont l'ordre
n'existe plus.

On voit découler de cette innovation les conséquences
suivantes, qui remédient en partie à la chute des anciens
principes :

1° La mère et les autres parents maternels viennent, selon leur degré de parenté, recueillir la succession des enfants, que ceux-ci soient nés de justes noces, du concubinat
ou même sans père certain, car la mère est toujours connue, *mater semper certa est*. Réciproquement, les enfants
viennent, en troisième ordre et en leur qualité de cognats,
à la succession de la mère et des parents maternels.

2° Le père et les autres parents paternels sont admis à recueillir, en troisième ordre, la succession des enfants nés du
concubinat, et même de ceux qui, étant nés des justes noces,
ont été exclus par le *mancipium* de la communauté du dieu
Lare et du dieu paternel. Il y a également ici réciprocité.

Au reste, il peut arriver que les liens du sang ne s'élèvent
point au rang de liens prétoriens et ne donnent, par conséquent, aucun espoir de succession. Or, c'est ce qui a lieu à
l'égard du cognat qui, dans certains cas, devient esclave
d'un citoyen ou de la peine et même à l'égard de celui que
l'on repousse de la cité en lui interdisant le feu et l'eau.

§ III. — *Introduction de liens civils.*

Le droit prétorien, qui fortifiait les liens naturels du
sang, entrait dans une voie bonne et utile : il remédiait en

partie à la dissolution de la famille quiritaire, et il tendait à unir entre eux plus étroitement les divers parents. Mais on a trouvé que, dans certains cas, il ne s'avançait point assez loin, parce qu'il se trouvait entravé par les débris des anciennes institutions.

1° Le sénatus-consulte Tertullien, porté sous le règne d'Adrien, l'an 875 de Rome, établit que la mère, mais seulement celle qui a trois enfants nés de couches différentes, sera considérée comme leur agnate, c'est-à-dire comme leur étant unie par la communauté du dieu paternel. Elle vient donc en second ordre, c'est-à-dire à défaut d'héritier sien de son enfant décédé, recueillir sa succession. Au reste, le lien nouveau d'agnation qui ne repose en réalité que sur celui du sang, n'est point susceptible d'être dissous par le *mancipium* ni par tout autre mode de petite *capitis deminutio*, d'autant plus que la mère reste toujours étrangère à ces actes.

Des constitutions des empereurs Constantin et Valentinien accordent à la mère qui n'a point procréé trois enfants de couches différentes le tiers de la succession de son enfant décédé.

Enfin, d'après Justinien, la mère peut recueillir la succession entière et légitime de son enfant unique. « Est-ce un crime pour une mère, dit-il, de n'avoir enfanté que peu d'enfants, *Quid enim peccavit, si non plures, sed paucos peperit* (1)? »

2° D'après le sénatus-consulte Orphitien, porté sous le règne de Marc-Aurèle, l'an 931 de Rome, les enfants nés sans père certain ou du concubinat, ou enfin des justes noces, sont élevés au rang d'agnats de leur mère, et sont par conséquent appelés, en cette qualité, à recueillir sa succession légitime.

____

(1) Justinien, *Inst.*, liv. III, tit. 3, § 5.

3° Le sénatus-consulte Orphitien ne pourvoit pas encore assez efficacement aux intérêts des enfants, en ce qui concerne la branche maternelle. En effet, si la mère décède fille de famille, elle ne laisse point d'hérédité et elle ne transmet à ses enfants aucun espoir de recueillir, à sa place et en premier ordre, l'hérédité de son père ; ces enfants ne viennent donc qu'en troisième ordre et comme cognats à la succession de leur aïeul maternel. Or, une constitution des empereurs Valentinien et Théodose a fait ici fléchir l'ancien principe, qu'il n'y a ni puissance, ni agnation, ni droit héréditaire par les femmes ; elle a décidé que les enfants par les femmes viendraient comme héritiers siens, et prendraient en cette qualité, dans la succession de leur aïeul maternel, les deux tiers et quelquefois même les trois quarts de ce que leur mère aurait recueilli si elle eût été survivante. Justinien décide, tant dans ses Instituts que dans ses Novelles, que les enfants représenteront complétement leur mère et qu'il n'y aura plus de déduction.

4° Justinien établit des liens légitimes entre tous les frères et sœurs germains, consanguins et même utérins, ainsi qu'entre les oncles et neveux, tantes et nièces.

5° Enfin, comme les successions deviennent très-compliquées par suite de la combinaison des rapports quiritaires, des rapports prétoriens et des rapports légitimes, qui se confondent, s'enchevêtrent et s'obscurcissent, Justinien supprime complétement les rapports quiritaires qui n'ont plus d'harmonie avec le christianisme ni même avec les nouvelles mœurs ; il supprime également les rapports prétoriens et les nouveaux rapports légitimes. Ne considérant plus que les rapports naturels établis par le sang, il divise les hérédités en trois ordres, qui sont : celui descendants, celui des ascendants et, enfin, celui des collatéraux.

§ IV. — *Établissement entre conjoints de liens prétoriens.*

En fortifiant les rapports quiritaires qui, dans certains cas, subsistent encore, quoique affaiblis, et en élevant les rapports purement naturels au rang de rapports prétoriens ou légitimes, évidemment la jurisprudence, le droit prétorien, les sénatus-consultes et les constitutions impériales ont contribué à affaiblir dans le cœur des époux les germes de discordes qui étaient devenus si nombreux par la dégradation du mariage.

Mais tout cela était encore insuffisant. Rappelons-nous que la jurisprudence a frappé d'une nullité radicale les donations entre époux, que la loi Voconia ne permet pas d'instituer une femme, et que l'épouse reste néanmoins sous la *manus* de son père ou de son tuteur agnat, ce qui la met dans l'impossibilité de droit, dans le premier cas, et de fait, dans le second, d'instituer son mari héritier.

Ainsi, dans ces temps de corruption et de luxe, le législateur a été presque uniquement préoccupé des intérêts pécuniaires des conjoints; il a attaché chacun de ces deux cœurs sur un patrimoine, sur un trésor terrestre et distinct; il a fait naître en eux des passions égoïstes et viles, et il a détruit entièrement le canal de la bienfaisance, de la confiance et de l'union.

Un pareil mal avait besoin de remèdes.

1° Dans le nouveau droit, il n'y a point de rapport quiritaire entre les époux, car ils n'ont plus ni le même dieu Lare, ni le même dieu paternel; par conséquent il n'existe entre eux aucun droit d'hérédité légitime. Il est évident d'ailleurs qu'il ne se forme entre époux aucun rapport naturel, car ce rapport émane essentiellement des liens du sang. Néanmoins le droit prétorien a établi un rapport tout nouveau, en vertu duquel le conjoint vient recueillir la succession de son conjoint décédé sans héritier et sans cognat au degré successible : de là, la possession de biens *unde vir et uxor*.

2° D'après la loi Papia Poppéa, la femme qui a trois enfants est libérée de la tutelle perpétuelle de son agnat, et elle peut par là disposer de son hérédité comme bon lui semble, et par conséquent au profit de son mari.

D'après la même loi, le mari peut laisser par testament à son épouse la dixième partie de la propriété de ses biens et le tiers en usufruit de toute son hérédité.—Cette quotité peut être augmentée d'un dixième en propriété, à raison de chacun des enfants que l'épouse aurait eus d'un précédent mariage.—Si le mari a eu un enfant de son épouse, il peut laisser à celle-ci le tiers de son hérédité. — Dans plusieurs cas, et notamment si le mari laisse un enfant de son épouse ou si celle-ci est mineure de vingt ans, il peut l'instituer unique héritière (1).

3° Un sénatus-consulte, porté sous le règne d'Antonin Caracalla, permet aux époux de se faire des donations à cause de mort. D'après le même sénatus-consulte, les donations entre-vifs ne seront plus nulles de plein droit, mais seulement révocables au gré du donateur. « Il est permis, dit-il, au donateur de changer de volonté ; mais il serait dur et inique que l'héritier pût, contrairement peut-être à la volonté dernière du donateur, arracher au donataire l'objet de la libéralité (2). »

4° Les constitutions impériales introduisent ou du moins favorisent, en la reconnaissant valable, une coutume qui se généralise en peu de temps et qui consiste dans des stipulations réciproques des époux : le mari stipule de son épouse qu'il pourra, en cas de sa survie, retenir une partie de la dot ;

(1) Ulpien, *Fragments*, liv., tit. 15 et 16.
(2) *Digeste*, liv. xxiv, tit. 1, 1.

et, de son côté, celle-ci stipule qu'en cas de prédécès de son mari, elle pourra retenir, sur la donation à cause de noces, une fraction corrélative à celle qui concerne la dot.

Ainsi, comme on le voit, les législateurs s'efforcent de rétablir de plus forts liens entre les époux et à rouvrir le canal des bienfaits réciproques.

5° Enfin, on cherche directement à donner plus de force au lien conjugal. En effet, d'après la loi Papia Poppéa, celui dont la conduite brise le lien conjugal ou donne lieu à la rupture, subit une peine pécuniaire qui profite à l'autre conjoint. Peu à peu de nouvelles mœurs, favorisées surtout par les principes du christianisme, tendent incessamment à rendre au mariage son antique dignité et son indissolubilité.

§ V. — *Peines et récompenses introduites pour exciter au mariage et à la procréation des enfants.*

D'après les lois Julia et Papia Poppéa, plébiscites portés sous Auguste, les célibataires du sexe masculin ou féminin sont considérés comme de mauvais citoyens ; ils sont déclarés, pour cela, indignes de recueillir les dispositions universelles ou particulières qui leur sont laissées par testament, s'ils ne se marient point dans les cent jours qui suivent l'ouverture de la succession. Or, est célibataire, *cœlibes*, l'homme qui est majeur de vingt-cinq ans et mineur de soixante, ainsi que la femme qui est majeure de vingt ans et mineure de cinquante.

En outre, d'après les mêmes lois, ceux qui sont *orbi*, c'est-à-dire sans enfants, et qui seraient rangés parmi les célibataires s'ils n'étaient point mariés, ne peuvent recueillir que la moitié des libéralités qui leur sont faites par testament.

Au reste, les libéralités testamentaires faites à des parents en ligne directe ne sont point soumises à la caducité.

Les parts déférées à des célibataires et à des *orbi* et qui deviennent caduques, *caduca*, appartiennent à ceux qui figurent dans le même testament et qui ont le droit des enfants.

Ces mêmes lois renferment, en outre, une foule de dispositions spéciales soit aux hommes, soit aux femmes.

I. — Les hommes mariés ont une place particulière au théâtre (1); les sénateurs qui ont le plus grand nombre d'enfants sont inscrits les premiers sur la liste sénatoriale et expriment les premiers leur avis sur les propositions (2); celui des consuls qui a le plus d'enfants prend le premier les faisceaux et a le choix des provinces (3); chaque enfant dispense d'un an de l'âge exigé pour remplir les magistratures (4); trois enfants dispensent de la tutelle (5), et généralement de toutes les autres charges (6).

II. — Lorsque la femme est mariée, elle peut recueillir de son mari des libéralités testamentaires, qui croissent en proportion du nombre de ses enfants.

Lorsque la femme a le *jus liberorum*, le droit qui résulte de la procréation de trois enfants, elle jouit des avantages suivants :

1° Elle est libérée de la tutelle perpétuelle de son agnat. De là, elle peut, à son gré, aliéner ses choses même *mancipi* et disposer de son hérédité testamentaire, soit au profit de ses enfants, soit au profit de son époux;

2° Elle est capable d'être instituée héritière par des per-

(1) Suétone, *sur Auguste*, chap. XLIV.
(2) *Digeste*, liv. L, tit. 2, l. 6, § 5.
(3) Tacite, *Annales*, liv. XV.
(4) *Digeste*, liv. IV, tit. 4, l. 2.
(5) Justinien, *Instit.*, liv. I, tit. 25, *pr.*
(6) *Digeste*, liv. L, tit. 2, l. 6.

sonnes même à la succession desquelles la loi générale ne l'appelle pas ;

3° Elle recueille entièrement les hérédités légitimes et testamentaires qui lui sont laissées, ainsi que les legs qui lui sont faits, lors même que leur valeur excéderait de beaucoup cent mille sesterces ;

4° Elle profite des dispositions caduques ;

5° Elle jouit, dans la succession des affranchis, de tous les droits que le préteur et la loi Papia Poppéa ont réservés aux patrons du sexe masculin ;

6° Enfin elle peut, en qualité d'agnate, recueillir l'hérédité de ses enfants, conformément au sénatus-consulte Tertullien.

Faut-il partager l'admiration que l'auteur de l'*Esprit des lois* proclame pour cette législation ? Écoutons ses paroles : « Les lois Julia et Papia Poppéa ont tant de vues : elles influent sur tant de choses qu'elles forment la plus belle partie des lois civiles des Romains (1). » *Cette belle partie des lois civiles des Romains* révèle des maux bien profonds dans la cité, et elle demeure impuissante pour rétablir la bonté des mœurs. Plutarque nous révèle à cet égard une bien triste vérité : « Les Romains, dit-il, se marient depuis lors pour devenir héritiers, et non pour avoir des héritiers (2). »

Les lois Julia et Papia Poppéa ont été sans cesse modifiées et changées par les constitutions impériales ; elles ont été en très-grande partie abrogées par Constantin ; enfin, elles ont complétement été supprimées par Justinien, principalement dans ses Novelles 118 et 127 qui n'ont aucune harmonie avec ses compilations.

(1) Montesquieu, *Esprit des lois*, liv. xxiii, 21.
(2) Plutarque, *OEuvres morales.*

CHAPITRE XVIII.

ERREURS DES AUTEURS SUR LA DISSOLUBILITÉ DU MARIAGE ROMAIN.

Nous avons démontré que le mariage était indissoluble dans les cinq premiers siècles de Rome. Cette vérité résulte : — des principes de bonne foi et de justice dans les conventions (page 26); — des formes sacrées du mariage (p. 37); — des principes en vigueur sur la dissolution des liens (p. 38); — des mœurs anciennes sur la fidélité conjugale (p. 43, 44); — du dévouement si sublime des matrones, ainsi que des honneurs dont elles jouissaient dans la cité, surtout quand elles n'avaient eu qu'un mari (p. 40, 41, 42); — des institutions spécialement destinées à maintenir la charité conjugale (p. 41, 42); — de l'essence des associations quiritaires dont l'union conjugale est à la fois la plus générale, la plus forte et la plus intime (p. 45, 46, 47); — des textes très-positifs de Denys d'Halicarnasse (p. 48 à 50), de Plutarque (p. 50 à 59), de Valère-Maxime (p. 60, 61), d'Aulu-Gelle (p. 62) et de Cicéron (p. 69); — du défaut de lois en répétition de la dot, fait attesté et justifié historiquement par Denys d'Halicarnasse (p. 61), par Aulu-Gelle (p. 64) et par les jurisconsultes; — de la définition du mariage par les jurisconsultes (p. 66); — de la signification des mots *conjugium* et *conjuges* (p. 67); — enfin de la pratique constante, faisant loi, et attestée par Denys d'Halicarnasse (p. 72), par Valère-Maxime (p. 82), par Aulu-Gelle (p. 81, 84), par Plutarque (p. 85 à 92), par Tertullien (p. 206), et confirmée par l'histoire et la tradition orale.

La révélation des causes qui affaiblissent l'union conjugale et en rendent le lien dissoluble (p. 79 à 81 ; 93 à 182); — les conséquences funestes, horribles et impies qu'engendre la dissolubilité du mariage (p. 182 et suiv.); — les efforts que le peuple, les censeurs, les préteurs, la plèbe, le sénat et les constitutions impériales font pour remédier aux maux presque infinis qui naissent de la dégradation du mariage, des familles et de la cité, et pour rendre à l'union conjugale quelque chose de son ancienne dignité (p. 187 et suiv.) : — toutes ces choses portent au plus haut degré d'évidence le principe que, pendant les cinq premiers siècles de Rome, le mariage était indissoluble.

J'ai lu avec la plus sérieuse attention les auteurs anciens, et nulle part je n'ai rencontré un seul texte qui pût seulement jeter un doute sur le principe de l'indissolubilité du mariage ancien.

Toutefois le mariage fait naître un rapport quiritaire entre un homme et une femme. Or, ce rapport est nécessairement brisé dans deux cas : 1° Si le mari ou la femme meurt naturellement; 2° si l'un des conjoints meurt à la vie de la cité : car, de même qu'il ne peut naître de rapport quiritaire qu'entre des citoyens, ainsi il ne peut subsister de rapport quiritaire qu'entre citoyens. De là, les noces n'existent plus si l'un des conjoints commet un crime pour lequel il est dévoué aux dieux infernaux, ce qui produit nécessairement la mort quiritaire et l'interdiction de l'eau et du feu. Or les violations de l'union conjugale, qui dévouent le criminel aux dieux infernaux et qui l'exterminent, c'est-à-dire le repoussent du champ romain, sont au nombre de cinq : 1° Si la femme commet un adultère, 2° empoisonne ses enfants, 3° ou abandonne le domicile conjugal; 4° Si le mari tue physiquement ses enfants, hors pourtant un cas spécial,

5° enfin s'il repousse iniquement son épouse de sa communion.

Certains auteurs, entre autres Montaigne, Gibbon et Montesquieu soutiennent que le mariage a toujours été dissoluble à Rome. Tous les modernes, surtout en France, partagent cette erreur. Voyons les raisons alléguées par ces auteurs ; nous dirons aussi quelques mots de l'enseignement à ce sujet de MM. Ducaurroy et Ortolan.

§ 1. — *Erreurs de Montaigne, Gibbon et Montesquieu.*

Montaigne, Gibbon et Montesquieu prétendent que l'union conjugale a toujours été dissoluble chez les Romains. Mais ces trois auteurs allèguent des raisons sans fondement, qui se battent en brèche et se détruisent ; en sorte que l'un de ces auteurs serait une réfutation suffisante des autres.

Selon Montaigne, le mariage a toujours pu se briser au gré de de chacune des parties ; et pourtant la première répudiation n'a eu lieu qu'au sixième siècle de Rome ! D'après Gibbon, le mariage était indissoluble de la part de la femme, et pouvait être brisé au gré du mari, et cependant aucune répudiation n'a eu lieu avant le sixième siècle ! Enfin, Montesquieu enseigne que les liens du mariage ont toujours été dissolubles, et que souvent ils ont été dissous bien avant le sixième siècle de Rome !

I. *Montaigne.* — « Nous avons pensé, dit cet auteur, attacher plus ferme le nœud de nos mariages pour avoir osté tout moyen de les dissoudre ; mais d'austant s'est desprins et relasché le nœud de la volonté et de l'affection, que celui de la contrainte s'est estrécy. Et, au rebours, ce qui tint les mariages à Rome si longtemps en honneur et en seureté fut la liberté de les rompre qui voudrait. Ils gardaient mieux leurs femmes d'autant plus qu'ils les pouvaient perdre, et en pleine licence de divorse, il se passa 500 ans et plus avant que nul ne s'en servit (1). »

Cette théorie de Montaigne n'est qu'une doctrine romanesque, qui est pleinement convaincue d'erreur par l'histoire romaine toute entière ; elle est également convaincue d'erreur par l'histoire du divorce introduit pendant quelque temps en France sans limites. A Rome comme en France, lorsque le mariage a cessé d'être une union sacrée, et par conséquent indissoluble, pour devenir une union purement civile, et dont la durée a été abandonnée au caprice des parties, on a vu surgir tout à coup les plus funestes abus et les maux les plus effrayants; ce qui a nécessité de prompts remèdes. Que l'on ne s'y trompe donc point, lorsque le divorce est facile, il devient fréquent; l'homme sollicité au changement par les lois, ne se jette point, en cette matière surtout, dans l'immobilité. En multipliant les causes de divorce, on multiplie les écarts; en enchaînant les époux dans un lien indissoluble, on accommode leur vie à cette nécessité. Pour peu que les institutions soient favorables, les époux unis pour toute la vie domptent leurs passions, harmonisent chacun ses goûts, ses penchants et son caractère avec ceux du conjoint, et ils se font ainsi des vertus appropriées à leur situation.

Aussi, comme nous l'avons d'ailleurs démontré, le fait qu'il « se passa 500 ans et plus avant que nul ne se servit » de la répudiation, est une preuve certaine qu'il n'était possible à aucun des époux de répudier son conjoint. Nous sommes donc entièrement de l'avis de Montesquieu sur ce point : « Les auteurs, dit-il, rapportent un fait qui n'est pas vraisemblable. Il suffit de connaître la nature de l'esprit humain pour sentir quel prodige ce serait que la loi donnant

____

(1) Montaigne, *Essais*, liv. ii, chap. 15.

à tout un peuple un droit de divorse, personne n'en usât (1). »

C'est sans doute à l'inintelligence d'un passage de Tertullien qu'il faut attribuer l'erreur de Montaigne. Or Tertullien dit que, pendant près de six cents ans, l'union conjugale n'a point été brisée et que la félicité des époux était favorisée par les mœurs, *moribus prosperata* (2).

Est-ce à dire que le mariage était dissoluble? Évidemment non; d'autant plus que les mœurs faisaient lois. Les expressions de Tertullien signifient seulement que les principes du mariage, qui faisaient le bonheur des époux, se trouvaient en harmonie avec les anciennes mœurs des Romains et étaient par-là fortifiés.

II. *Gibbon*. — Gibbon proclame sous quelques rapports les véritables principes de l'union conjugale. Il dit notamment que « l'acceptation de l'eau et du feu était, dans les cinq premiers siècles de Rome, de l'essence du mariage (3); » que le principe de la dissolution du lien conjugal « par le désistement de l'un des associés passa ensuite en prati que lorsque les cérémonies religieuses et civiles furent négligées et que cette pratique enfanta les plus grands maux (4); » et enfin que les chrétiens, en proclamant l'indissolubilité du mariage, « en rétablirent la dignité (5). » Cet auteur reconnaît, en outre, que Spurius Carvilius Ruga fut le premier qui, l'an 520 de Rome, répudia son épouse.

Mais, selon Gibbon, la communication du droit divin et humain produit un lien indissoluble à l'égard de l'épouse, et

(1) Montesquieu, *Esprit des lois*, liv. XVI, 16.
(2) Tertullien, *Apologétique*. — Voir page 206.
(3) Gibbon, *Histoire de la décadence de l'empire romain*, chap. 44.
(4) *Ibid.*
(5) *Ibid.*

dissoluble à l'égard du mari qui seul peut, et quand bon lui plaît, briser le lien sacré de l'union conjugale.

Cette erreur, si contraire aux textes, à l'essence sacrée du mariage et à la logique, vient de ce que Gibbon s'est fait de la matrone des cinq premiers siècles une image dégradée, tandis qu'elle était, au contraire, pour le mari une compagne sainte et nécessaire.

Écoutons, en effet, les paroles de cet auteur : « Le mari approuvait, censurait, punissait la conduite de son épouse d'après sa volonté ou plutôt d'après son caprice. Il exerçait sur elle un droit de vie et de mort (1). » Nous avons suffisamment démontré, à l'aide des textes et des anciennes institutions, que l'épouse n'est point laissée sans protection ; que l'influence des parents de la femme, qui font partie de la charistie et qui composent le tribunal domestique, s'oppose directement à ce que « le mari approuve, censure, punisse la conduite de son épouse d'après son caprice ; » que le mari n'a point sur son épouse « l'exercice du droit de vie et de mort ; » que s'il l'a repoussé de sa communion, il est dévoué aux dieux infernaux ; et enfin que, dans les trois cas où l'épouse viole essentiellement les obligations qui émanent de son mariage et de sa génération par son mari, ce n'est point celui-ci, mais le tribunal domestique, composé des plus proches parents de la femme, qui prononce contre elle la sentence de mort à la cité des Quirites. La peinture de Gibbon manque donc de vérité.

« Armé d'un pouvoir domestique, continue Gibbon, le mari pouvait condamner son épouse à la mort ou la chasser de son lit et de sa maison : il ne restait aucun espoir à la malheureuse épouse, et son esclavage était perpétuel, à moins que le mari, déterminé par sa propre convenance, ne

____

(1) Gibbon, *Histoire de la décadence de l'empire romain*, chap. 44.

voulût la répudier, autre privilége qu'il avait obtenu (1). »

Voilà, ainsi qu'il est suffisamment démontré, une fausse peinture des pouvoirs du mari. D'après Gibbon lui-même, pendant cinq cent vingt ans, jamais le mari, « déterminé par sa propre convenance, » ne « voulut répudier son épouse » et exercer ainsi « un privilége qu'il avait obtenu ! »

« Dans les premiers siècles, ajoute Gibbon, le mari était le maître de vendre ses enfants, et la femme se trouvait dans ce nombre (2). »—Sous un rapport spirituel, l'épouse, qui était générée par son mari, devenait son enfant, comme le père de famille plébéien était l'enfant du sénateur qui devenait son patron. Mais il ne suit point de là que le mari eût eu, sur son épouse, les mêmes pouvoirs que sur ses enfants : les textes les plus positifs repoussent cette analogie. Les expressions *coemptio*, *confarreatio*, *conjugium*, *conjuges*, *consortium omnis vitæ*, *communicatio juris*, *consuetudo individua vitæ*, ainsi que les emblèmes de l'union, les textes, les mœurs et les anciennes institutions démontrent que les époux vivent, selon les expressions de Valère-Maxime, sous le joug égal de la charité, *in pari jugo charitatis*. L'assertion de Gibbon est donc complétement dénuée de vérité.

« Les biens que l'épouse acquérait, ajoute encore Gibbon, ou dont elle héritait, appartenaient à son maître, et la femme se trouvait bien clairement comprise dans la classe des choses, puisqu'à défaut de titre originaire, on pouvait la réclamer, ainsi que les autres meubles, d'après l'usage et la possession d'une année (3). »—Il y a, dans ces paroles, une plaisanterie inconcevable, ou la plus profonde ignorance

____

(1) Gibbon, *Histoire de la décadence de l'empire romain*, chap. 44.

(2) *Ibid.*

(3) *Ibid.*

des principes quiritaires. Évidemment les biens de l'épouse ne passaient point à un maître, mais ils passaient, comme ceux du mari lui-même, à la communauté universelle qui existait entre les conjoints. Ce principe élémentaire, appuyé d'ailleurs sur les textes de tous les jurisconsultes et de tous les historiens, n'a pas besoin d'être démontré.

Le titre originaire dont parle Gibbon, est la *confarreatio* ou la *coemptio*. Or, chacun de ces titres, comme le démontrent l'expression elle-même, l'emblème de l'union et ses effets, prouvent *bien clairement que la femme* ne *se trouvait* point *comprise dans la classe des choses*, mais qu'elle devenait, au contraire, la conjointe et la compagne de son mari, et que tous deux étaient ainsi placés sous le joug égal de la charité.

Sans aucun doute, l'*usus*, ou possession annale, donnait à l'union des époux la même force que l'accomplissement des solennités quiritaires; en effet, dans ces temps de vie à la fois publique et religieuse, l'union qui durait un an devenait par là solennelle et sacrée; elle conférait à l'étrangère les droits de cité et la générait aux choses divines et humaines de son mari. Mais cet *usus*, loin de prouver que l'épouse doive être considérée comme *un meuble*, produit des effets diamétralement opposés, puisqu'il confère à l'étrangère la vie quiritaire. L'étranger, l'affranchi et même l'esclave qui n'a point d'ailleurs volé son corps à un citoyen, deviennent également citoyens romains par l'*usus* lorsqu'ils assistent pendant un an aux sacrifices et aux banquets sacrés de la *gens*, de la curie, de la tribu et du peuple romain. C'est d'ailleurs ce qu'exprime ce vers de Lucrèce :

« Vitaque mancipio nulli datur, omnibus usu (1). »

Ainsi la vie quiritaire est acquise à tous, à l'étranger, à

(1) Poncelet, *Cours d'histoire du droit romain*, p. 136, com-

l'affranchi et à l'esclave par l'*usus*, et dès lors ils peuvent être revendiqués comme citoyens. Or, ne serait-il pas de la plus évidente absurdité de soutenir qu'ils sont par là *clairement compris dans la classe des choses ?* Gibbon, comme on le voit, n'a absolument rien compris aux éléments les plus simples de la vie primitive des Romains.

Enfin, Gibbon dit encore : « On a donné de grands éloges à la vertu des Romains parce que, pendant plus de cinq siècles, ils ne firent aucun usage du privilége si séduisant de la répudiation. Mais ce fait montre l'inégalité d'une liaison dans laquelle l'esclave ne pouvait point renoncer à son tyran, et où le tyran ne voulait point abandonner son esclave (1). »

Cette peinture de l'union sacrée du mariage est fausse, ridicule et grotesque. Il n'y a pas une ombre de vraisemblance dans l'assertion que, dans les cinq premiers siècles de Rome, tous les maris sont des tyrans dont chacun, d'une part, met son épouse esclave dans l'impossibilité de le quitter, et, d'autre part, ne veut point lui-même abandonner son esclave pour faire usage du privilége si séduisant de la répudiation ! De telles allégations sans appui et si contraires aux institutions anciennes, à la tradition orale, aux narrations des historiens, aux écrits des jurisconsultes et aux sentiments de l'humanité, ne méritent point de réfutation.

III. *Montesquieu.* — L'esprit, l'érudition, le talent et le génie même, tout a été mis en œuvre par l'écrivain si illustre du dix-huitième siècle, pour prouver que le mariage était dissoluble dans les beaux temps de la République romaine et pour montrer que les répudiations et les divorces

mente ce vers qu'il n'a point compris, et fait commettre à Lucrèce d'étranges erreurs. Il enseigne que la propriété des immeubles s'appelle *mancipium*, et celle des meubles, *usus*.

(1) Gibbon, *Hist. de la décad. de l'empire romain*, chap. 44.

étaient alors fréquents. Pour n'être point accusé d'affaiblir les raisons qu'invoque Montesquieu , nous conserverons scrupuleusement les phrases de l'auteur et l'ordre qu'il leur a assigné.

1° « Romulus , dit-il , permit au mari de répudier sa femme , si elle avait commis un adultère , préparé du poison ou falsifié les clés. Il ne donna point aux femmes le droit de répudier leur mari. Plutarque appelle cette loi très-dure (1). »

Montesquieu commence par affaiblir les effets , les formes et les causes de la rupture du lien conjugal. En effet , rappelons-nous d'abord que le mariage opère entre les époux la communication du droit divin et humain , ainsi que la génération quiritaire de la femme par le mari. Or , il suit de là, que la répudiation de la femme l'excommunie des choses divines et humaines de son mari , qu'elle la dégénère et la fait mourir à la maison, à la famille, à la *gens* et même à la cité. — Ensuite ce n'est pas le mari qui répudie son épouse ; c'est le tribunal domestique , composé des cinq plus proches parents de la femme , qui , pour crime de celle-ci , prononce la sentence de dégénération. — Enfin , deux des causes exprimées par Plutarque sont dénaturées. Ce n'est point , en effet , pour avoir *préparé du poison* , ni pour avoir *falsifié les clés* , que la femme est dégénérée, car de pareils faits n'ont jamais constitué des crimes. Cette dégénération ne peut être prononcée par le tribunal domestique des parents , que lorsque la femme a empoisonné les enfants , ἐπὶ φαρμακείᾳ τέκνων (2) , ou bien lorsqu'elle a mis

(1) Montesquieu, *Esprit des lois*, liv. xvi, 16.

(2) En bien examinant ces expressions de Plutarque : « Si la femme a empoisonné les enfants , » on devine qu'il s'agissait, dans la loi de Romulus, non point d'un empoisonnement physique, mais d'un empoisonnement moral. En effet, d'après l'institution du

sous la porte les clés, ἡ κλειδῶν ὑποβολή, ce symbole de l'administration perpétuelle qui lui est confiée lors du mariage. Dans ce dernier cas, la femme abandonne le domicile conjugal ; elle s'excommunie en quelque sorte elle-même des choses divines et humaines de son mari, et par conséquent des membres de la cité, puisqu'elle viole essentielle-

fondateur de Rome, le citoyen qui épouse une femme étrangère, la fait par là mourir à sa patrie et à son ancienne vie, il la régénère et la fait vivre d'une vie nouvelle, qui est celle des Quirites. Or le législateur de Rome qui, avec des matériaux mauvais et vicieux, s'efforçait de fonder et d'élever un édifice solide, a dû prévoir que quelques épouses ne mourraient point complétement à leur ancienne vie, qu'elles ne seraient point entièrement régénérées, qu'elles vivraient selon la chair et inspireraient à leurs enfants des pensées et des sentiments contraires à la fois à la prospérité, à la gloire et à la sainteté de la cité romaine ; en d'autres termes, qu'elles les empoisonneraient. Dans ce cas, il a dû permettre au mari et à ses cinq plus proches parents de dégénérer la femme, « d'enlever, comme le dit saint Paul, *le mal du milieu d'eux, de se purger du vieux ferment qui corromprait toute la masse et de livrer la chair à Satan pour le salut de l'esprit* » (*I. Cor.*, v, 7).

Plusieurs raisons confirment cette interprétation. 1° L'analogie des pensées de Plutarque montre qu'il s'agit de trois crimes qui sont spéciaux à l'épouse. Il est évidemment de l'essence du mariage sacré et célébré en présence du peuple, que l'épouse soit fidèle, qu'elle élève quiritairement ses enfants, et qu'elle habite toujours le domicile conjugal. De là, le mari peut la repousser si elle commet un adultère, empoisonne moralement les enfants, ou rejette les clés, symbole de l'administration perpétuelle du ménage. 2° Romulus ne pouvait pas et ne devait point prévoir que la mère empoisonnerait physiquement ses enfants. 3° S'il s'agissait d'un empoisonnement physique, le châtiment n'eût point été abandonné à la discrétion du tribunal domestique : aussi, malgré les supplications de son père, Horace, vainqueur des Curiaces et meurtrier de sa sœur, est poursuivi par une action publique ; il en eût été de même, à plus forte raison, de la mère qui aurait tué ses enfants dont elle était la sœur quiritaire.

ment les obligations résultant d'une union qui , surtout si elle était étrangère , lui a conféré la vie quiritaire. Tel est le sens de ce passage que nous avons d'ailleurs expliqué (*voir page 50 et suiv.*), et sur lequel Montesquieu commet les plus graves erreurs.

Plutarque n'appelle point l'ancienne loi *très-dure* ; il dit qu'elle établissait une union très-forte, très-bonne, très-féconde en fruits heureux, et qu'elle a été d'une longue durée.

2° « Comme la loi d'Athènes , ajoute Montesquieu, donnait à la femme, aussi bien qu'au mari , la faculté de répudier, et que l'on voit que les femmes obtinrent ce droit chez les premiers Romains, nonobstant la loi de Romulus, il est clair que cette institution fut une de celles que les députés de Rome rapportèrent d'Athènes, et qu'elle fut mise dans les lois des Douze-Tables (1). »

Décorer du nom d'*institution*, *la faculté accordée à la femme de répudier son mari*, est chose vraiment singulière! Mais, ce qui est plus inconcevable encore , c'est l'allégation si invraisemblable que des députés aient rapporté d'Athènes la faculté pour les femmes de répudier , et que cette faculté ait été *mise dans les lois des Douze-Tables, nonobstant la loi de Romulus*. Cette pure allégation se réfute elle-même. Enfin, l'organisation quiritaire, qui a pour base le mariage avec ses formes solennelles, sacrées et indissolubles, n'est évidemment point d'origine étrangère : les Romains ne pouvaient rien , sous ce rapport du moins, envier à la Grèce , comme l'attestent tous les historiens et les jurisconsultes.

3° « Cicéron dit que les causes de répudiations venaient de la loi des Douze-Tables. On ne peut donc pas douter que

______

(1) Montesquieu, *Esprit des lois*, liv. XVI, 16.

cette loi n'eût augmenté le nombre des causes de répudiation établies par Romulus. La faculté du divorce fut encore une disposition , ou du moins une conséquence de la loi des Douze-Tables. Car , dès le moment que la femme ou le mari avait séparément le droit de répudier , à plus forte raison pouvaient-ils se quitter de concert, et par une volonté mutuelle. La loi ne demandait point qu'on donnât de causes pour le divorce. C'est que, par la nature de la chose , il faut des causes pour la répudiation et qu'il n'en faut point pour le divorce , parce que là où la loi établit des causes qui peuvent rompre le mariage , l'incompatibilité mutuelle est la plus forte de toutes (1). »

Cicéron , cet admirateur des Douze-Tables , qu'il préfère à tous les livres des philosophes , cet intrépide défenseur et martyr de la République et des anciennes institutions, proclame « que le mari , étant attaché à son épouse par le plus étroit des liens, ne peut point s'en séparer en esprit ni même en pensée, *cui uxor contingit , ab ea cum arctissimo vinculo conglutinatus est, aut mente, aut cogitatione sejunctus esse non potest* (2). »

Sur quoi repose donc l'allégation de Montesquieu? Sur ces paroles mises en note : « *Mimam res suas sibi habere jussit , ex duodcim Tabulis causam addidit*. Philipp. II. » Supposons exacte cette citation que nous avons vainement recherchée pour en découvrir le véritable sens , elle signifierait tout simplement que le mariage de Mima n'était point indissoluble , parce qu'il n'était point établi selon les formes sacrées de la loi des Douze-Tables. En effet, Mima , dont Cicéron parle dans plusieurs passages, vivait dans les dernières années du septième siècle de Rome; or, à cet époque de corruption , depuis longtemps, comme le dit Gaïus, la com-

(1) Montesquieu , *Esprit des lois* , liv. xvi , 16.
(2) Cicéron , *de l'Amitié*.

munication entre époux du droit divin et humain résultant
de la *confarreatio*, de la *coemptio* et de l'*usus*, « est abrogée
en partie par les lois et en partie par les coutumes, *sed hoc
totum jus partim legibus sublatum, partim ipsa desuetu-
dine obliteratum est* (1). » Enfin, puisque le mari ne con-
voque point le tribunal domestique, déjà tombé en désuétude, et qu'il ordonne à son épouse Mima de reprendre ses
biens et leur administration, *res suas sibi habere*, il résulte
bien évidemment de là que cette femme a conservé sa famille
et ses biens, qu'elle ne participe point à la famille, aux biens
et aux choses saintes de son mari ; en un mot qu'il n'existe
point entre les époux la communication du droit divin et humain.

Comme on le voit, Montesquieu confond les unions conformes aux anciennes institutions, et celles qui n'y sont pas
conformes ; cette étrange confusion le fait tomber à chaque
pas dans l'erreur. Mais ce qui est illogique au plus haut degré, c'est que cet auteur tire du passage cité la conséquence
si fausse, que la femme avait séparément le droit de répudier, ce qui n'eût été autre chose que celui de violer toutes
les lois divines et humaines et de mourir par là à la cité des
Quirites.

En s'appuyant sur ces fausses prémisses, *la femme ou le
mari avait séparément le droit de répudier d'après la loi
des Douze-Tables*, Montesquieu tire la conséquence, pé-
chant par la base, que le mari et la femme *pouvaient, à
plus forte raison, se quitter de concert, et par une volonté
mutuelle*. Mais, comme nous l'avons démontré, l'union
conjugale est l'œuvre des parties, des ascendants, du
peuple et des dieux ; la rupture de cette union n'est point
abandonnée à la volonté mutuelle des époux, puisqu'elle

____

(1) Gaïus, *Inst. Comm.*, liv. i, § 108-114.

briserait les rapports de maison, de famille et de *gens*, en un mot, la communion du droit divin et humain, qui est loin d'être l'œuvre unique des conjoints.

4° « Denys d'Halicarnasse, Valère-Maxime et Aulu-Gelle, dit Montesquieu, rapportent un fait qui ne me paraît pas vraisemblable : ils disent que, quoiqu'on eut à Rome la faculté de répudier sa femme, on eut tant de respect pour les auspices, que personne, pendant cinq cent vingt ans, n'usa de ce droit jusqu'à Carvilius Ruga, qui répudia la sienne pour cause de stérilité. Mais il suffit de connaître la nature de l'esprit humain. pour sentir quel prodige ce serait, que la loi donnant à tout un peuple un droit pareil, personne n'en usât. Coriolan partant pour son exil, conseilla à sa femme de se marier à un homme plus heureux que lui. Nous venons de voir que la loi des Douze-Tables et les mœurs des Romains étendirent beaucoup la loi de Romulus. Pourquoi ces extensions, si on n'avait jamais fait usage de la faculté de répudier ? De plus, si les citoyens eurent un tel respect pour les auspices, qu'ils ne répudièrent jamais, pourquoi les législateurs de Rome en eurent-ils moins ? Comment la loi corrompit-elle sans cesse les mœurs (1) ? »

On voit que Montesquieu a parfaitement compris que toutes ses raisons sur la théorie de la dissolubilité du mariage, viendraient se briser contre la pratique constante des Romains, qui elle-même aurait suffi pour avoir force de loi. Il s'efforce donc de montrer que le fait rapporté par Denys d'Halicarnasse, par Valère-Maxime et par Aulu-Gelle n'est point vraisemblable, et pour cela il donne trois raisons dont nous allons peser la valeur.

Mais constatons d'abord que les trois historiens, cités par l'auteur de l'*Esprit des lois*, sont, sur ce point, complète-

____

(1) Montesquieu, *Esprit des lois*, liv. xvi, 16.

ment d'accord avec Plutarque, avec Tertullien, et enfin que leur récit unanime est pleinement confirmé par l'histoire des mœurs, des solennités religieuses, des institutions et de la législation.

Montesquieu affirme, en premier lieu, que Denys d'Halicarnasse, Valère-Maxime et Aulu-Gelle disent que l'on avait à Rome la faculté de répudier sa femme et de manquer de respect aux auspices. — Cette assertion est complètement fausse. Ces auteurs, ainsi que nous l'avons précédemment démontré, disent positivement le contraire, et en termes les plus formels. Ils nous révèlent, en outre, que les unions conjugales sont devenues dissolubles, parce que les augures, que l'on faisait intervenir seulement pour la forme après la chute de toutes les institutions quiritaires, ne consultaient plus les auspices. Ainsi disparaissent l'invraisemblance et le prodige signalés par l'auteur de l'*Esprit des lois*.

Montesquieu dit, en second lieu, que Coriolan partant pour l'exil, conseilla à sa femme de se marier. — Qu'on le remarque, Montesquieu tombe dans la contradiction. Coriolan vivait avant la loi des Douze-Tables. Or, c'est seulement par cette loi, selon Montesquieu, que les femmes obtinrent la faculté de répudier. — Enfin admettons que l'épouse de Coriolan ait suivi le conseil de son mari et se soit remariée : un tel fait, qui est d'ailleurs démenti par l'histoire, ne prouverait absolument rien ; puisque la plèbe, par une sentence d'exil perpétuel, a fait mourir Coriolan à la cité des Quirites et a brisé par là tous ses rapports quiritaires et par conséquent ceux qui résultaient de son mariage.

Montesquieu dit, en troisième lieu, que la loi des Douze-Tables a beaucoup étendu la loi de Romulus. — Mais nous avons déjà démontré que cette allégation est dénuée de preuves, de vérité et de fondement.

5° « En rapprochant deux passages de Plutarque, continue Montesquieu, on verra disparaître le merveilleux du fait
en question. La loi royale permettait de répudier dans les
trois cas dont nous avons parlé. « Et elle voulait, dit Plu-
« tarque, que celui qui répudierait dans d'autres cas, fût
« obligé de donner la moitié de ses biens à sa femme, et
« que l'autre moitié fût consacrée à Cérès. » On pouvait
donc répudier dans tous les cas, en se soumettant à la peine.
Personne ne le fit avant Carvilius Ruga, « qui, comme dit
« encore Plutarque, répudia sa femme pour cause de stéri-
« lité, deux cents trente ans après Romulus, » c'est-à-dire
qu'il répudia soixante et onze ans avant la loi des Douze-
Tables, qui étendit le pouvoir de répudier et les causes
de répudiation (1). »

Ainsi que nous l'avons déjà prouvé (page 55 à 60), si,
hors les trois cas spécifiés, le mari répudiait son épouse,
c'est-à-dire la repoussait de sa communion divine et humaine, la moitié de la communauté universelle de biens
resterait à la femme, l'autre moitié serait consacrée à
Cérès, et le mari serait sacrifié aux dieux infernaux. Il
est donc évident que l'on ne pouvait pas répudier à son
gré, comme le suppose Montesquieu.

Enfin, nous avons prouvé (page 85 à 92) que Plutarque
ne dit nullement que Carvilius Ruga eût vécu soixante et
onze ans avant la loi des Douze-Tables, époque de beaucoup
antérieure à la création des censeurs; qu'il s'en réfère, au
contraire, sur ce point, à la tradition orale et à la croyance
commune. Or, d'après cette tradition et cette croyance, Carvilius vivait dans le sixième siècle de Rome.

6° Montesquieu termine ainsi : « Les auteurs que j'ai cités
disent que Carvilius aimait sa femme; mais qu'à cause de

______

(1) Montesquieu, *Esprit des lois*, liv. xvi, 16.

sa stérilité, les censeurs lui firent faire serment qu'il l'a répudierait, afin qu'il pût donner des enfants à la République; et que cela le rendit odieux au peuple. — Il faut connaître le génie du peuple romain pour découvrir la vraie cause de la haine qu'il conçut pour Carvilius. Ce n'est point parce que Carvilius répudia sa femme qu'il tomba dans la disgrâce du peuple : c'était une chose dont le peuple ne s'embarrassait pas. Mais Carvilius avait fait un serment aux censeurs, qu'attendu la stérilité de sa femme, il la répudierait pour donner des enfants à la République. C'était un joug que le peuple voyait que les censeurs allaient mettre sur lui. Mais d'où peut venir une telle contradiction entre ces auteurs ? Le voici : Plutarque a examiné un fait, et les autres ont raconté une merveille (1). »

Les censeurs n'existaient point, comme le suppose Montesquieu, soixante-onze ans avant la loi des Douzes-Tables; leur création est postérieure à cette loi. — Les auteurs cités sont Denys d'Halicarnasse, Valère-Maxime et Aulu-Gelle. Or, ces auteurs ne disent nullement, comme l'affirme Montesquieu, que les *censeurs firent faire serment à Carvilius qu'il répudierait son épouse* : ils disent même positivement le contraire. En effet, voici les termes de Denys d'Halicarnasse : « Le premier qui répudia son épouse fut Spurius Carvilius. Il fut contraint par les censeurs de jurer que c'était uniquement à cause de sa stérilité qu'il ne voulait plus habiter avec son épouse : celle-ci était stérile. A cause de ce fait, qu'il n'était point possible aux censeurs d'empêcher, Carvilius demeura toujours odieux au peuple (2). » Voici les paroles de Valère-Maxime : « Spurius Carvilius fut le premier qui répudia son épouse, et cela pour cause de stérilité. Quoiqu'il parût agir par une raison tolérable, il

(1) Montesquieu, *Esprit des lois*, liv. xvi, 16.
(2) Denys d'Halicarnasse, *Antiq. rom.*, liv. ii, 25.

fut néanmoins réprimandé par les censeurs; car on pensait qu'il ne devait point préferer à l'observation de la foi conjugale son désir d'avoir des enfants (1). » Plutarque dit également que Carvilius a répudié son épouse en alléguant sa stérilité, et il le met pour ainsi dire, à cause de sa répudiation, sur la même ligne que le premier qui a violé les lois divines et humaines en tuant son père ou sa mère. Enfin, voici les expressions d'Aulu-Gelle : « Spurius Carvilius aimait tendrement l'épouse qu'il a renvoyée, et il l'estimait beaucoup à cause de la pureté de ses mœurs; mais il a préféré à son amour la religion du serment : il avait été forcé par les censeurs de se marier pour avoir des enfants, *jurare à censoribus coactus erat uxorem se liberorum quærendorum gratia habiturum* (2). » Dans ce passage, Aulu-Gelle ne dit point, comme le suppose Montesquieu, que les censeurs firent jurer à Carvilius qu'il *répudierait son épouse*. Ainsi que nous l'avons d'ailleurs démontré (page 85), une tyrannie aussi odieuse, aussi impie et aussi contraire aux mœurs des Romains et à leurs principes sur la foi conjugale, ne pouvait certainement point être exercée par un magistrat nommé par le peuple pour maintenir la bonne foi et la pureté des mœurs. D'après Aulu-Gelle et d'après Denys d'Halicarnasse, une loi de Romulus mettait les citoyens d'un certain âge dans la nécessité de se marier, et c'était évidemment le censeur qui, plus tard, faisait exécuter cette loi ayant pour but la procréation des enfants et la conservation des bonnes mœurs. Or, Carvilius, homme noble et riche, ayant été contraint de faire serment qu'il se marierait pour donner des enfants à la République, aura négligé volontairement de remplir, dans son union, les solennités quiritaires qui tombaient déjà en désuétude, et il

(1) Valère-Maxime, liv. ii, 1.

(2) Aulu-Gelle, *Nuits attiques*, liv. iv, 3. — *Voir* page 83.

aura cru être tenu à préférer à son amour la religion du serment.

Ainsi Montesquieu invoque, à l'appui de sa théorie, l'autorité de Denys d'Halicarnasse et celle de Valère-Maxime qui lui sont entièrement contraires. En outre, il donne du passage d'Aulu-Gelle une explication fausse et impossible. Enfin, c'est positivement à cause de sa répudiation, comme le disent expressément Denys d'Halicarnasse, Valère-Maxime et Plutarque, que Spurius Carvilius devint odieux au peuple. Par là tombe la prétendue révélation par Montesquieu du *génie du peuple romain*.

Voilà toutes les preuves que donne Montesquieu de la dissolubilité du mariage dans les cinq premiers siècles de Rome. Sa théorie n'a pu être établie qu'en tronquant les textes, en prêtant aux historiens des enseignements contraires à leurs récits et en les mettant ainsi en contradiction avec eux-mêmes. Puis, au moyen d'appréciations dénuées de vérité et de fondement, l'auteur de l'*Esprit des lois* a su faire accepter, par les hommes du dix-huitième siècle, une théorie si conforme à toutes les tendances de l'époque. L'esprit systématique et partial de Montesquieu a été une source d'erreurs graves et innombrables. C'est parce qu'il ne s'est point efforcé de connaître l'essence du mariage ancien et nouveau, qu'il n'a point saisi l'organisation quiritaire et tous les profonds changements qui s'opèrent, au sixième siècle de Rome, dans la cité romaine, et qu'il tombe presque à chaque pas dans l'erreur.

§ II. — *Erreurs de MM. Ducaurroy et Ortolan.*

1° Selon M. Ducaurroy, l'union indivisible, l'égalité de condition, la communication perpétuelle du droit divin et humain, tout cela s'établit entre époux par le simple consentement ; tout cela se dissout par le simple dissentiment (1). Un pareil système est réfuté suffisamment par son exposition.

2° M. Ortolan prétend qu'il faut faire une distinction essentielle entre les justes noces et la *manus;* que toujours les justes noces ont été, chez les Romains, laissées dans la classe des contrats privés et n'ont été assujetties à aucune solennité ; que toujours elles ont été parfaites par le simple consentement manifesté par la tradition de la femme; tandis qu'il fallait, pour la *manus*, ou la *confarreatio*, ou la *coemptio* ou l'*usus* (2).

Cette doctrine est complétement fausse. Comme le dit M. Savigny, « dans les premiers temps de Rome, il n'y avait pas de justes noces sans la *manus* (3). » C'est d'ailleurs ce que démontrent clairement les auteurs, et entre autres Denys d'Halicarnasse, Plutarque, Valère-Maxime, Aulu-Gelle, Cicéron et Tite-Live, qui tous révèlent la force de l'union conjugale opérant la génération de l'épouse et la *manus* du mari. Aussi Modestin définit-il les justes noces : « La conjonction de l'homme et de la femme, l'unité de sort pour toute la vie, la communication du droit divin et humain. » Or, toutes ces choses, qui étaient anciennement de l'essence des justes noces, produisaient essentiellement la *manus*.

Après avoir établi une différence purement imaginaire entre les justes noces et la *manus*, M. Ortolan enseigne que les justes noces, étant laissées au pur droit privé, se brisaient quand il plaisait à l'une des parties. Au reste, il ne donne aucune preuve de son assertion. Comme nous avons prouvé qu'elle est fausse, nous n'insisterons pas sur ce sujet.

(1) M. Ducaurroy, *Instit. Expliq.*, liv. I, tit. 9, § 1.

(2) M. Ortolan, *Explicat. histor. des Instit.*, tom. I, pages 23, 195 ; *Histoire du droit romain*, page 112.

(3) M. Savigny, *Histoire du droit romain*, chap. I, 54.

Remarquons, toutefois, ces paroles de l'auteur : « Le lien juridique n'est régi en rien par l'équité naturelle. Il dépend exclusivement du strict droit civil. Ou l'on est obligé d'après le droit civil, ou l'on n'est point obligé (1). » Ainsi, la formation d'une obligation ne peut avoir lieu que selon les règles du strict droit civil, tandis que la formation, par le mariage, des rapports de famille, qui engendrent mille obligations, ne serait assujettie à aucune solennité. La contradiction est palpable !

CONCLUSION.

Comme nous croyons l'avoir clairement démontré, les raisons que Montaigne, Gibbon, Montesquieu et leurs sectaires invoquent pour prouver la dissolubilité du mariage, n'ont absolument aucune valeur et démontrent même qu'ils ignorent l'essence de l'union quiritaire. Ainsi subsiste intact tout le faisceau des preuves que nous avons données de l'indissolubilité du mariage. Et ces preuves portent en elles-mêmes la plus grande évidence, puisqu'elles répandent la plus vive lumière sur l'histoire obscurcie de l'ancienne Rome, de son organisation, de ses institutions et principalement de la famille ; qu'elles font sentir à chaque époque les pulsations du cœur de la cité romaine, et qu'elles font comprendre les causes de sa dégénération, de l'individualisme, de la corruption, des discordes, des guerres civiles, de l'affaiblissement, de l'oppression et de la décadence.

Nous laissons mille questions qui, dans cette époque d'agitation et de mouvement, n'offrent pour nous qu'un très-faible intérêt, pour traiter du mariage chrétien.

(1) **M. Ortolan**, *Explicat. histor. des Instit.*, tom. I, liv. I, 54.

CHAPITRE XIX.

DU MARIAGE CHRÉTIEN.

Lorsque Jésus naît dans la crèche de Bethléem en Judée, la cité romaine, qui domine le monde, a perdu ses institutions quiritaires, ses croyances religieuses, et par là ses vertus ; la puissance maritale et le tribunal domestique ont disparu ; les mœurs corrompues ont emporté la censure ; la licence n'a plus de frein, et la famille, entraînée par une force irrésistible de désorganisation, se dissout dans l'anarchie, la débauche, les prodigalités et l'aversion d'un mariage qui est maintenant si dégradé. Le Christ vient régénérer le monde qui n'en peut plus.

Soyons brefs : au milieu de l'agitation des esprits et de la tourmente de l'Europe, où luttent, ardents et opiniâtres, les éléments du vieux monde qui s'en va, et ceux d'un nouveau monde qui se lève, il faut se hâter. Voyons l'essence du mariage chrétien, son indissolubilité et ses exceptions, et les principes destinés à fortifier le lien conjugal.

I. — « Le mariage, dit saint Paul, est un grand sacrement. Je le dis dans le Christ et dans l'Église (1). »

De même que la manumission des esclaves, le mariage se célèbre dans les saintes églises, en présence des fidèles assemblés les jours de fêtes. Comme les chrétiens sont tous égaux, puisqu'ils ont tous le même Père qui est aux cieux, et que, par suite de leur génération spirituelle qui les a fait mourir au vieil homme et vivre d'une vie nouvelle, ils sont tous membres de la maison de Dieu et frères, il n'y a qu'une

____

(1) S. Paul, *Épître aux Éphésiens*, chap. v, 32.

forme de mariage. C'est en participant au banquet du corps et du sang de Jésus, représentés sous les espèces du pain et du vin consacrés, que se forme le lien conjugal, que l'homme et la femme s'unissent, se confondent, cessent d'être distincts et ne font plus qu'une même chair, un même corps, un même cœur et un même esprit.

II. — Le principe de l'indissolubilité du mariage chrétien est un dogme si reconnu qu'il serait superflu de chercher à le démontrer. Jésus s'exprime en ces termes : « Les deux époux seront deux dans une seule chair; ils ne seront plus deux, mais une seule chair. Ce que Dieu a uni, que l'homme ne le sépare point (1). » Tels sont aussi les enseignements si formels des apôtres et de l'Église.

Toutefois, ce principe général souffre exception dans les trois cas spécifiés par la loi de Romulus.

1° Si l'épouse commet un adultère. « Le mari qui renvoie son épouse hors le cas d'adultère, et qui s'unit à une autre, est adultère (2). » Que faut-il conclure de ces paroles prononcées par Jésus lui-même ? Il en faut nécessairement conclure, par un argument contraire dont l'évidence est palpable, que le mari peut renvoyer son épouse qui a manqué si essentiellement à sa foi; qu'après la répudiation, il est libre, qu'il peut se remarier, et qu'en cela il ne commet point d'adultère. En effet, par une violation si grave de la part de l'épouse et par la répudiation de la part du mari, le lien religieux et civil a été complétement brisé.

Ainsi, en cas d'adultère de la femme, la rupture du mariage est facultative pour le mari; c'est ce que prouvent les paroles de Jésus, combinées surtout avec celles de saint

(1) Saint Marc, *Évangile*, chap. x, 2-12; saint Matthieu, *Évangile*, chap. xix, 2-9.

(2) Saint Matthieu, *Évangile*, chap. xix, 9.

Paul (1). L'Apôtre des nations conseille au mari de conserver son épouse, malgré ses infidélités : « Je dis aux personnes mariées, en mon nom, et non pas au nom du Seigneur : « Si l'un de nos frères a une épouse infidèle, et qu'elle con- » sente néanmoins à cohabiter avec lui, qu'il ne la renvoie » pas ; car l'épouse infidèle est sanctifiée par le mari » fidèle (2). »

Si le mari commet des adultères, alors, de même que dans la loi romaine, il n'y a rien dans la loi chrétienne qui accorde à la femme la faculté de rompre le lien de l'union conjugale.

2° Si l'épouse est infidèle à sa promesse d'union perpétuelle et la viole en abandonnant le domicile conjugal, le mari a le droit de briser le mariage. Voilà ce qui résulte clairement du passage de saint Paul, que nous venons de citer, et dans lequel l'Apôtre engage le mari à ne pas répudier l'épouse qui consent à rester avec lui. Or ce conseil cesse et n'a plus d'application, si la femme abandonne elle-même le domicile conjugal. Donc le mari peut alors la répudier.

De même, si le mari est infidèle à sa promesse et repousse son épouse du domicile conjugal ou même s'il se retire, la femme peut rompre l'union. « Si une femme fidèle a un mari infidèle et si celui-ci consent à habiter avec elle, qu'elle ne le répudie pas ; car le mari infidèle est sanctifié par la femme fidèle (3). » Donc le conseil de saint Paul, « Que la

(1) Saint Paul, *Épître I aux Cor.*, chap. vii, 11-15.

(2) *Ibid.* : « Nam cæteris ego dico, non Dominus : Si quis frater uxorem habet infidelem, et hæc consentit habitare cum illo, non dimittat illam ; sanctificata est enim mulier infidelis per virum fidelem. »

(3) *Ibid.*, 13, 14 : « Si qua mulier fidelis habet virum infidelem, et hic consentit habitare cum illa, non dimittat virum. Sanctificatus est enim vir infidelis per mulierem fidelem. »

femme ne répudie pas son mari, *Non dimittat virum,* »
n'est point applicable si le mari la repousse ou l'abandonne.
Donc elle peut alors répudier.

Le mari ou la femme qui a valablement répudié peut
former une nouvelle union. C'est ce qui résulte de ces paroles
de saint Paul, qui précisent si bien le sens des explications
que nous venons de donner : «Si celui des époux qui est infidèle se retire, qu'il se retire : notre sœur ou notre frère n'est
plus, en ce cas, soumis à la servitude : Dieu nous a appelés
à la paix (1). » Or, puisque celui des conjoints qui est abandonné n'est point soumis à la servitude, ce qui signifie qu'il
n'est plus placé sous le joug conjugal avec celui qui a violé
sa promesse, il est bien évident qu'il devient complétement
libre et qu'il peut en conséquence former les nœuds d'une
union nouvelle. Élever quelque doute sur cette explication, serait faire preuve d'une ignorance profonde des mœurs
de l'époque où vivait saint Paul.

3° Enfin si la femme ou le mari fait mourir physiquement
ses enfants, il est bien évident que le coupable subit une
peine capitale ; que les lois civiles le punissent de la peine de
mort, et que le lien du mariage est par là nécessairement
dissous.

Il est probable, avons-nous dit précédemment (page 276),
que les expressions de Plutarque, « empoisonnement des
enfants, ἐπὶ φαρμακείᾳ τεκνῶν, » désignent un empoisonnement
moral, l'infiltration des germes de corruption. Or, si l'épouse
est coupable d'un tel crime, le mari qui est rétabli par le
christianisme dans son autorité maritale et qui est par là
constitué le gardien des bonnes mœurs de son épouse et des
membres de sa famille, n'aurait-il pas le droit de la répudier,

______

(1) Saint Paul, *Epître I aux Cor.*, chap. VII, 15 : « Quod si
infidelis discedit, discedat : non enim servituti subjectus est frater
aut soror in hujusmodi : in pace autem vocavit nos Deus. »

de repousser le mauvais ferment qui peut corrompre toute la masse, de faire mourir la chair pour sauver l'esprit, de livrer à Satan la femme criminelle, et de briser par là le lien conjugal ? Cela paraît résulter de l'épître I aux Corinthiens, chapitre V, et d'une foule d'autres passages.

Quoi qu'il en soit, comme l'union conjugale est à la fois civile et religieuse, comme elle constitue un grand sacrement, il est bien évident que le mari, par exemple, ne peut pas répudier son épouse sans prouver à l'assemblée des fidèles, en présence desquels l'union s'est formée, qu'il se trouve dans l'un des cas où, d'après la doctrine chrétienne, la répudiation est permise. Il est bien évident aussi que le conjoint qui est valablement répudié meurt, à cause de son crime, à la vie commune des chrétiens.

Le catholicisme n'admet plus aucune de ces exceptions à l'indissolubilité du mariage. Il proclame dans ses enseignements que jamais, et dans aucun cas, le lien de l'union conjugal ne peut être dissous. Sa pratique constante vient encore depuis longtemps confirmer cette doctrine.

Cette rigueur excessive est contraire aux paroles de Jésus, aux textes positifs et incontestables de l'Apôtre des nations. Elle est bien plus propre à favoriser qu'à punir la conduite de celui des époux qui viole essentiellement les obligations qu'engendre le mariage ; elle entretient plutôt la discorde que la paix.

Quelle peut être la cause de la pratique et des enseignements si rigoureux du catholicisme ? La voici. Lorsque l'assemblée des fidèles accueillait la demande d'un conjoint et prononçait la rupture du lien conjugal, on voyait naître bientôt de graves scandales. Supposons que c'est la conduite du mari qui a donné lieu à la sentence qui brise l'union, cette sentence prononce en même temps l'excommunication du mari, c'est-à-dire son exclusion des assemblées et des

banquets sacrés des fidèles. Mais cette sentence d'exclusion,
d'excommunication qui fait mourir le mari criminel à la
vie chrétienne, n'empêche nullement qu'il puisse habiter
encore dans la même localité, dans la même maison ; ce
qui lui laisse la facilité de revoir son ancienne épouse et de
renouer peut-être avec elle des relations qui sont maintenant
à la fois criminelles et scandaleuses ; cette ancienne épouse
ne peut guère, dans une union nouvelle, être heureuse, honorée ni même chaste. Voilà des inconvénients de la plus
haute gravité qui ne se présentaient point dans la cité romaine, puisque le conjoint qui avait violé essentiellement
les obligations émanant de l'union sacrée, était dégénéré,
dévoué aux dieux infernaux et forcé de quitter le champ
quiritaire. Ces inconvénients ont sans aucun doute déterminé le catholicisme à rejeter, dans ses enseignements et
dans sa pratique, les exceptions acceptées et constatées
par la doctrine chrétienne.

Il y a peut-être encore une autre cause de cette rigueur
du catholicisme. Dans l'origine, les graves atteintes à la
sainteté du mariage donnaient lieu à des plaintes qui étaient
sans doute portées devant un tribunal de vieillards chrétiens. Or, l'autorité, la puissance et la vie se sont insensiblement retirées du corps des fidèles ; les ministres des fidèles en sont devenus les maîtres. A cette époque, on ne
pouvait point, d'une part, donner à chacun des époux la
facilité de briser l'union, lorsqu'ils croiraient se trouver
dans les cas d'exception ; et, d'autre part, les puissances religieuses ayant fait vœu de chasteté, elles ne pouvaient point décemment connaître des débats naissant à
l'occasion des atteintes portées au lien conjugal. Dans une
pareille situation, on a déclaré que jamais le mariage ne
pourrait être dissous. Mais, cependant, la puissance, la faveur, l'argent obtenaient souvent, sur simple requête

adressée au Pape, la permission de rompre les liens de l'union.

III. — En rétablissant l'indissolubilité du mariage, le christianisme proclame les principes de morale dont l'observation est si nécessaire à la bonne harmonie des conjoints.

« Vous avez appris, dit Jésus aux Juifs, qu'il a été dit à vos ancêtres : « Vous ne commettrez pas d'adultère » (Exode 20, 14). Mais moi je vous dis : « Quiconque a vu « une femme et a désiré sa possession, a déjà commis une « adultère dans son cœur (1). »

Saint Paul règle ainsi les rapports des conjoints : « Femmes, soumettez-vous à vos maris, comme il le faut, dans le Seigneur. Maris, aimez vos épouses, et ne soyez point durs envers elles (2). » Et ailleurs : « Épouses, soyez soumises à vos maris comme au Seigneur. Car le mari est la vie de la femme, comme le Christ est la vie de l'Église. Or, l'Église est soumise au Christ : que les femmes soient ainsi soumises à leurs maris. — Maris, aimez vos épouses, comme le Christ a aimé son Église et s'est livré entièrement pour elle. Que les maris aiment leurs épouses comme leur propre corps. Celui qui aime son épouse s'aime soi-même. Personne ne hait sa chair ; chacun la nourrit et la conserve, comme fait le Christ à l'égard de son Église, dont les membres sont son corps, sa chair et ses os. A cause de cela, le mari abandonnera son père et sa mère, et il s'attachera fortement à son épouse, et tous deux ne feront qu'une chair. Ainsi, que chacun aime son épouse comme soi-même, et que l'épouse respecte son mari (3). »

Saint Pierre engage les femmes à mépriser les parures d'or et le luxe de la toilette. « Que les conjoints, dit-il en-

_____

(1) Saint Matthieu, *Évangile*, chap. v, 24, 27.

(2) Saint Paul, *aux Coloss.*, chap. III, 18, 19.

(3) Ibid., *aux Éphésiens*, chap. vi.

suite, aient un même esprit, qu'ils soient l'un envers l'autre compatissants, aimants, miséricordieux, modestes et humbles (1). »

Au milieu de la corruption générale des peuples, il était nécessaire d'exciter à la pureté des mœurs. « Heureux, dit Jésus, ceux qui ont le cœur pur, car ils verront Dieu (2). » — « Ignorez-vous, dit saint Paul, que vos corps sont les membres du Christ? Cesserez-vous d'être les membres du Christ pour devenir ceux d'une prostituée? A Dieu ne plaise! Est-ce que vous ne savez pas que celui qui s'attache à une prostituée, devient avec elle un seul corps? Ils seront deux, dit l'Écriture, dans une seule chair. Fuyez donc la fornication. Ignorez-vous que vos membres sont le temple de l'Esprit-Saint qui habite en vous, que vous avez reçu de Dieu, et que par là vous ne vous appartenez plus? Vous avez été achetés pour un grand prix. Purifiez-vous, et portez Dieu dans votre cœur (3). »

Enfin, dans ces temps où les hommes ne recherchent que leurs plaisirs et la satisfaction de leurs sens, Jésus conseille d'opposer au spectacle de la corruption, l'exemple d'une virginité absolue. Il engage ses disciples à devenir eunuques afin d'obtenir plus facilement le royaume des cieux. De là ces paroles de saint Paul : « Il est bon que l'homme ne touche point la femme. Celui qui n'a point d'épouse, recherche les choses du Seigneur et l'amour de Dieu. Celui, au contraire, qui a une épouse, recherche encore les choses du monde et l'amour de sa femme. Il se trouve ainsi divisé. — De même une femme qui n'est pas mariée et qui reste

---

(1) Saint Pierre, *Épître I*, chap. III, 8 : « In fine autem, omnes unanimes, compatientes, fraternitatis amatores, misericordes, modesti, humiles. »

(2) Saint Matthieu, *Évangile*, chap. V, 8.

(3) Saint Paul, *aux Corinthiens*, Épître I, chap. VI, 15-30.

vierge, pense aux choses du Seigneur et à devenir sainte de corps et d'esprit. Mais celle qui est mariée pense aux choses du monde et aux moyens de plaire à son mari (1). » Au reste, la continence absolue, dont l'admirable exemple est si utile pour la régénération de l'humanité dégradée, n'est point un précepte de la doctrine chrétienne : ce n'est qu'un simple conseil. Aussi saint Paul ajoute-t-il : « Je dis à ceux qui n'ont jamais été mariés et aux veufs : il est bon qu'ils restent comme ils sont. Mais s'ils ne peuvent point demeurer dans la continence, qu'ils se marient ; car il est meilleur de se marier que de brûler (2). »

Rejetons comme fausses et impies ces paroles de Montesquieu : « Le christianisme, dit-il, a diminué le nombre des mariages : mais plus on diminue les mariages qui pourraient se faire, plus on corrompt ceux qui sont faits ; moins il y a de gens mariés, moins il y a de fidélité dans les mariages ; comme plus il y a de voleurs, plus il y a de vols (3). »

De telles réflexions sont contraires à l'histoire. Ne sait-on pas que, lors de l'apparition du christianisme, le monde était dégénéré, corrompu et n'en pouvant plus? Ne sait-on pas que la religion chrétienne, qui avait pour mission de purifier l'humanité, devait susciter des apôtres ardents et des martyrs, et donner au monde courbé vers la terre un admirable exemple de force d'âme, d'élévation et de continence ?

IV. — Le christianisme, comme nous venons de le montrer, rend au mariage toute sa dignité ; d'après ses dogmes divins, l'union conjugale redevient indissoluble et un grand sacrement. En même temps que le christianisme proclame

(1) Saint Paul, *aux Corinthiens*, Épître I, chap. VII, 1, 32, 33, 34.

(2) *Ibid.*, 8, 9.

(3) Montesquieu, *Esprit des lois*, liv. XXIII, 21.

ces beaux et sublimes principes, il remet en vigueur le banquet sacré des conjoints, la communion. Or, le banquet sacré du Verbe fait chair est pour les époux l'emblème de cette union si forte, de cette fusion si complète qu'ils ne forment plus désormais qu'une seule chair. Enfin, le christianisme a tiré les conséquences qui découlent naturellement de la diversité des sexes et de l'incarnation perpétuelle, afin de faire régner parmi les conjoints, l'harmonie, la concorde, la paix et la félicité. De là l'épouse doit être soumise à son mari dans le Christ, et le mari doit aimer son épouse comme sa chair.

Cependant, lorsque l'on examine attentivement l'essence du mariage des anciens Romains, et l'essence du mariage des chrétiens, on croit apercevoir ici une lacune ; et une lacune dans l'institution du mariage, c'est une tache, un défaut dans toute l'organisation sociale.

La génération spirituelle de l'épouse par son mari opérait, d'après le droit des Quirites, non-seulement la communication du droit divin, mais encore la communication du droit humain, et par conséquent elle établissait entre eux une communauté universelle de biens, ce qui contribuait puissamment à entretenir parmi eux l'harmonie de toutes les tendances.

Or, sans aucun doute, l'incarnation spirituelle des époux chrétiens est beaucoup plus forte et beaucoup plus énergique que la génération spirituelle des époux quiritaires. En effet, chez les Quirites, le mari et l'épouse étaient un Père et une fille ; ils étaient donc deux : chez les chrétiens, au contraire, la dualité disparaît, le mari et l'épouse ne font plus qu'un. L'incarnation spirituelle des chrétiens établit-elle essentiellement, comme la génération quiritaire, la communauté universelle de biens ? En d'autres termes, bien plus conformes aux idées qui découlent de l'incarnation ,

établit-elle l'unité de patrimoine et de biens ? Cette conséquence paraît bien naturelle et bien nécessaire pour faire
disparaître du sein de l'union conjugale les germes de
troubles, de querelles et de discordes. Eh bien ! sur ce
point, Jésus ne dit absolument rien. Les Actes et les Épîtres
des Apôtres gardent le silence, et les écrits des Pères sont
entièrement muets. Enfin, en remontant aussi loin que possible, la pratique constante des chrétiens montre qu'il y a
entre les époux des différences de patrimoines et de biens.
Il semblerait donc qu'il faut conclure de toutes ces choses
que la loi chrétienne est, sous le rapport du mariage, et
dans un point bien important, moins parfaite que la loi des
Quirites, et qu'elle laisse par conséquent à désirer.

Cette prétendue lacune, qui est si capitale, a une cause
qu'il est pour nous très-important de rechercher.

D'abord, constatons que si la lettre de la loi chrétienne
demeure dans un silence absolu en ce qui concerne la communauté universelle de biens entre époux, il résulte néanmoins clairement et évidemment de son esprit et du dogme
de l'incarnation, qu'aucun des conjoints ne doit et ne peut
avoir rien en propre. Toute proposition contraire serait à la
fois illogique, fausse et même absurde. C'est à l'égard des
époux faisant une seule chair, que sont vraies surtout ces
paroles de Cicéron : « S'il y a une différence, quelque petite qu'elle soit, entre deux personnes, il n'existe point entre
elles d'amitié ; puisqu'il est de l'essence de l'amitié de
s'évanouir dès que l'un des amis aime mieux une chose
pour soi que pour l'autre (1). » C'est aux époux faisant perpétuellement une seule chair qu'est surtout applicable cet
adage de Pythagore : « Les choses des amis sont commu-

_____

(1) Cicéron, *des Lois*, chap. xii : « Si interesse quidpiam tantummodo potuerit, jam amicitiæ nomen occiderit : cujus est ea
vis, ut simul atque sibi aliquid quam alteri maluerit, nulla sit. »

nes ; et l'amitié est la communauté, Τὰ τῶν φίλων κοινὰ, καὶ φιλίαν ἰσότητα (1). » Évidemment, il n'y aurait pas de véritable incarnation des époux, il n'y aurait pas même d'amitié s'il n'y avait point entre eux une communauté absolue, si l'un d'eux mettait sur des biens terrestres son trésor et et son cœur.

Jésus, qui enseigne que le mari doit tout quitter, son père et sa mère, pour s'attacher fortement à son épouse, fait ses questions : « Est-ce que l'âme n'est pas plus que la nourriture ? Est-ce que le corps n'est pas plus que le vêtement (2) ? » Or, par suite de l'incarnation spirituelle, les époux ont une même âme, un même cœur, un même esprit, un même corps, une même chair ; de là il est logique et plus évident que le jour qu'ils ne peuvent pas avoir de biens distincts et propres à l'un d'eux. L'incarnation qui produit l'extinction de la dualité des personnes, qui fait des deux conjoints une seule chair, *jam non sunt duo, sed una caro*, produit nécessairement et essentiellement l'extinction ou plutôt la fusion des deux patrimoines.

Qu'on ne ne s'y trompe point, si le christianisme n'a pas établi en termes formels et exprès la communauté universelle de biens entre époux, il est pourtant certain que la dualité des patrimoines distincts est aussi contraire au dogme chrétien qu'à la saine philosophie.

Le silence du christianisme en ce qui concerne la communauté de biens entre époux tient à un ordre d'idées très-élevées et qu'il est pour nous utile de bien saisir.

Dans les temps anciens de Rome, il y avait plusieurs ordres harmoniques de générations quiritaires, et par conséquent, il y avait plusieurs ordres harmoniques de dieux et

______

(1) Cicéron, *des Lois*, chap. xii.

(2) Saint Matthieu, *Évangile*, chap. vi, 25 : « Nonne anima plus est quam esca ? Et corpus plusquam vestimentum ? »

de pères quiritaires. La plus intime, la plus absolue et la plus générale de ces générations était celle qui s'opérait par le mariage : cette génération produisait seule la communauté de tout le droit divin et, comme corollaire essentiel, celle du droit humain, et par conséquent elle établissait entre les époux la communauté universelle de biens. Les deux autres générations quiritaires qui se rapprochent le plus de celle des époux sont celle de la famille et celle de la *gens* : elles établissent deux rapports divins et humains qui sont harmoniques et qui confèrent, non pas, il est vrai, la communion des biens, mais du moins des droits à l'hérédité. Il n'y a point, au contraire, de véritable droit héréditaire attaché à la communauté des dieux de la cité, de la tribu, ni même de la curie ; car la *gens*, qui se trouve à un degré plus rapproché, est impérissable.

Dans le christianisme, il n'y a qu'une seule génération spirituelle : « En vérité, dit Jésus, en vérité, je vous le dis, celui qui ne renaîtra pas par l'eau et l'Esprit saint ne pourra pas entrer dans le royaume des cieux. Ce qui est né de la chair, est chair ; et ce qui est né de l'Esprit, est Esprit (1). » Or, comme il n'y a qu'une seule génération spirituelle, il n'y a pour l'asile qu'une seule porte et un seul Verbe, qui est le Christ ; il n'y a également qu'un seul Père, qui est le Dieu unique. De là, il n'y a qu'une seule *gens*, qui est sainte. Tous les chrétiens sont ainsi fils et cohéritiers de Dieu et membres de sa maison ; par là, ils sont tous égaux et frères. Ils mangent tous le même fruit de vie ; pour tous, le banquet sacré se compose du corps et du sang de Jésus ; celui qui mange de ce corps et qui boit de ce sang a la vie en lui, et il ne mourra point.

Ainsi, comme il résulte évidemment des paroles de Jé-

____

(1) Saint Jean, *Évangile*, chap. III, 5, 6.

sus et des dogmes fondamentaux de la loi nouvelle, la régénération unique des chrétiens a une énergie aussi grande et même plus grande encore que la génération la plus intime des Quirites, c’est-à-dire que celle qui s’opérait par le mariage. Cette régénération unique donne à tous ceux qui reçoivent le baptême le même droit divin; il donne également à tous le même droit humain. La fusion des chrétiens par Jésus et le Père est complète et absolue.

« Mon Père, dit Jésus, conserve ceux que tu m’as donnés; car ils sont à toi; qu’ils soient un comme nous... Que tous soient un; comme tu es en moi, mon Père, et moi en toi; que tous soient un en nous, afin que le monde croie que tu m’as envoyé. Et moi je leur ai donné la lumière que tu m’as donnée, afin qu’ils soient un, comme nous sommes un. Je suis en eux, et toi en moi; que tous nous soyons consommés dans l’unité, *consummati in unum;* afin que le monde connaisse que tu m’as envoyé, et que tu les as aimés comme tu m’as aimé. Que l’amour dont tu m’as aimé soit en eux, et moi en eux (1). »

L’unité pour tous les chrétiens des choses divines, entraîne essentiellement, et comme conséquence rigoureuse, l’unité des choses humaines. Au reste, cette conséquence logique et nécessaire a été hautement proclamée dans tous les enseignements chrétiens.

« Un adolescent dit à Jésus : « J’ai observé depuis ma « jeunesse les préceptes que vous venez d’enseigner : que « me manque-il encore? » Jésus lui dit : « Si tu veux être « parfait, pars, vends ce que tu as, et donnes-en le prix aux « pauvres, et tu auras un trésor dans le ciel : ensuite re- « viens et suis-moi. » Lorsque l’adolescent eut entendu cet ordre, il partit triste : il avait en effet beaucoup de posses-

______

(1) Saint Jean, *Évangile*, chap. XVII, 11, 21-26.

sions (1). Jésus dit à ses disciples : « En vérité, je vous le
« dis, celui qui est riche entrera difficilement dans le royau-
« me des cieux. Je vous le répète en d'autres termes, il est
« plus facile à un câble de passer par le trou d'un aiguille,
« qu'à un riche d'entrer dans le royaume des cieux (2). »

« Ne vous thésaurisez pas des trésors sur cette terre, dit
ailleurs Jésus ; la rouille et les vers les mangent; les voleurs les fouillent et les emportent. Thésaurisez-vous des
trésors dans le ciel : là, il n'y a point de rouille ni de vers
qui les mangent, point de voleurs qui les fouillent et les emportent. Où l'on met son trésor, on y met aussi son cœur...
Il est impossible de servir à la fois Dieu et l'argent... Cher-
chez d'abord Dieu et sa justice, et tout vous arrivera (3). »

Je ne rappellerai point la peinture du mauvais riche dans
les enfers, et du pauvre Lazare dans le sein d'Abraham.
Toutefois, sachons bien que lorsque quelqu'un a faim, a
soif, est nu, est malade, est prisonnier, c'est Jésus, c'est
Dieu même qui a faim, qui a soif, qui est nu, qui est malade, qui est prisonnier. N'oublions point les paroles que
Jésus prononcera lorsqu'il siégera sur le trône de sa majesté, et qui confirment le dogme de l'unité.

Le principe de l'égalité et de l'unité, qui doivent régner
parmi tous les membres de la maison de Dieu, exclut évidemment le *mien* et le *tien*, comme étant des termes anti-
religieux et anti-fraternels. Il est évident que celui qui
meurt au monde, à Satan et à ses œuvres et qui se dépouille
du vieil homme pour renaître à une vie nouvelle par l'eau

(1) D'après l'Évangile, on n'a pas la propriété des fonds, mais
la possession. Cette expression se retrouve, dans le même sens,
chez les Romains des cinq premiers siècles et chez tous les peuples
primitifs.

(2) Saint Matthieu, *Évangile*, chap. xix, 21-24.

(3) *Ibid.*, chap. vi, 19-21, 24, 33.

et l'Esprit saint, s'est dépouillé de ses choses humaines, comme le prescrit Jésus.

Lisons les Actes des Apôtres ; on y voit la mise en pratique des préceptes du divin Maître : « Pierre dit à la foule : « Faites pénitence..., et vous recevrez la maison de l'Esprit « saint... » Ceux qui écoutèrent ces paroles furent baptisés ; trois mille âmes environ furent apposées ce jour-là, *et appositæ sunt in die illa animæ circiter tria millia.* Ils persévéraient dans la doctrine des Apôtres, dans la communication de la fraction du pain et dans les prières. Tous ceux qui croyaient étaient égaux et avaient toutes choses en commun ; ils vendaient leurs possessions et leurs meubles, et ils divisaient le prix à tous, à chacun selon ses besoins. *Omnes etiam qui credebant erant pariter, et habebant omnia communia. Possessiones et substantias vendebant, et dividebant illa omnibus, prout cuique opus erat* (1). »

Voilà évidemment la mise en pratique certaine et pure de la doctrine chrétienne. Tout ce qui est contraire à cette pratique, et surtout l'individualisme, est essentiellement contraire aux enseignements de Jésus. Qu'on ne s'y trompe point, le dogme de la filiation spirituelle, de l'unité du droit divin, entraîne nécessairement comme conséquence l'unité du droit humain, c'est-à-dire de la famille et des biens ; il exige donc impérieusement, entre tous les chrétiens, la communauté universelle de biens.

Cette conséquence logique des préceptes divins était trop belle, trop sublime. Aussi, il faut le reconnaître, elle a bientôt fléchi, et, par suite du défaut d'harmonie dans la solidarité et dans l'unité, elle a malheureusement été regardée comme inapplicable. De là « l'iniquité a abondé, et la charité d'un grand nombre s'est refroidie (2). » Mais une foule

(1) *Actes des Apôtres*, chap. II, 38-46.
(2) Saint Matthieu, *Évangile*, chap. XXIV, 12.

de fidèles, pénétrés de la lettre et de l'esprit des enseignements de Jésus, se retirent d'un monde qui n'est plus chrétien que de nom et qui marche dans les voies du vieil homme. Ils se réunissent dans les déserts; ils fondent des monastères ; et là, ils vivent dans la communauté universelle des choses divines et humaines.

Les fils de Dieu étant redevenus fils de l'homme et chair, les moines qui quittent le monde rempli d'iniquités, redeviennent en quelque sorte chrétiens une seconde fois : selon leurs propres expressions, ils meurent au monde, ils se régénèrent et chantent ensemble : « Qu'il est bon, qu'il est doux à des frères de demeurer un! *Quam bonum, quam jucundum habitare fratres in unum* (1)! »

Montesquieu n'a point compris la vraie cause du bonheur des moines. « Pourquoi, dit-il, les moines aiment-ils tant leur ordre ? C'est justement par le côté qui fait qu'il leur est insupportable. Leur règle les prive de toutes les choses sur lesquelles les passions ordinairement s'appuient. Reste donc cette passion pour la règle même qui les afflige. Plus elle est austère, c'est-à-dire plus elle retranche de leurs penchants, plus elle donne de force à ceux qu'elle leur laisse (2). »

Ces réflexions sont subtiles et fausses. La communauté de prières, d'assemblées, de banquets humains et divins : voilà ce qui régénère les moines, ce qui les solidarise, ce qui les rend membres d'un même corps, ce qui les fait un, ce qui leur procure l'amour les uns des autres et ce qui leur donne le bonheur. De là , selon les belles expressions de saint Paul : « Lorsque l'un de leurs membres patit, tous les membres compatissent, lorsque l'un de leurs membres est heureux, tous les autres membres en deviennent heureux (3). »

(1) Psal. cxxxii, 1.
(2) Montesquieu, *Esprit des lois*, liv. v, chap. 2.
(3) Saint Paul, *Épitre I aux Corinth.*, chap. xii, 26 : « Si quid

D'après cette exposition, nous comprenons parfaitement la raison pour laquelle la doctrine chrétienne n'a point proclamé, comme la loi quiritaire, que l'union des époux établit parmi eux une communauté universelle de biens. Puisque la communauté de biens était, d'après la loi chrétienne, une conséquence essentielle de la génération par l'eau et l'Esprit saint, il est bien évident qu'il n'y avait plus à régler, sous le rapport des biens, les conséquences de l'incarnation des époux.

La même lacune que nous voyons dans l'union conjugale des chrétiens, se remarque aussi dans les autres institutions.

Chez les Quirites, comme il y avait un grand nombre de générations harmoniques, on voyait aussi un grand nombre d'institutions harmoniques et spéciales. Ainsi il y avait des institutions destinées à raffermir l'union soit des époux, soit des membres de la maison, soit des membres de la famille, soit des membres de la *stirps*, soit des membres de la *gens*, soit des membres du corps d'état, soit des membres de la curie, soit des membres de la tribu, soit enfin des membres de la cité entière. Ces institutions consistaient dans des sacrifices et des banquets sacrés.

Chez les chrétiens, au contraire, comme il n'y a qu'une seule génération, il n'y a aussi, à vrai dire, qu'une seule institution, qu'un seul sacrifice et qu'un seul banquet sacré. Or, cependant, l'unité chrétienne, la solidarité générale et la fraternité divine n'excluent point une harmonique gradation, qui devenait surtout nécessaire et essentielle après les rapides accroissements du christianisme, et après la conversion complète du vieux monde. Comme cette harmonie n'a point été établie, l'iniquité a pénétré promptement dans toute la maison de Dieu. De là, les assemblées chré-

patitur unum membrum, compatiuntur omnia membra ; sive gloriatur unum membrum, congaudent omnia membra. »

tiennes, destinées à mettre en lumière les actes de chacun,
sont devenues ténébreuses. Les sacrifices et les banquets
des agapes sont devenus des mithes. Ces mithes ont été
impuissants pour faire produire des œuvres d'amour. Les
œuvres n'existant plus, la foi est devenue une foi morte,
la charité une charité morte, et la fraternité une fraternité
morte. Alors, l'iniquité a régné parmi les époux, dans les
familles, dans les États et dans les églises. Mais les principes
ne meurent point !

CHAPITRE XX.

DU MARIAGE FRANÇAIS.

Les assemblées des chrétiens avaient dégénéré, et le banquet sacré du corps et du sang de Jésus était devenu une
simple image, un mémorial, un mithe; alors l'iniquité pé-
nétrait partout, la lumière divine disparaissait, et la barbarie couvrait le monde. Dans ces temps d'injustice et de
ténèbres, les fils de Dieu, les membres du Christ avaient
perdu la pensée de leur céleste origine. Tombant d'abîme
en abîme, ils ont même cessé d'être hommes; courbés vers
la terre, ils y ont été fortement attachés, et ils en sont devenus les accessoires; sous le nom de *serfs de la glèbe*,
c'est-à-dire d'esclaves du fonds, ils ont été, ainsi que de vils
troupeaux, considérés comme des immeubles par destination, et, en cette qualité, ils changeaient de propriétaires
avec l'immeuble. C'est le comble de la dégradation humaine !
Mais voilà qu'au milieu des plus épaisses ténèbres, un
rayon de lumière divine a brillé : la brute raisonne. Reconnaissant bientôt sa céleste origine, l'homme s'élèvera et
redeviendra, par le Verbe, fils de Dieu.

Entre l'ancien et le nouveau monde, entre la matière et la raison, entre l'iniquité la plus saillante des priviléges et l'égalité humaine, la lutte s'engage et devient opiniâtre. Le vieux monde, la féodalité croule. L'humanité triomphe : les serfs de la glèbe deviennent libres ; les accessoires du sol dominent la matière ; les brutes deviennent des êtres doués d'une raison supérieure.

Dans cette première phase , des âmes d'hommes ont été apposées. Vient maintenant la seconde phase où des âmes de Dieu sont apposées , dominent la matière et l'intelligence, et rendent tous les hommes solidaires, frères , membres du Christ et Dieu.

Arrêtons-nous un instant sur le premier tableau de la régénération ; voyons les œuvres de l'homme et principalement le mariage civil des Français.

Dès que l'homme renaît, sa raison doute. Pour se dégager des erreurs qui enveloppent et obscurcissent les vérités, elle rejette tout ce qui n'est point elle , tout ce qu'elle ne saisit point. En conséquence , elle repousse , dans l'union de l'homme et de la femme , les images dégradées et les mithes avilissants de l'incarnation si sublime. Ces images et ces mithes n'étaient-ils pas entièrement faussés? Au lieu d'être pour l'homme des instruments d'élévation, de grandeur et de dignité, n'étaient-ils pas devenus, dans les mains des puissances temporelles et spirituelles, des instruments d'abaissement , d'avilissement et de servage ? Laissons les droits des seigneurs.

Mais , dès que la religion n'intervient plus dans les mariages , dès que Dieu ne conjoint plus l'homme et la femme, leur association devient, comme chez les Romains , dissoluble au gré de chacune des parties. Cependant jamais la théorie de la dissolubilité du mariage n'a été aussi grande en France que dans les temps de la dégénération romaine.

En effet, le mariage est toujours, chez nous, demeuré un contrat solennel et authentique ; toujours la société est intervenue pour lui apposer son autorité. De là, pour la rupture de l'union, il est nécessaire de faire intervenir l'autorité civile, représentée par les juges. Ce n'était pourtant là, dans l'origine de la première République française, qu'une simple formalité ; aussi, de même que chez les Romains dégradés, on ne répudiait alors en France que pour se remarier.

Le triomphe de la raison se résume et se personnifie en quelque sorte dans Bonaparte. En même temps qu'il luttait glorieusement contre les soutiens du vieux monde, l'Homme organisait la société nouvelle. D'après cette organisation, rien n'est sacré : la division de la France n'est point sacrée, le mariage n'est qu'une union civile. Or, comme le mariage n'est qu'un contrat civil, il se dissout, ainsi que les autres contrats, s'il y a consentement mutuel des parties, ou adultère de la femme, ou adultère de l'homme qui a tenu sa concubine dans la maison commune, ou excès, ou sévices, ou injures graves, ou enfin condamnation infamante de l'un des époux.

La violation essentielle des obligations qui émanent de l'union solennelle des époux n'est ni un crime ni un délit ; car elle est placée sur la même ligne que la violation des contrats relatifs aux biens. Bien plus, elle est même placée sur une ligne inférieure. En effet, la violation des contrats de dépôt, de commodat, de gage, etc., est rangée parmi les délits appelés abus de confiance ; tandis que la violation de la promesse solennelle des époux, dont les conséquences sont souvent si grandes et si déplorables pour les familles et pour la cité, n'est point rangée parmi les abus de confiance.

Au reste, comme l'union a pu être sanctionnée par les

mithes de la religion, le Code civil laisse au conjoint la faculté de demander le divorse ou seulement la séparation de corps.

Ainsi, dans l'organisation nouvelle, il n'y a point de purification spirituelle des époux, point d'emblème sacré, point d'incarnation, point de communion. Une telle union n'était pas assez forte, pas assez intime ni profonde pour être proclamée perpétuelle et indissoluble. De là, la théorie de la dissolubilité du mariage a été inscrite dans la loi et mise promptement en pratique par les chefs eux-mêmes de l'État.

Comme conséquence essentielle de la négligence des solennités religieuses et de la théorie de la dissolubilité, il n'y a point eu entre les conjoints d'union complète, de fusion de leur chair, de leur corps, de leur esprit ni de leur cœur. Le défaut d'unité des époux a dû nécessairement se peindre dans la législation. Aussi c'est en ce point surtout que règne le désordre, image frappante du désordre de la famille.

De là, dans le Code civil, on distingue quatre régimes généraux d'associations conjugales quant aux biens; on distingue, en outre, un grand nombre de régimes accessoires; et enfin, en désespoir de cause, tout est laissé à l'arbitraire des parties, qui peuvent toujours se prévaloir contre les tiers des clauses d'un contrat dont ceux-ci n'ont aucun moyen pratique de connaître la teneur et dont ils sont la plupart du temps les victimes nécessaires.

En même temps que le Code civil sanctionne la plupart des vices de l'organisation dégénérée des Romains, il remet en vigueur tous ces remèdes qui sont demeurés, dans Rome corrompue, si impuissants pour rétablir la concorde et la paix parmi les époux, et pour leur rendre leur joug supportable. Ainsi on proclame la prohibition de donations entre les conjoints; ainsi encore la femme a une hypothèque générale et tacite sur les biens présents et à venir de son mari, afin de mieux assurer la restitution de ses choses dotales. Laissons tout ce cahos !

Les abus qui naissaient de la cohabitation dans la même localité des époux qui avaient divorsé et convolé à de nouvelles noces, et un faible retour aux idées religieuses ont fait proscrire, le 8 mai 1816, la dissolubilité du lien conjugal. La séparation de corps peut donc seule être demandée dans les cas que nous avons indiqués. Cette séparation de corps laisse subsister le mariage, et par conséquent, d'une part, la puissance maritale, et, de l'autre, la soumission de la femme ; elle laisse aussi subsister la présomption de paternité, quoique chacun des époux ait maintenant un domicile distinct et séparé. Voilà, il faut bien l'avouer, une ressource bien triste et bien ridicule ! Elle ne fait que combler, en les séparant davantage, le malheur et l'infortune des deux conjoints, qui deviennent nécessairement de cruels ennemis ; et la plupart du temps cette ressource afflige et tourmente principalement celui des deux époux qui est innocent.

Cette organisation du mariage est de toutes celles qui ont existé dans le monde la plus mauvaise et la plus vicieuse : ce n'est guère là que la protection légale des déportements des époux et de la corruption des mœurs.

En même temps que le désordre existe entre les époux et dans les familles, il existe aussi dans toute la cité. La religion s'affaiblit, les mœurs se corrompent. L'argent donnant seul le commandement, la puissance, les honneurs, les plaisirs, on foule aux pieds, pour en obtenir, les lois divines et humaines ; on se traîne dans la fange de tous les vices. L'exploitation la plus odieuse de l'homme par l'homme fait grandir à la fois d'une manière rapide le luxe, la misère et les plus saillantes inégalités.

En peu de temps, toutes les branches de l'administration

sont pourries; tout se corrompt et s'affaisse. Mais voilà que, sous le souffle de l'Esprit divin, tout l'édifice de l'Homme s'écroule. La République est proclamée et avec elle le règne de Dieu, c'est-à-dire la Liberté, l'Égalité et la Fraternité.

CHAPITRE XXI.

ESSAI

DE

L'ORGANISATION RÉPUBLICAINE.

Que voulons-nous?

Où marchons-nous?

Pourquoi toute cette fermentation?

Aboutira-t-elle au cahos?

Verra-t-on, au contraire, s'établir l'harmonie de la solidarité?

Voilà les questions que l'on se fait. En proie aux plus vives inquiétudes, on reste dans une incertitude déplorable et fiévreuse qui pèse, comme le genou de Satan, sur la fortune publique et privée.

La République et ses dogmes sont tiraillés.

Les esprits s'entrechoquent.

Les haines croissent de toute part.

La tempête la plus affreuse commence à gronder et s'approche.

Voilà deux corps opposés qui divisent la France : les Socialistes, et les Modérés.

Les deux corps des socialistes et des modérés s'approchent, se menacent!

Une lutte affreuse, fratricide et impie devient de jour en jour plus imminente.

Puissent s'apaiser ces fureurs ! Puisse la République, loin d'être déchirée, unir tous ses enfants dans les tendres liens d'un amour fraternel !

Mais il ne faut point s'y tromper, il n'y a de salut pour la civilisation, pour la République et ses membres, que dans de bonnes institutions. C'est par là que les enfants de la France renaîtront à la confiance et à l'espoir, et qu'ils marcheront unis dans les voies heureuses de la fraternité, de la solidarité et de la gloire.

Ces institutions doivent être en harmonie avec l'homme grandi par la raison et élevé par le Verbe à la dignité de fils de Dieu.

En effet, par la génération chrétienne, des âmes ont été apposées aux corps, *appositæ sunt animæ* (1). En conviant au banquet de la cité politique tous les citoyens, la République n'a fait que mettre en vigueur le dogme chrétien. Il ne faut pas s'abuser, ceux qui rêvent pour un grand nombre de Français l'exclusion de la vie civique, conçoivent une iniquité impossible.

Les âmes apposées sont une émanation de Dieu. Elles tendent essentiellement à s'unir; cette tendance entraîne nécessairement les corps, et bientôt on peut réaliser ces paroles de saint Paul : « Maintenant, il y a beaucoup de membres; mais il n'y a plus qu'un seul corps (2). »

Répétons ces belles paroles de l'Apôtre des nations : « Qu'il n'y ait plus de schisme dans le corps, mais que tous les membres veillent avec sollicitude les uns au bien-être des

______

(1) *Actes des Apôtres*, chap. II, 44.

(2) Saint Paul, *I. Cor.*, XII, 20 : « Nunc autem multa quidem membra, unum autem corpus. »

autres ; car si un membre patit en quelque chose , tous les membres compatissent, et si un membre est heureux , tous les membres en sont heureux. Pour vous , vous êtes le corps du Christ, et les membres de son membre (1). »

Oui , nous sommes ensemble et chacun le corps du Christ ; nous sommes chacun ses membres : il est indivisible et en entier dans chacun de nous. Cessons donc de nous couvrir réciproquement de boue ; craignons d'imprimer sur nos fronts les stigmates du fratricide , du déicide. Estimons-nous , respectons-nous , et aimons-nous.

L'agitation qui se manifeste est la fermentation de la masse de farine dans laquelle a été mis le levain sacré. Dieu s'est fait entendre ; il a appelé ses enfants , et voilà que les enfants se lèvent , s'agitent , brisent leurs chaînes et vont à leur Père. Rien au monde ne peut comprimer maintenant le mouvement des enfants à leur Père. Mais la voie céleste est dure et étroite : il faut de l'union et de l'amour pour s'y avancer sans danger.

Cette union et cet amour ne s'établissent, ne se confirment et ne se fortifient qu'à l'aide de bonnes institutions.

L'ancienne organisation de la France est vieillie et corrompue : il en faut une nouvelle qui établisse une harmonique unité , qui rattache les citoyens les uns aux autres par de forts liens d'amour, qui soit une sublime éducation nationale épurant et élevant les pensées et les sentiments, qui mette en pratique la solidarité , le droit au travail et à l'existence , et qui produise ainsi de vrais fruits de vie.

(1) Saint Paul, *I. Cor.*, xii, 25, 26, 27 : « Ut non sit schisma in corpore, sed idipsum, pro invicem sollicita sint membra. Et si quid patitur unum membrum, compatiuntur omnia membra : sive gloriatur unum membrum, congaudent omnia membra. Vos autem estis corpus Christi, et membra de membro. »

Que toutes les pierres de la voûte sociale soient unies par une étroite fraternité et se soutiennent réciproquement : par là nous conjurerons les orages intérieurs et extérieurs; nous serons forts, invincibles, grands et immortels.

Ces belles choses sont-elles impossibles? Non : elles sont faciles, simples et économiques. Elles ont été exécutées, quoique imparfaitement, à Rome pendant six siècles, et dans le christianisme pendant trois siècles. Ce sont là des temps de prospérité, de grandeur, de gloire et de félicité. Un bon arbre ne donne pas de mauvais fruits.

Établissons donc, en premier lieu, la solidarité et l'unité absolue dans le mariage. C'est là, comme le dit Cicéron, instruit par l'expérience, la première pierre de l'édifice et le séminaire de la République. C'est par l'institution du mariage et par celle des banquets sacrés que Romulus a fait prospérer la cité quiritaire et que Jésus a converti le monde à sa doctrine.

Établissons, en second lieu, la solidarité entre les membres des familles.

Établissons, en troisième lieu, une solidarité moins énergique entre les membres du même corps d'état, qui habitent un canton.

Que ces rapports de solidarité soient confirmés par des assemblées et par des banquets, et qu'on y attache des droits héréditaires.

Qu'ensuite il y ait une solidarité graduelle entre les membres de la même commune, du même canton, du même département, de la même province et enfin de la France entière.

Qu'une partie de l'impôt tombe dans les caisses du corps d'état, de la commune, du canton, du département et de la province, afin que ces personnes morales et graduelle-

ment solidaires puissent fournir à leurs membres des moyens
de travail.

Que les heures du dimanche, de ce jour dont on ignore
trop l'emploi et la destination, soient réglées et consacrées
au Père céleste, à la patrie et à la fraternité, dans les banquets sacrés.

Que ce jour-là, les citoyens devenant tous soldats, s'exercent au maniement des armes, et qu'ils sentent ainsi qu'ils
sont en tout solidaires. Que ce jour-là, par suite de la sim-
plification des lois, les vieillards administrent, jugent,
distribuent les travaux et les secours.

Ce n'est qu'ainsi que la République sera vraiment démocratique et sociale, que disparaîtront ces dépenses stériles
qui, même en temps de paix, ruinent l'État et les citoyens.
C'est ainsi que se réalisera le grand problème de la solidarité des hommes unis par les plus forts liens du droit divin
et humain. C'est ainsi que se résoudra, pour l'intérêt de la
prospérité publique, la question si grave du droit au travail
et à l'existence. Par là enfin, les hommes deviendront vraiment libres, égaux et frères : ils seront les membres du
Christ.

Loin de causer la perturbation, cette organisation démocratique et sociale, qui favorise et élève les plus belles aspi-
rations, réalisera le bonheur commun, et augmentera dans
de rapides proportions la fortune publique et privée. Elle
pénétrera tout le corps social d'une lumière et d'une charité divines. Elle sera, en théorie et en pratique, la plus sublime éducation nationale.

Les six premiers siècles de Rome et les trois premiers
siècles du christianisme, ces temps de beauté, de grandeur
et de prospérité, démontrent qu'une pareille organisation, si
féconde en fruits heureux, est d'une exécution extrême-
ment facile.

Sachons bien, toutefois, qu'il ne faut pas commencer par un acte d'iniquité l'organisation harmonique de la démocratie; car l'aigreur et la division existeraient pour bien longtemps dans les esprits et dans les cœurs. En établissant le règne de la justice populaire, en portant la lumière dans le cahos de la législation, en épurant et en simplifiant les lois, en brisant les cent mille liens qui ne sont que d'iniques entraves à la liberté, à l'égalité et à la fraternité, en conservant seulement quelques dispositions tendant au perfectionnement de la raison et à l'élévation de l'homme à la sublimité de fils de Dieu, en restituant au peuple, c'est-à-dire au corps du Christ, l'administration de la justice divine et humaine, en faisant toutes ces grandes choses, on lésera bien des intérêts, on envenimera bien des passions. Que l'on évite ce malheur.

A chaque pas que nous ferons dans la voie du progrès, achetons notre liberté et ne marchandons pas sur le prix d'un bien aussi précieux. Sans rechercher l'origine des abus et sans alléguer l'imprescriptibilité des droits, réparons le préjudice que nous causons aux fortunes; indemnisons nos frères. Sans cela, un conflit d'intérêts et de passions retarderait l'avénement de notre liberté, et nous la rendrait amère. En payant notre liberté, elle nous sera d'ailleurs plus douce, plus précieuse, plus divine, et nous veillerons ensuite avec plus de sollicitude à sa conservation.

Occupons-nous maintenant du mariage, qui doit être la pierre fondamentale de l'édifice républicain et démocratique, qui doit être le puissant levier de la régénération et de l'exaltation sublime de la France, de l'Europe et du monde et qui doit être la gloire du christianisme et la preuve frappante de sa divinité.

Voyons d'abord les formes du mariage et ensuite ses effets sous le rapport moral et pécunaire.

1° *Formes du mariage.* — L'introduction des formes du mariage suppose essentiellement une organisation démocratique, qui peut se faire attendre et désirer quelque temps, mais dont l'avénement si désirable à la paix, au bonheur et à l'union arrivera infailliblement.

La promesse de mariage ou fiançailles, *sponsalia*, est faite, par les futurs, un jour de dimanche, à l'assemblée générale des fidèles.

Le dimanche suivant, les futurs se présentent encore à l'assemblée, dont le ministre sacré fait connaître s'il y a ou non des oppositions valablement formées.

Enfin, le troisième dimanche, les futurs se lient, s'unissent, s'incarnent par la communion, c'est-à-dire par le banquet sacré du corps et du sang de Jésus, et cela en présence des fidèles réunis.

Ces formes publiques, solennelles et sacrées du mariage démocratique et chrétien produiront les meilleurs effets sur les conjoints et sur l'assemblée des fidèles. Elles purifieront les relations, élèveront les sentiments, diminueront les conjonctions illicites, favoriseront les unions légitimes, intéresseront à la fois la religion et le peuple au maintien et au bonheur de l'union, seront une source féconde et intarissable de bonnes mœurs, et elles rendront par là leur dignité aux hommes et leur honneur aux femmes.

Jusqu'à quand les représentants de deux puissances qui n'existent plus, le prêtre et le maire, se disputeront-ils les actes de l'état civique? N'est-ce pas aux fidèles assemblés en corps qu'il appartient de constater que des membres s'unissent à eux, meurent, ou subissent des transformations essentielles? N'est-ce pas aux fidèles assemblés en corps, au peuple souverain, qu'appartient la puissance de rendre fort, durable et sacré pour tous le lien conjugal? Cette vérité si importante et si auguste, devient évidente par l'histoire de Rome. Lorsque, chez les Quirites, les unions conjugales étaient solennelles et sacrées, la félicité des époux était grande et protégée par les bonnes mœurs. Mais dès qu'elles sont devenues secrètes et privées, elles n'ont plus été respectées ni par les tiers, ni par les conjoints eux-mêmes ; le mari a perdu sa dignité ; la femme a été dépouillée de son honneur ; la dégradation est devenue générale ; la corruption a fait en peu de temps les plus effrayants ravages, et les hommes, ainsi que les femmes, fuyaient le mariage qui était devenu pour eux un joug insupportable et odieux.

Ainsi donc la solennité démocratique et religieuse du mariage contribuera puissamment à la répression de l'immoralité et à la propagation des bonnes mœurs. Or il n'y a rien qui contribue autant à la concorde, à l'harmonie et à l'union des membres de la cité que la similitude des bonnes mœurs. C'est ce qu'attestent l'histoire entière de Rome, l'histoire entière du christianime, l'histoire entière de l'humanité. Ainsi que le disent Pythagore, Cicéron et Jésus, les bonnes mœurs établissent entre les hommes une similitude de tendances et de volontés telle que l'on aime autant son prochain que soi-même, et que tous ne font plus qu'un, *ut unus fiat ex pluribus*.

En faisant disparaître la dualité devenue si ridicule du mariage civil et du mariage religieux, en restituant au peuple le droit d'y apposer son cachet un et indivisible, on restituera à l'union conjugale la dignité et la force si nécessaires à cette institution qui est la première pierre de la voûte sociale, et l'on fera ainsi, comme par enchantement, avancer la République dans les voies de la morale et de la vertu.

2° *Effets du mariage.* — En rétablissant des emblèmes plus visibles de l'incarnation juive et chrétienne des époux, nous ferons par là mieux comprendre qu'ils doivent être perpétuellement un en chair, en esprit et en cœur, que le mari doit aimer son épouse comme sa chair, et que l'épouse doit être soumise à son mari comme au Christ. Il est nécessaire alors de proclamer deux conséquences essentielles : la première, que les époux seront perpétuellement un *en feu*, c'est-à-dire qu'ils ne pourront plus se séparer de corps et avoir des foyers ou domiciles distincts ; la seconde, qu'ils seront un également *en eau*, c'est-à-dire qu'il existera entre eux une communauté universelle de biens, et que la séparation de biens, même judiciaire, ne pourra plus avoir lieu.

Au reste, il est bien évident que ces dogmes de la communauté du feu et de l'eau doivent être sanctionnés. Il est bien évident que celui des époux qui viole essentiellement la plus tendre, la plus intime et la plus sacrée des unions et qui rend impossible à son conjoint la communauté du feu, est un monstre auquel la société doit interdire le feu et l'eau, qu'elle doit le condamner à un exil perpétuel. Il est bien évident que si le mari, qui est constitué administrateur des biens de la communauté, les dissipe par sa mauvaise conduite, il doit être couvert de la note d'infamie ; mais alors, comme la communauté du feu continue à subsister, la communauté de l'eau continue également : seulement le mari est mis dans l'impossibilité de ruiner le patrimoine commun, et il est placé sous la tutelle d'un conseil, tant que sa conduite n'inspirera pas une suffisante confiance. Il est bien évident enfin que les translations de propriété et les obligations de quelque importance doivent, dans un état populaire, avoir une publicité qui devient une garantie pour les parties, pour les familles, et pour les créanciers.

En remettant en lumière le dogme de l'incarnation des époux et la communauté perpétuelle du feu et de l'eau, on

fera disparaître du sein de la famille mille inégalités, qui
sont une source intarissable de méfiances, de craintes, de
discordes et de haines; et l'on répandra parmi les conjoints
la confiance, la paix, l'amour et le bonheur. Par là, à
l'image de l'union conjugale, on verra se resserrer, se soli-
dariser, se corporiser et s'unir les membres de la famille,
des corps d'état, des communes, des cantons, des départe-
ments, des provinces et de la cité entière. Par là on verra
se réaliser la prière de Jésus à son Père, « Mon Père, que
tous soient un, afin que le monde sache que vous m'avez
envoyé. » Par là enfin on verra se dissiper les tempêtes politiques qui deviennent si menaçantes, et régner dans toute
la République la confiance et le bonheur.

Comme nous l'avons démontré, la génération spirituelle
de l'épouse par le mari, produisait essentiellement, chez
les Quirites, la communauté du feu et de l'eau, des choses
divines et humaines; et cette génération, avec ses effets
essentiels, a subsisté pendant plus de cinq siècles. Dans
cette longue période de temps, ainsi que le constatent les
faits et les historiens romains, et que le reconnaissent les
historiens chrétiens eux-mêmes, et entre autres Tertullien et
saint Augustin, les unions conjugales étaient prospères et
heureuses, les maris et les pères étaient glorifiés, les matrones étaient saintes, respectées, dévouées et influentes
dans la maison, dans la famille et dans toute la cité, et
Rome, qui brillait par la sagesse dans les conseils, par le
courage, par la persévérance et par l'amour de toutes les
vertus, s'est avancée à grands pas dans les chemins d'une
gloire sans exemple. Mais dès que, chez les Quirites, on a
vu cesser la communauté du feu et de l'eau parmi les
époux, alors, ainsi que le démontrent les faits et que le ra-
content tous les historiens romains et chrétiens, le mariage
a été dégradé, les époux ont été divisés, les mères et les

enfants ont été divisés, les pères et les enfants ont été divisés, les familles ont été divisées, les citoyens ont été divisés, et toutes ces divisions ont enfanté les guerres civiles qui ont été le tombeau de la République et de la liberté, le germe de la tyrannie, de la décadence et de la ruine.

Puisque la génération quiritaire produisait la communauté perpétuelle du feu et de l'eau, et que cette communauté a donné les plus beaux fruits, n'est-il pas essentiel que l'incarnation juive et chrétienne, qui est beaucoup plus énergique et qui fait disparaître la dualité des conjoints, produise également la communauté perpétuelle du feu et de l'eau? Une seule chair, une seule personne peut-elle avoir deux patrimoines distincts et rivaux? Impossible! Or, cependant, qu'avons-nous fait? En proclamant que les deux époux cessent d'être deux, et qu'ils sont un en chair, en corps, en cœur, en esprit et en personne, nous affaiblissons les effets si salutaires de ce dogme sublime, en faisant naître la dualité des chairs, des corps, des cœurs, des esprits et des personnes. Nous établissons, dans les principes et parmi les époux, une opposition, une contradiction et un conflit perpétuels et insensés. La législation n'est ainsi qu'un royaume divisé et livré à la désolation, ainsi que l'union conjugale et la cité entière.

Voici une conséquence nécessaire et vraiment déplorable de cette opposition si flagrante et si ridicule des principes les plus élémentaires. Nous conservons, du moins en théorie, et même un peu en pratique, la pureté des principes quiritaires des cinq premiers siècles de Rome, élevés encore en sublimité par le Christ; et pourtant, nous maintenons les abîmes profonds que les législateurs romains ont jetés entre les époux dans les temps de la dégénération et de la corruption d'un mariage qui n'opérait plus la communauté du feu ni de l'eau, qui laissait à chacun des conjoints sa famille, son indépendance, son patrimoine et la faculté illimitée de briser un lien si faible qu'il les laissait entièrement étrangers l'un à l'autre! Nous proclamons la division des patrimoines, l'impossibilité de se faire des donations irrévocables, et l'hypothèque générale et tacite de la femme sur les biens du mari, pour assurer les reprises dotales!

Nous avons détruit la féodalité en proclamant l'égalité des enfants dans la maison. Soyons conséquents : détruisons entre les époux l'inégalité et les germes de discordes et de désunion, et revenons à l'unité si désirable, en proclamant entre les époux la communauté indivisible de l'eau. Qu'on ne s'y trompe pas, c'est par là seulement que la République une et indivisible sera efficacement proclamée. Jusque-là, nous n'aurons qu'un mot vide de sens, des déchirements intérieurs, des collisions et des guerres civiles.

Pouvons-nous laisser sans danger subsister le désordre et l'anarchie du Code civil dans les conventions matrimoniales? Pouvons-nous souffrir qu'il proclame quatre régimes principaux, huit régimes secondaires et l'arbitraire le plus anarchique dans les conventions conjugales? Pouvons-nous laisser se multiplier les débats vraiment aveugles et insensés sur l'adoption de clauses qui sont si contraires au dogme sublime de l'incarnation et de l'unité des époux, et qui sont si souvent le plus triste prélude d'une *union disjointe* et malheureuse? Pouvons-nous, dans une République une et indivisible, former, pour une seule et même union, trois contrats de mariage : le premier, quant aux biens, devant le notaire; le second, quant aux choses civiles, devant le maire; et le troisième, quant aux choses religieuses, devant le ministre du culte? Non; évidemment non.

Dira-t-on que, du moins, le régime légal est simple, que c'est la communauté de biens entre époux? Belle communauté, en effet! Dans cette communauté des époux, qui devraient avoir une seule chair, un seul cœur, une seule personne et un seul patrimoine, on a créé, bizarrerie ridicule! on a créé trois personnes, trois patrimoines. Ainsi, il n'y a qu'un feu pour les conjoints, et il y a trois eaux. Il faut avouer que c'est là une singulière communauté de biens! En effet, il y a le patrimoine du mari, le patrimoine de la femme, et enfin le patrimoine de la communauté, personne juridique qui n'est point le résultat de la confusion, mais bien de la distinction des époux. La législation a multiplié les règles pour maintenir ces ridicules séparations de patrimoines dont l'administration se confond dans les mains du mari; elle a jeté entre ces trois patrimoines des abîmes, afin que l'un ne s'enrichisse point aux dépens des autres.

En remettant en vigueur le dogme et les emblèmes de la sublime incarnation des époux, soyons logiques : proclamons qu'il résulte essentiellement de la confusion absolue des époux, l'unité générale, la communauté universelle de biens. Cette législation simple et aux allures populaires et divines, rendra la maison une, la famille une, la corporation une, la commune une, le canton un, le département un, la province une, et la République une et indivisible; elle établira le principe de la solidarité humaine et divine et lui fera produire de beaux fruits (1).

Voici quelques-unes des conséquences qui découleront de l'unité de patrimoine des époux.

1° Les ennuis et les frais du contrat de mariage passé par-devant notaires pour régler l'*association* ou plutôt la *désassociation* des époux quant à l'eau, deviendra inutile, et par

(1) Il est bien urgent de faire une division nouvelle de la France, et que cette division, sous le rapport religieux, politique, civil, judiciaire, administratif, militaire, et instructif, soit une, harmonique et sacrée. Tous les rouages de l'organisation démocratique deviendronnt par là d'une admirable simplicité.

là disparaîtront tous ces débats qui le précèdent et qui le suivent.

2° Les inventaires, les états et les frais qu'il est nécessaire de faire à chaque succession et à chaque legs qui arrivent à l'un ou à l'autre des conjoints, et généralement à chaque fois que l'un des patrimoines s'enrichit aux dépens de l'un des deux autres, ainsi que les règles compliquées sur l'actif et le passif de chacun des trois patrimoines, sur les remplois, les récompenses et les indemnités : toutes ces choses qui sont une source si féconde de discussions intérieures, de troubles, d'ennuis, d'embarras, de querelles et de ruine, s'évanouiront.

3° La confiance et la bonne foi dans les conventions renaîtront. La multiplicité, la variété, l'arbitraire et la mysticité des conventions matrimoniales sont maintenant des piéges cachés ; les tiers tombent souvent dans ces piéges et ils en deviennent victimes : voilà ce qui tarit les sources de la confiance et ce qui fait multiplier les garanties réelles et autres dont les dépenses accablent et ruinent les débiteurs, le commerce et surtout l'agriculture. Par l'établissement de l'unité de patrimoine entre époux, on fera renaître la confiance dans les transactions, on fera refleurir le commerce et l'agriculture, et on ouvrira les fontaines de la fraternité.

4° La femme qui se marie, et qui par là passe sous la puissance maritale, perd sa capacité et en général l'administration des biens qui lui restent propres. La saine logique, la raison et la nature même des choses exigent impérieusement que la capacité et la force administrative que perd la femme viennent augmenter d'autant la capacité et la force administrative du mari. Mais, chose illogique ! il arrive précisément le contraire dans l'union divisée des époux. En effet, les garanties que, dans les contrats, le garçon offrait aux tiers, s'affaiblissent et souvent même s'annihilent dans

le mari, dont l'administration devient ainsi faible et chan-
celante. Comment les tiers ne craindraient-ils pas de contracter avec un mari? D'une part, ils ignorent le régime et
les clauses que les époux ont adoptés ; ils ignorent les termes
et les dispositions du contrat de mariage quant aux biens,
ainsi que le montant de la dot et des reprises ; ils ignorent
le prix des biens que la femme a vendus et les indemnités
qui pourront lui être dues ; et enfin, parmi ces trois patrimoines dont l'administration est confondue dans la main
du mari et sur lesquels il a des pouvoirs plus ou moins
étendus, ils ignorent quels sont les biens dont il peut disposer et qui sont leur gage, et quels sont ceux qu'il peut
seulement administrer. D'autre part, ils savent que la femme
a une hypothèque générale et tacite sur les biens de son mari
et même sur ceux de la communauté, « à raison, dit le
Code, de sa dot et des conventions matrimoniales, à raison
des sommes dotales qui proviennent des successions à elle
échues et des donations faites pendant le mariage, à raison
des dettes qu'elle a contractées avec son mari ou de son
consentement, et enfin à raison de ses propres aliénés (1).
En présence de cette ignorance des tiers et de pareilles dispositions, le mari n'offre que des garanties presque nulles
de ses actes juridiques, de ses contrats, de ses hypothèques
et de ses aliénations.

Mais voici qui dépasse toutes les limites de l'absurde et du
ridicule, dans ce que l'on appelle l'union conjugale. Toutes
choses égales d'ailleurs, plus la dot que la femme apporte en
mariage est forte, plus aussi devient faible l'administration
du mari et s'annihilent les garanties qu'il pouvait, avant son
mariage, offrir aux tiers : c'est que cette dot oblige le mari,
que le poids de la chaîne s'allourdit, à raison de l'impor-

____

(1) *Code civil*, art. 2135.

tance de la dot, grève et la personne du mari et ses biens qui sont frappés d'une hypothèque générale !

Enfin, ce qui n'est pas moins absurde, plus le mariage dure, plus aussi s'affaiblit la force administrative du mari et pour ainsi dire sa capacité : en effet, d'une part, l'ignorance des tiers s'obscurcit par le temps dans le labyrinthe des trois patrimoines, des trois eaux dont ils ignorent les sources et qui se confondent, en apparence trompeuse, dans le même bassin, et, d'autre part, l'hypothèque légale de la femme devient en même temps et plus forte et plus lourde.

Tout cela, comme on le voit, est illogique, irrationnel et ridicule : c'est le comble de l'absurdité ! C'est que les époux ne sont point unis, confondus et incarnés par le Verbe qui donne la lumière et la liberté et rend les hommes fils du Père qui est aux cieux ; c'est qu'ils restent séparés et ennemis ; c'est que le mariage n'est point pour eux une union, mais un joug qui leur fait perdre leur liberté, leur capacité, et les tient dans une espèce de servitude morale et juridique !

Qu'on ne s'y trompe point, il est nécessaire et essentiel de rétablir la confiance dans les transactions. Pour cela, il faut faire briller une vive lumière dans tous les patrimoines; il faut établir entre les époux la communauté universelle de biens, et rendre par là tous les membres de la famille solidaires ; ils seront alors unis et forts en toutes choses.

5° Par l'établissement de la communauté universelle de biens entre époux, la division cessera parmi eux; ils sentiront plus fortement les liens de la solidarité ; ils auront toujours un égal intérêt à l'économie et à la prospérité du patrimoine commun; ils seront entraînés par les sentiments d'une sainte fraternité ; il ne seront plus deux ; il seront un. Cette unité parfaite qui avait, chez les Quirites, la force d'attacher à Rome les cités voisines, unira dans les sentiments d'affection et d'amour les deux familles des conjoints et bientôt tous les membres de la République.

6° On reconnaît généralement la nécessité d'instruire le peuple. Mais, au lieu de le fatiguer en cherchant à l'élever à la connaissance de lois si confuses et si obscures, que l'on se hâte de mettre la législation à sa portée, et que l'on répande la lumière dans tout ce cahos. Or, par l'établissement de la communauté universelle de biens, on fait disparaître cette foule innombrable de lois qui concernent les intérêts pécuniaires des époux. Ne sait-on pas que nos lois relatives au mariage sont l'antre obscur où repose l'hydre de la chicane ?

7° Dans une République démocratique et chrétienne, il est essentiel que les membres soient égaux devant la justice comme devant le Père. Si la justice ne brille pas pour le pauvre comme pour le riche, elle est inique et injuste. Que l'on nous débarasse donc de toute cette foule de lois qui ne sont que des entraves à la liberté, à l'égalité et à la fraternité ! Or, en proclamant l'unité de biens entre époux, on donne à la législation une force, une simplicité et une lumière admirables ; on la fait descendre dans le sein du peuple, qui est la source de la prospérité et le corps du Christ.

D'abord, en proclamant l'unité d'eau entre époux, vous voyez disparaître le titre V du troisième livre du Code civil, qui traite du contrat de mariage et des droits respectifs des époux. Ce seul titre qui, par le nombre des articles, fait la dixième partie du Code civil, est d'ailleurs la matière la plus compliquée, la plus obscure, la plus hérissée de difficultés et la plus féconde en procès et en chicanes.

Ensuite, vous voyez disparaître une foule de lois qui ont trait au mariage dans toutes les autres matières et notamment dans les successions, les donations, les obligations, la vente et le louage ; vous voyez s'évanouir dans tout le Code civil les questions qui sont le plus épineuses.

Enfin, vous voyez se simplifier admirablement la matière des priviléges et des hypothèques, ou plutôt vous la voyez complètement disparaître. En effet, en supprimant la plus lourde, la plus obscure, la plus dangereuse et la plus compliquée des hypothèques, qui est celle de la femme, et en établissant entre les époux la communauté universelle de biens, on fait briller la lumière dans les patrimoines ; il devient par là facile, à l'aide de la solidarité et de la révélation des fortunes mobilières à des époques périodiques, de retrancher tout le système des garanties réelles, des priviléges et des hypothèques. Qu'on le sache bien, le système des garanties réelles, qui est si onéreux au débiteur, est matériel et même immoral ; il a pris naissance à Rome dans les temps de dégénération et de démoralisation, et il se ressent de son foyer corrompu. En effet, ce système compte pour rien la personne, la bonne foi, les bonnes mœurs et la vertu ; il fait estimer, au-dessus de tout, la matière. Il attache donc l'homme à la terre, au lieu de l'élever vers le ciel et de lui faire sentir le dogme sublime de la solidarité chrétienne. — D'ailleurs, n'est-il pas équitable et juste qu'il règne entre tous les créanciers une mesure égale ? — Enfin, la simplicité des lois et la lumière des patrimoines deviendront admirables ; la justice descendra dans le peuple qui sera alors mille fois plus éclairé que nos juges, qui aura un grave intérêt à rendre de bonnes et utiles décisions, et qui, connaissant les causes de la violation d'une loi criminelle ou civile, ainsi que les antécédents et la conduite du coupable, saura porter des sentences bonnes pour tous et fermes, et, même en matière civile, flétrir quelquefois de la note infâmante celui qui, par sa mauvaise conduite, a manqué à ses engagements, surtout envers le pauvre.

8° Par l'établissement de la communauté universelle et indissoluble de biens entre époux, on entrera dans la voie d'un Code civil qui ne contiendra pas plus de cent articles et qui sera à la portée de tous. Ce Code deviendra comme la lois des Douze-Tables des décemvirs, comme la loi des Dix-Tables de Moïse, comme les commandements de l'Église, un chant que les enfants apprendront par cœur. Les autres codes et toutes les lois administratives disparaîtront presque en entier. En sorte qu'il sera facile aux vieillards du peuple assemblés le dimanche d'exercer les pouvoirs judiciaires et administratifs, tandis que les jeunes guerriers s'exerceront au métier des armes (1).

Les embarras que l'on pourrait craindre en entrant dans les voies justes ne sont que des pures chimères. N'est-il pas nécessaire et essentiel que les citoyens d'une République démocratique soient éclairés, libres et fassent par eux-mêmes tout ce qu'ils peuvent bien faire ? — Or, sont-ils éclairés les citoyens qui ont une foule innombrable de lois civiles, criminelles et autres, pour eux obscures et inintelligibles ? Sont-ils éclairés les membres du peuple souverain qui donnent un mandat aux représentants, et qui se trouvent liés par leurs actes, sans pouvoir connaître la teneur et le nombre de ces actes ni la force et l'étendue de leurs propres obligations ? — Les citoyens sont-ils libres lorsqu'ils sont enlacés et emmaillotés comme des enfants au berceau ? Sont-ils libres, lorsque toutes ces lois qu'ils ignorent, meurtrissent à la fois leur honneur, leur corps et

____

(1) Nous avons rendu tous les soldats citoyens, et nous avons bien fait. Mais il faut faire mieux encore : rendons tous les citoyens soldats. Par là l'égalité sera complète ; la France aura une bonne organisation démocratique ; en triplant ses forces militaires, elle réalisera de grandes économies qui tourneront au profit du commerce, de l'agriculture, du pauvre et de la prospérité publique.

leur patrimoine? Sont-ils libres lorsque toutes ces lois, qui devraient être destinées à les protéger, ne sont pour eux que des piéges inconnus et dans lesquels les précipitent à leur aise les fins et les malins? Sont-ils libres lorsqu'ils se trouvent pris dans les piéges tendus à leur ignorance, qu'ils ne peuvent point par eux-mêmes dégager ni leur honneur, ni leur corps, ni leur patrimoine, et qu'ils se trouvent obligés d'appeler à leur aide des hommes d'affaires et des hommes de loi, de se mettre sous leur dépendance et à leur merci, de payer cher une assistance incertaine, qui ne fait souvent que causer leur ruine? — Non, mille fois non : les citoyens ne sont ni éclairés, ni libres, ni égaux, et par conséquent ils ne sont point encore des frères.

Puisse l'assemblée législative connaître le vrai but de sa mission, et comprendre que son mandat consiste principalement maintenant à nous délier, et non pas à nous lier ! Puisse-t-elle comprendre qu'elle ne doit point nous garotter, mais faire tomber nos chaînes, afin que nous puissions obéir aux lois de la nature, de l'humanité et du Christ, et nous unir dans les assemblées et dans les banquets sacrés, afin que par là nous devenions tous libres, égaux et frères, afin que tous nous soyons un.

Mais pour être ferme et solide comme une voûte, l'unité doit être harmonique ; et c'est l'union conjugale qui en est la base (1). Or pour que cette base soit une pierre solide, il est nécessaire qu'elle soit indissoluble, que les époux soient

(1) Cicéron montre parfaitement l'harmonie des rapports. Après avoir prouvé que nous recherchons naturellement la justice et l'é-quité, que nous avons tous de la haine pour le mal moral, que la cité ne doit point rédiger par écrit tous les devoirs, mais ré-pandre les bonnes mœurs, il ajoute :

« La nature nous a créés justes; elle tend à nous unir l'un avec l'autre et à communiquer chacun avec tous. Mais les bonnes inspi-

perpétuellement un en chair, en cœur, en esprit, en pensées et en biens.

Au reste, on ne saurait trop le répéter dans ce temps de luttes, de haines et d'iniquités, dès que l'organisation populaire cause un préjudice quelconque à l'un de nos frères,

rations que nous donne la nature, sont étouffées par la corruption d'une coutume perverse qui fait naître et confirme les vices opposés. Si, au contraire, dociles aux leçons de la nature, nous estimions, comme le dit le poëte, *que rien de ce qui concerne l'humanité ne nous est étranger*, le droit serait également pratiqué par tous. L'homme qui a reçu sa raison de la nature, l'a reçue droite. » (*Des Devoirs*, liv. i, 12.)

Cicéron dit ensuite : « Le moyen de maintenir la société et l'union des hommes consiste principalement à rendre service à ceux qui nous touchent de plus près. La société des hommes a plusieurs degrés.

» Le genre humain forme une société infinie. — Ensuite vient la société de ceux qui composent un peuple, qui habitent la même contrée et parlent la même langue. — Puis celle, beaucoup plus intime, que forment les habitants d'une cité. En effet, entre les concitoyens, il y a beaucoup de choses communes, le forum, les temples, les portiques, la voie publique, les lois, les droits, les tribunaux, les suffrages ; dans une même cité on se fréquente, on forme amitié, on noue mille relations d'affaires. — Enfin la société la plus étroite de toutes est celle qui se compose des personnes unies entre elles par les liens du sang. Tous les rapports unissant entre eux les membres des autres sociétés se retrouvent dans cette dernière, qui est fortifiée encore par des rapports beaucoup plus énergiques.

» Il y a aussi des degrés dans cette société intime. La nature ayant donné à tous les êtres animés le besoin de se reproduire, le mariage est la base de toute société. — Puis vient, dans l'ordre de la nature, l'union des ascendants et descendants. — Ensuite arrive l'union de ceux qui ont la même maison et toutes choses en commun. La bonne organisation de ces trois choses est le principe de la cité et le séminaire de la République. — Viennent après, les unions des frères ; puis celles des cousins. Commes les frères et les

empressons-nous de lui accorder une équitable et large indemnité. Que l'œuvre de régénération excite les applaudissements et l'amour, et non des murmures et des haines; qu'elle opère l'union, et non des déchirements; qu'elle soit accueillie par les bénédictions, et non par les malédictions!

cousins ne peuvent plus habiter dans la même maison, plusieurs en sortent et forment des maisons qui sont autant de petites colonies. — Arrivent ensuite les unions par les alliances qui résultent du mariage et qui groupent un grand nombre de proches. Ces mariages, qui donnent des enfants, sont la source de la prospérité publique. La conjonction du sang attache les hommes par des liens de bienveillance et d'amour; car par là, ce qui est une grande chose, ils ont les monuments des mêmes ancêtres, les mêmes sacrifices et les sépulcres communs.

» Maintenant établissons des comparaisons, et demandons-nous à qui nous devons rendre le plus de devoirs? Nous mettrons en première ligne notre patrie et nos parents, de qui nous avons reçu les plus grands bienfaits; — après eux, nos enfants et les membres de notre maison qui n'ont guère d'espoir et de ressource qu'en nous; — ensuite, nos proches, avec lesquels nous sommes en relations constantes et dont presque tous les intérêts se confondent avec les nôtres: voilà ceux aux besoins desquels nous devons veiller sans cesse.—Mais la communauté de vie, de pensées et de sentiments, la tendresse qui exhorte, console et reprend quelquefois, existent surtout dans les amitiés; or, il n'est point d'amitié plus douce que celle qui est formée par l'habitude des mêmes occupations.

» Il faut toujours rapporter quelque chose au bien général. Mais comme les ressources de chacun sont très-bornées et que la multitude de ceux qui sont dans le besoin est infinie, il est bon de nous régler sur ce conseil d'Ennius: *qu'un flambeau éclaire nos libéralités*, afin de pouvoir être toujours libéraux envers nos proches. » (*Des Devoirs*, liv. i, 16, 17.)

Les institutions quiritaires qui fortifiaient par l'intervention des dieux, par des assemblées, par des sacrifices et par des banquets ces rapports divers, mettaient en lumière ces principes harmoniques, les faisaient passer en pratique et leur faisaient produire der fruits nombreux.

« Votre Père, nous dit Jésus, sait de quelles choses vous
avez besoin. Recherchez donc principalement le royaume
de Dieu et sa justice, et toutes ces choses vous seront
ajoutées (1). » Oui, recherchons principalement la justice
de Dieu, la liberté, l'égalité, la fraternité et la solidarité
harmonique de ses enfants, et tous les grands problèmes
qui deviennent insolubles pour les enfants des hommes,
seront résolus sans peine par les fils de Dieu.

(1) Saint Matthieu, *Évangile*, chap. vi, 32, 33 : « Scit enim
Pater vester quia his omnibus indigetis. Quærite ergo primum
regnum Dei, et justitiam ejus; et hæc omnia adjicientur vobis. »

NOTA. — Si cet ouvrage est accueilli avec quelque faveur,
je ferai paraître promptement les *Institutions de Romulus
et de Jésus.*

TABLE DES MATIÈRES.

FIN DE LA TABLE.

PARIS.—IMPRIMÉ PAR E. THUNOT ET Cᵉ,
rue Racine, 28, près de l'Odéon.

9 782014 064759